REINHOLD OSTLER

GEHEIMNISVOLLE SCHATZSUCHE

Reinhold Ostler

GEHEIMNISVOLLE SCHATZSUCHE

Legendäre Schätze, die noch zu finden sind…

V. F. SAMMLER

Umschlaggestaltung: Werbeagentur Rypka GmbH, 8143 Dobl/Graz, www.rypka.at
Umschlagfotos: Bildagentur Mauritius GmbH

Bildnachweis:
Ich danke folgenden Personen und Institutionen für das zur Verfügung gestellte Bildmaterial:
Hans Fichtner; Jürg Kammerlander; Ingo Köhler; Marcel Mahn; Ova Noss Family Partnership; Gerhard Öller; Treasure Press Archiv; Archivo de Incas; Alfred Riegg; Richard Gissler-Weber; Lydia Häberle; Heimatmuseum Mühldorf

Bibliografische Informationen Der Deutschen Bibliothek
Die Deutsche Bibliothek verzeichnet diese Publikation in der Deutschen Nationalbibliografie; detaillierte bibliografische Daten sind im Internet über http://dnb.ddb.de abrufbar.

Hinweis:
Dieses Buch wurde auf chlorfrei gebleichtem, unter den Richtlinien von ISO 9001 hergestelltem Papier gedruckt. Die zum Schutz vor Verschmutzung verwendete Einschweißfolie ist aus Polyethylen chlor- und schwefelfrei hergestellt. Diese umweltfreundliche Folie verhält sich grundwasserneutral, ist voll recyclefähig und verbrennt in Müllverbrennungsanlagen völlig ungiftig.

ISBN 978-3-85365-212-1

Titelgestaltung, Layout und Repro: Werbeagentur Rypka GmbH, 8143 Dobl/Graz, www.rypka.at
Gesamtherstellung: CPI Moravia Books s. r. o., Pohorelice

Inhalt

Gewidmet meinen langjährigen treuen
Kameraden und Gefährten
Burly Weisser, Hans Fichtner und Gerhard Öller

Vorwort

Ein Journalist schrieb zu Beginn der Neunziger Jahre einmal im „SPIEGEL": „Reinhold Ostlers Botschaft lautet: ‚Die ganze Welt ist eine Goldgrube!'"
Der Autor wußte nicht, wie recht er damit hatte, obwohl die Bemerkung zynisch gemeint war. Hoffentlich ereilt das Hamburger Magazin nicht dasselbe Schicksal wie „The Californian", der am 29. Mai 1848 mit folgenden Worten das Ende seines Erscheinens bekanntgab: „Alles verläßt uns, Leser und Drucker. Von San Francisco bis Los Angeles, von der Küste bis zum Fuß der Sierra Nevada hört man im ganzen Land den gierigen Schrei ‚Gold! Gold!', während das Feld halb bestellt und das Haus halbfertig liegen bleibt, und alles außer der Produktion von Schaufeln und Hacken wird vernachlässigt. Daher müssen wir unser Erscheinen einstellen."

Jeder, der eimal in seiner Jugend Stevensons „Schatzinsel", Dumas' „Graf von Monte Christo" oder Poes „Goldkäfer" gelesen hat, ist für den Rest seines Lebens infiziert vom „Schatzfieber".
Auch viele andere Größen der Weltliteratur ließen sich von Geschichten und Legenden über Schätze und Schatzsuche zu Romanen inspirieren, die Klassiker geworden sind. Wer kennt nicht Karl Mays „Schatz im Silbersee" oder Jack Londons Schatzgräbergeschichten, wie z.B. „Lockruf des Goldes"? Berühmt sind Literaturverfilmungen geworden wie „Der Schatz der Sierra Madre" nach einem Roman von B. Traven, oder „König Salomons Minen" nach Sir Rider Haggard.

Einmal ganz ehrlich: Ist es nicht faszinierend, von Höhlen voll mit Gold zu träumen? Sich vorzustellen, auf den vermoderten Deckel einer Truhe zu stoßen, unter dem sich Gold, Juwelen und Geschmeide verbergen oder einen Stollen, in dem sich Goldbarren zu einer Mauer auftürmen?
All jene, die das Vorhandensein solcher Schätze anzweifeln oder gar ins Reich der Fabel verweisen, spielen aber fleißig im wöchentlichen Lotto mit, wo die Chance auf einen Gewinn 1:1,4 Mio. steht. Oder sie glauben den Versprechungen der staatlichen Klassenlotterie, die „hundertprozentige Gewinnchance" verspricht - bei einer tatsächlichen Chance von 1:650 0000!

Dabei ist die Weltgeschichte voll an Überlieferungen von legendären Schätzen, welche verborgen, verloren, geraubt, angehäuft oder versunken sind. Unermeßliche Reichtümer, wie z.B. das Inkagold, welches die Priester des Andenvolkes dem Zugriff der gierigen Eroberer entzogen und an geheimen Plätzen so sicher versteckten, daß bis heute ergebnislos danach gesucht wird. Es war eine solche unvorstellbare Menge, daß daneben der Schatz des Tut-ench-Amun lediglich ein kümmerlicher Fund ist.

Ungeheure Reichtümer erbeutete auch Alexander der Große bei seinen Eroberungszügen, und bis heute sind diese Schatzkammern unentdeckt. Soviel Gold soll es gewesen sein, daß hunderte Jahre später Cäsar eine Expedition aussandte, die nach den Schätzen suchen sollte, um die maroden Staatsfinanzen Roms zu sanieren.

Einer der legendärsten Schätze ruht zusammen mit seinem ehemaligen Besitzer in Italien: Nach der Eroberung und Plünderung Roms starb König Alarich, ehe die Goten wie geplant nach Afrika übersetzen konnten. In der Nähe der heutigen Stadt Cosenza leiteten sie den Fluß Busento um und begruben ihren Herrscher mitsamt seinem Lieblingspferd und seinen Schätzen. Anschließend wurde der Fluß wieder in sein altes Bett zurückgeleitet. Trotz modernster Wissenschaft und hochmodernsten Geräten ist es bislang nicht gelungen, das Grab aufzufinden.

Ebenso verhält es sich mit einem anderen, nicht minder berühmten Herrscher: Nach Dschinghis Khans Tod bestattete man ihn mitsamt seinem Reichtum. Anschließend ritten die Truppen zwei Tage über die Grabstelle, um sämtliche Spuren zu verwischen.

Was ist eigentlich das Faszinierende am Gedanken an verschollene Schätze? Ist es der Glanz des edelsten aller Metalle? Ist es der Wunsch nach unerschöpflichem Reichtum? Oder ist es lediglich der Jagdtrieb, der die Suche nach Schätzen beflügelt? Wahrscheinlich ist es von jedem ein bißchen.
Allein die Schicksale, die sich an jede Suche nach einem verborgenen Schatz oder die Entdeckung eines solchen knüpfen, sind für sich schon faszinierend und oft auch erschreckend.
Sie erzählen von Gier, Raub und Mord; schwache Charaktere sind den Anforderungen einer Schatzsuche nicht gewachsen.
Richard Wagners Rheintöchter singen:

„Rheingold! Rheingold!
Reines Gold!
O leuchtete noch
in der Tiefe dein lautr'er Tand!
Traulich und treu
ist's nur in der Tiefe:
falsch und feig
ist, was dort oben sich freut!"

Begleiten Sie mich nun in die Geschichte verschollener und verborgener Schätze. Jede einzelne ist wahr. Dafür verbürgt sich mit seinem guten Namen,

Ihr
Reinhold Ostler

Seit jeher erfreuten sich Volksdichtungen und Heldenlieder größter Beliebtheit. Homer schuf mit seiner Odyssee und der Ilias die berühmtesten Epen der Frühzeit. In den nordischen Ländern sind die Thule-Saga und die Edda die bedeutendsten frühmittelalterlichen Heldendichtungen. Im deutschen Sprachraum ist es das Nibelungenlied. Unerklärlicherweise wird diesem jedoch im Gegensatz zu den meisten anderen Heldengedichten oder Überlieferungen jegliche Historizität abgesprochen. Historiker, Germanisten wie Archäologen weigern sich beharrlich, in den mittelhochdeutschen Strophen zeitgeschichtliche Ereignisse zu sehen.

Ähnlich erging es den Schriften Homers, bis Heinrich Schliemann die Fachgelehrten eines besseren belehrte. Hätte dieser deutsche Kaufmann das Epos nicht akribisch Wort für Wort ausgelegt und selbst Längenangaben vor Ort nachgemessen, wäre Troja bis heute nicht entdeckt. Oft ist es Arroganz und „Betriebsblindheit", die große Entdeckungen verhindern und begrüßenswerte Initiativen im Keim ersticken.

Die Sagendichtungen spielen vor einem historischen Hintergrund und enthalten in der Regel einen wahren Kern. Vielleicht liegt die Verkennung des Nibelungenliedes auch darin, daß – anders als z.B. bei der Ilias – kein Verfasser überliefert ist.

Der Schatz der Nibelungen

Die Entdeckung der schriftlichen Version verdanken wir dem Schweizer Professor Johann Jacob von Bodmer, der während des 18. Jahrhunderts ein begeisterter Sammler mittelhochdeutscher Handschriften war. Zu jener Zeit waren besonders die Bibliotheken der Burgen, Schlösser und Klöster wahre Fundgruben. Professor Bodmers Freund, Doktor Hermann Jakob Obereit, ein Medicus aus Lindau, unterstützte dessen Sammelleidenschaft und half ihm immer wieder bei Nachforschungen. So reiste er am 29. Juni 1755 nach Schloß Hohenems, das zur damaligen Zeit eine der umfangreichsten Handschriftensammlungen besaß. Doktor Obereit bekam die Erlaubnis, in der Bibliothek nach mittelhochdeutschen Schriften zu forschen. Es dauerte nicht lange, da wurde er fündig. Begeistert schrieb er an seinen Freund Bodmer:

„Eben gestern habe ich unvermuthete Gelegenheit bekommen, eine kurze Reise nach Hohen-Ems zu machen, woselbst heute unter andern die Bibliothek in Augenschein genommen, und so glücklich gewesen, daß ich fast unter den ersten Büchern, so in die Hände bekommen, zwei alte eingebundene pergamentene Codices von altschwäbischen Gedichten gefunden, darvon der einte, sehr schön deutlich geschrieben, einen mittelmäßig dicken Quartband ausmacht, und eine aneinanderhangend weitläufig Heldengedichte zu enthalten scheint, von der burgondischen Königin oder Princessin Chriemhild, der Titel aber ist ‚Adventure von den Gibelungen' und das ganze Buch ist in Adventuren als in Capitel oder viel mehr Sectionen eingetheilt.Das Buch ist noch meist in recht gutem Stande. Das andere ist ein kleiner Quartband und scheint gleichermaßen ein ganzes, aber geistliches Heldengedicht zu enthalten."

Damit gelang Obereit eine bedeutende Entdeckung, die nicht die einzige bleiben sollte. Im Laufe der Zeit tauchten weitere Niederschriften des Epos auf, in verschiedenen Fassungen und Längen. Die Hohenemser Fassung hat im 18. Jahrhundert mehrfach den Besitzer gewechselt und landete schließlich

auf Schloß Donaueschingen. Dort wird sie als Handschrift „C" in der Hofbibliothek aufbewahrt. Es existiert daneben noch die Handschrift „A", die sich in München befindet, und die Handschrift „B", welche in der Stiftsbibliothek von St. Gallen in einer Vitrine ausgestellt ist. Letztere ist die ausführlichste. Das Auftauchen verschiedener Teilfragmente weiterer Fassungen läßt den Schluß zu, daß das Nibelungenlied eine weitverbreitete und allseits beliebte Geschichte des Mittelalters war.
Die gegenüber der Authentizität der in diesem Epos geschilderten Ereignisse skeptische Wissenschaft hat jedoch den ungefähren Zeitraum seines Entstehens festgestellt. Demzufolge datiert das umfangreiche Werk aus dem 5. bis 6. Jahrhundert. Damit läßt sich zu jenem Volk eine Brücke schlagen, dessen Schicksal das Nibelungenlied erzählt und dessen sagenhafter Schatz bis heute die Gemüter von Schatzsuchern erregt.

Die Burgunder waren Nordmänner, deren Ursprung in Skandinavien liegt. Beheimatet auf der Ostseeinsel Bornholm, heute zu Schweden gehörend, wurde ihnen etwa 200 v.Chr.Geb. der Lebensraum zu eng und sie begannen auf das Festland abzuwandern, über Oder und Weichsel nach Germanien vorzustoßen, wo sie sich für einige Zeit an der Warthe niederließen. Die Seßhaftigkeit war jedoch nicht von allzu langer Dauer. Rund 200 Jahre später tauchten sie nämlich in der Gegend um Worms und Mainz auf. Die Römer - zu dieser Zeit bereits in ständiger Verteidigungsbereitschaft gegen die aus Sachsen und Thüringen vordringenden Alamannen - gingen mit den Burgundern eine Föderation ein und gestatteten ihnen, sich in dem Gebiet zwischen Mainz und Worms anzusiedeln. Dabei wurde Worms als Regierungssitz des Königs Gundahar auserkoren. Den Römern waren die Nordmänner als Verbündete gegen den alamannischen Erzfeind willkommen; deshalb duldeten sie auch deren weiteres Vorrücken auf ihrem Imperium.
Die Freude der Römer währte jedoch nur kurze Zeit. Zu expansionshungrig war Gundahar. Längst blieben sie nicht mehr innerhalb der ihnen zugewiesenen Grenzen, sodaß eine exakte Festlegung des Burgunderreiches heute kaum zu treffen ist. Sicher ist jedoch, daß die ständige Ausdehnung den Römern ein Dorn im Auge war und man Überlegungen anstellte, wie man dieses Volk in Schranken halten könnte, ohne in einen direkten Krieg mit ihnen verwickelt zu werden. Die Burgunder hatten auf ihrem Vormarsch die Gebietsgrenzen immer weiter nach Westen verschoben und waren sogar bis in die römische Provinz Belgica vorgestoßen. Dort jedoch wurde ihr Vordringen endgültig gestoppt. In einer Feldschlacht besiegten 435 die Römer unter Aetius das Heer Gundahars und zwangen ihnen den Frieden auf. Bereits ein Jahr später aber tauchte an den burgundischen Grenzen eine ganz andere Gefahr auf. Die mongolischen Heerscharen Attilas, der „Geißel Gottes", verwüsteten das Burgunderreich und schlachteten das burgundische Heer regelrecht ab. Bei diesem Gemetzel starb auch König Gundahar. Damit hatte das burgundische Reich aufgehört zu existieren. Was aber fortlebte, war die Geschichte vom Leben und Sterben dieses Volkes.

Wer sich heute mit dem Nibelungenlied befaßt, kommt nicht umhin, parallel auch geschichtliche Quellen zu Hilfe zu ziehen. Schnell wird dann klar, daß Namen, Personen, Örtlichkeiten und Geschehnisse weit mehr als nur Fiktion sind. Der unbekannte Verfasser des Liedes wußte um die Vorkommnisse, Schicksale und den Untergang. Die im Nibelungenlied genannten geographischen Örtlichkeiten sind auch heute noch auszumachen. Auch wenn in der Auslegung mancher Angabe Unklarheit herrscht, ist dies kein Grund, am generellen Wahrheitsgehalt zu zweifeln. Aber gerade dies geschieht fast immer, wenn es um die Versenkung des Hortes geht. Dabei entspricht auch diese Schilderung in meinen Augen einem tatsächlich stattgefundenen Ereignis. Betrachtet man die entscheidenden Passagen, die den Raub und die Versenkung zum Inhalt haben, aus dem Blickwinkel des Schatzsuchers, dann dürfte manches verständlicher klingen.

In der Sage führte die Gier nach dem Gold der Nibelungen, schon bevor Siegfried den Schatz gewann, zu einem Mord: Fafner erschlägt seinen Bruder Fasold und wird daraufhin zu dem Drachen, der den Hort bewacht.

Laut Epos stammt der legendäre Schatz aus dem Besitz der Königssöhne Schilbung und Nibelung, die bei seiner Teilung in Streit gerieten. Sie baten den vorbeikommenden Recken Siegfried, eine gerechte Teilung für sie vorzunehmen. Statt jedoch jedem die Hälfte hinzuschieben, erschlug der Recke die beiden und riß sich den Königsschatz unter den Nagel. Den Zwerg Alberich machte er zum Hüter des Schatzes, nachdem er auch diesen um seine Tarnkappe erleichtert hatte. Wie die Geschichte in diesen uns interessierenden Details weiterging, ist ebenfalls bekannt: Siegfried wurde auf der Jagd während einer Rast an einem Brunnen von Hagen von Tronje, dem Kanzler der Burgunder, heimtückisch gemeuchelt, indem dieser ihm seinen Speer in jene Stelle zwischen die Schulterblätter stieß, die beim Bad im Drachenblut nicht benetzt worden war. Diese einzige verwundbare Stelle hatte seine Frau Kriemhild mit einem Zeichen markiert. Später raubte der finstere Hagen von Tronje Königin Kriemhild den Schatz und versenkte ihn im Rhein. Dies sind die Fakten im Nibelungenlied, die sich auf den Schatz beziehen. Den beteiligten Hauptpersonen, Örtlichkeiten und dem Schatz gilt unsere Aufmerksamkeit.

Die Gestalt Siegfrieds existierte in der geschilderten Form sicher nicht so. Deshalb gab sie auch immer wieder Anlaß zu Spekulationen. Eine höchst interessante - weil phonetisch begründete - Mutmaßung lieferte Helmut Berndt in seinem Nibelungenbuch: Demzufolge wären Siegfried und der Cheruskerfürst Arminius ein und dieselbe Person. Dies mag nun schwer verständlich sein, läßt sich jedoch durchaus erklären. So soll der germanische Name des Arminius nicht wie immer behauptet „Hermann“ gewesen sein, sondern mit „S“ begonnen haben, was auf „Segimundus“, also „Siegfried“ schließen läßt. Gäbe es hier eine Übereinstimmung, dann träfe auch die Deutung der Drachentötung dahingehend zu, daß mit dem „Lindwurm“, dem Drachen, versinnbildlicht die Besatzungsstreitkräfte der Römer gemeint waren. Arminius/Siegfried vernichtete im Jahre 9 n.Chr.Geb. mit seinen Truppen die Legionen des Varus und „badete“ sozusagen im Blut des „Drachen“.
Eher anzunehmen ist, daß Personengleichheit mit Gestalten des damaligen größten Herrschergeschlechts, den Merowingern, besteht.
Einige Namensähnlichkeiten sind vorhanden: Siegfried könnte identisch sein mit dem Merowingerkönig Sigibert, dessen Frau Brunhild hieß. Sigibert wurde wie Siegfried meuchlings ermordet. Der Streit der Königinnen Brünhild und Kriemhild im Nibelungenlied hat sich in Wirklichkeit ebenfalls ereignet, nämlich zwischen Sigiberts Frau Brunhild und der Merowingerherrscherin Fredegunde. Überhaupt gibt es sehr viele Parallelen zwischen dem Nibelungenlied und der Geschichte der Merowinger. Beiden wird ein reicher Schatz zugeschrieben, beide Völker waren tatsächlich sehr wohlhabend. Zusammenhänge sind zwar nicht beweisbar, aber auch nicht grundsätzlich von der Hand zu weisen.

Auch für den Meuchelmörder Hagen von Tronje hat Helmut Berndt in seinem Buch eine Deutung geliefert, die den Namen „Tronje“ von Troja ableitet. Kann sein, ist aber keinesfalls sicher.

Die historischen Geschehnisse, verglichen mit den Schilderungen im Nibelungenlied, lassen Parallelen erkennen und Auslegungsmöglichkeiten zu. Übersetzt in die nüchterne Nachrichtensprache des 21. Jahrhunderts würde sich dies so lesen:

„Nachdem das Heer der Burgunder auf dem Schlachtfeld in Belgica eine empfindliche Niederlage durch die römischen Legionäre hinnehmen mußte, wurde nach zähen Verhandlungen ein Friedensabkommen mit den Vertretern des römischen Reiches geschlossen. Im Laufe der folgenden Monate sammelten die Agenten und Spione des burgundischen Nachrichtendienstes Informationen, wonach von langer Hand ein Militärschlag gegen das Volk der Burgunder vorbereitet werden soll. Über die Drahtzieher ist bisher noch nichts Näheres bekannt."

Man vermutete also stark, daß sich etwas zusammenbraute. Daß dies der Überfall durch die Hunnen war, wissen wir aus der Geschichtsschreibung. Was also lag näher, als sich bereits im Vorfeld Gedanken über mögliche Aggressionen zu machen?

„Der militärische Aufklärungsdienst meldet starke Truppenkonzentrationen der Hunnen. Wie zu erfahren war, bewegen sich starke Verbände auf die Grenzen des burgundischen Reiches zu. In den nächsten Tagen ist mit einer allgemeinen Mobilmachung zu rechnen."

Eine der wichtigsten Maßnahmen für das Fortbstehen des Stammes der Burgunder war die Sicherung des Schatzes, der auf keinen Fall in die Hände des Feindes fallen durfte. Für diese Auslegung spricht, daß der Hort erst einmal in eine Burg gebracht wurde, sich also anscheinend vorher an einem Ort befunden hatte, der als nicht mehr sicher betrachtet worden war.

„Danach fuhren beide, Giselher und Gernot,
zwölfhundert Mannen Kriemhild da gebot,
daß sie ihn holen sollten, wo er verborgen war,
Alberich ihn hütete mit seiner besten Freunde Schar."

Allein das Begleitaufgebot läßt darauf schließen, daß man einen Angriff fürchtete, denn 1200 Mann waren zu jener Zeit ein ansehnliches Heer.

„Es standen vor dem Berge der Kriemhild Mannen,
ein Teil auch ihrer Magen. Man trug den Schatz von dannen
nieder zu den Wogen nach dem Schiffelein.
Man führte ihn auf dem Meere wohl stromaufwärts nach dem Rhein.

Nun mögt ihr von dem Horte Wunder hören sagen.
Was zwölf Lastwagen zumeist konnten tragen
volle vier Tage von dem Berg hinab,
wobei es neun Stunden für jeden zu fahren gab,

dieses war nichts andres als Edelsteine und Gold.
Wenn man die ganze Erde damit bezahlen wollt,
es würde nicht vermindert um eine Mark sein Wert.
Hagen hat wahrlich nicht ohne Ursach sein begehrt."

Die Umlagerung des Schatzes hatte wahrscheinlich noch einen weiteren Grund: Da man befürchtete, das burgundische Heer könnte nicht ausreichen, um den zu erwartenden Hunnen Paroli zu bieten, mußten fremde Kämpen angeworben werden, wozu man Geld brauchte.

„Als König Gernot und Giselher, das Kind,
des Hortes sich bemächtigt, gewannen sie geschwind
das Land und die Burgen und manchen kühnen Mann;
der mußt in Ehrfurcht dienen ihrer Herrschaft nun fortan."

Die beiden warben auf dem Rückweg bereits Söldner an.
Zurück auf der sicheren Burg wurden die Schätze in Kammern und Türmen eingelagert. Kriemhild konnte über den Hort verfügen, da Siegfried ihn für seine Königin erbeutet hatte.

„Als sie den Hort nun hatte, da brachte sie ins Land
viele fremde Recken. Es gab der Fraue Hand,
daß man so große Milde nimmermehr gesehn.
Sie übte große Tugend; das mußte man ihr zugestehn."

Daß sie „viele fremde Recken" ins Land brachte, deutet auf eine Verstärkung durch Söldner hin.
Was dann geschah, wird als Raub des Schatzes durch Hagen bezeichnet. Es ist jedoch eher anzunehmen, daß dieser im offiziellen Auftrag König Gundahars handelte, der ja der Bruder Kriemhilds war. Möglicherweise glaubte er vorausschauender zu handeln als seine Schwester.

„Hagen sprach zum König: ‚Es soll ein wackrer Mann
keinem Weibe solchen Hort vertrauen an.
Sie bringt es mit den Gaben noch bis zu dem Tag,
wo es schwer gereuen die kühnen Burgunder mag.'

Antwort gab da Gunther: ‚Ich schwor ihr einen Eid,
daß ich antun wollte ihr nimmermehr ein Leid.
Den will ich fortan halten; sie ist die Schwester mein.'
Da sprach aber Hagen: ‚Laßt mich der Schuldige sein.'"

Die Fortbringung geschah also im Einverständnis mit dem König.
Dann folgt im Nibelungenlied ein Strophe, die eigentlich nur einen Schluß gestattet:

„Sie sprach: ‚Viellieber Bruder, du sollst gedenken mein,
des Lebens und des Gutes sollst du mein Schützer sein.'
Er sprach: ‚Vielliebe Schwester, das soll auch geschehn,
wenn wir wiederkommen: eine Fahrt ist zu bestehn.'"

Dieser Dialog wird zwischen Kriemhild und ihrem Bruder Giselher geführt. Dabei konnte es sich nur um Verhandlungen mit den Hunnen handeln. *„Wenn wir wiederkommen"* bedeutet, daß er auch damit rechnete, nicht zurückzukehren. *„Eine Fahrt ist zu bestehn"* kann dahingehend ausgelegt werden, daß es eine gefahrvolle Reise würde, da etwas „bestanden", also „überlebt" werden mußte. Die nächste Strophe bestätigt dies:

„Der König und seine Magen verließen da das Land,
mit ihnen auch die Besten, die man irgend fand.
Hagen nur alleine blieb dort in seinem Haß,
den wider die Frau er hegte. Er tat mit voller Absicht das."

Hier haben wir die eindeutige Aussage, daß der König mit seinen Magen (Streitern) das Land verließ; es waren die Besten (ausgesuchte Kämpfer). Wenn der König mit seiner Elite sich auf eine gefahrvolle Reise machte, dann vermutlich, weil er versuchen wollte, mit den Hunnen zu unterhandeln und eventuell weitere Verstärkung zu suchen. Ehe sie abritten, legten sie einen Eid ab:

„Die Herren schworen Eide: solange sie würden leben,
daß sie den Schatz nicht zeigen, noch jemand würden geben
nur mit gemeinem Rate, falls sie das deuchte gut..
Drum mußten sie ihn verlieren durch ihren gierigen Mut."

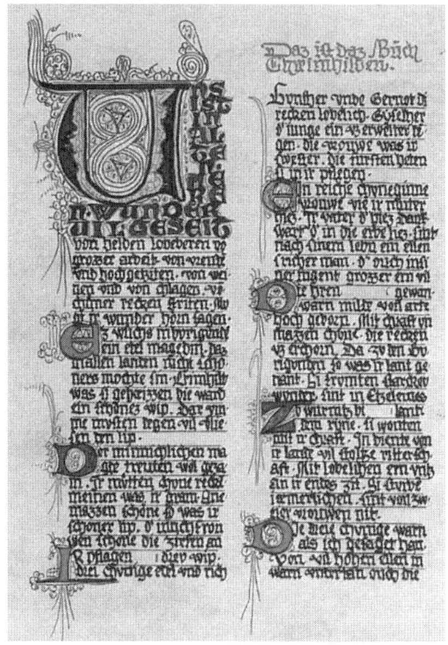

Das Nibelungenlied ist heute mit der Dietrich-Sage das bekannteste deutsche Heldenlied. Nach dem Ausgang des Mittelalters in Vergessenheit geraten, wurden seine verschiedenen Fassungen erst im 18. Jahrhundert wieder entdeckt.

Hier haben wir eine sehr wichtige Aussage. Die Herren waren scheinbar informiert, wohin der Schatz gebracht werden sollte. Das ist nur dann sinnvoll, wenn der Schatz wiederbringlich verborgen wurde. Falls man ihn in den Rhein geworfen hätte, wäre er ein für alle Mal verloren gewesen. Auch für den Feind. Der Schatz mußte in Sicherheit gebracht werden und zwar so, daß man zu jeder späteren Zeit wieder Zugriff darauf nehmen konnte. Somit kommen nur zwei Möglichkeiten in Betracht: entweder eine Vergrabung oder eine überlegte Versenkung.
Die Überlieferung im Nibelungenlied ist nicht so eindeutig; dort heißt es nämlich:

„Bevor die Könige wieder zum Rheine waren gekommen,
hatte derweilen Hagen den großen Hort genommen.
Er senkte ihn da zu Lochheim allen in den Rhein.
Er dacht ihn selbst zu nützen; doch das konnte nimmer sein."

Hier wird es zweideutig. Gehen wir erst einmal auf die Rückkehr der Könige ein. Zwei Strophen weiter oben ist vom *„König und seinen Magen"* die Rede. Nun aber wird von der Rückkehr der Könige gesprochen. Weshalb plötzlich der Plural? Wahrscheinlich damit erklärbar, daß Gundahar entweder auf Verhandlung mit den Hunnen verzichtet hat und direkt Verstärkung holte oder nach vergeblichen Verhandlungsversuchen sich um Beistand anderer Könige und deren Streiter bemühte. *„Hagen hat den Hort genommen"* - dies dürft in Anbetracht der Riesenmenge, von der berichtet wird, schwer allein durchzuführen gewesen sein. Ein Heer war notwendig gewesen, um den Schatz in die Burg zu bringen. Das Wegschaffen erforderte daher ebenfalls eine Menge Leute. *„Er senkte ihn da zu Lochheim allen in den Rhein."* Hier gibt es je nach Version des Nibelungenliedes verschiedene Formulierungen. Im Originaltext heißt es: *„Er sanc en da zem Loche allen in den Rin."* Kein Wort von Lochheim!
Diese Interpretationen stammen von den jeweiligen Übersetzern, die die Texte aus dem Mittelhochdeutschen übertragen haben. Ein anderer Übersetzer formulierte: *„Er ließ ihn bei dem Loche versenken ..."*. Dies ist der meist umstrittene Versteil im Nibelungenlied. Die Interpreten ließen sich durch einen

Ort Lochheim, der ungefähr 15 km nördlich von Worms entfernt lag, verleiten und der im 13. Jahrhundert von einem Hochwasser vernichtet wurde. An dieser Stelle machte der Rhein eine 180 Grad-Schleife. Diese ehemalige Schlinge ist heute nur noch durch Altwasserarme erkennbar. Dort, so vermutet man heute noch, sei die Stelle, an der das Nibelungengold versenkt wurde. Nur: in dieser Betrachtung ist ein kleiner, aber entscheidender Fehler. Lochheim lag etwas zu weit ab von der Rheinschleife. Wesentlich näher am Rhein lagen Stockstadt und Erfelden, die heute noch existieren. Wenn Lochheim der Versenkungsort gewesen wäre, dann hätten die unbekannten Verfasser des frühmittelalterlichen Kriegsberichtes diesen Ort sicher richtig bezeichnet. Deshalb ist es wohl etwas gewagt, den Schatz so weit von der Residenz versenkt zu vermuten. Die „Lochheim-These" stützt sich vor allem auf die Schreibweise der damaligen Zeit. Nur Eigennamen wurden groß geschrieben. Dies allein jedoch zum Stützpfeiler einer solchen Theorie zu machen, halte ich für sehr verwegen. Der Rhein an dieser Schleife war aufgrund der hohen Strömungsgeschwindigkeit tief ausgewaschen und hatte starke Strudel und Neere. Niemals wieder wäre jemand an den Hort gekommen. Ihn dort zu versenken, hätte schlicht dessen Vernichtung und Verlust bedeutet. Genau dies jedoch sollte mit der Verbringung verhindert werden. Das Lied fährt fort:

„Den Hort er da konnte gewinnen nicht fortan,
wie es noch oft muß treffen den ungetreuen Mann.
Allein ihn zu genießen wähnt er in seinem Leben.
Er erwarb ihn weder selber, noch konnt er ihn andern geben."

Demzufolge hätte Hagen von Tronje darauf spekuliert, den Schatz für sich alleine zu behalten. Dem widerspricht der Treueschwur, den sich die Könige und Hagen gegeben haben und der in einer anderen übersetzten Version lautet:

„Bevor von Tronje Hagen den Schatz also verbarg,
da hatten sie's beschworen mit Eiden hoch und stark,
daß er verhohlen bliebe, so lange sie möchten leben."

Glasklar eine Absprache der Herrscher mit ihrem Kanzler!
Die Verbergung des Schatzes weist wiederum Parallelen zum Schatz der Merowinger auf, der ebenfalls rechtzeitig in Sicherheit gebracht werden konnte. Im Gegensatz zum Nibelungenschatz sind jedoch zwei Westgotenschätze gefunden worden.
In diesem Zusammenhang stellt man zwangsläufig die Frage: Welcher Schatz war es, den Hagen von Tronje wo auch immer versenkte? Hier ist nämlich zu unterscheiden zwischen dem Stammesschatz und dem Königsschatz! Königs- und Stammesschatz waren immer streng getrennt. Während der Königsschatz persönliches Eigentum des Herrschers war, mit dem er nach Gutdünken verfahren konnte, repräsentierte der Stammesschatz das Volksvermögen. Dieser Stammesschatz bestand aus all dem, was ein Volk im Laufe der Zeit durch Kriege und Eroberungen zusammengetragen hatte. Der Feind, dem es gelang, sich des Königsschatzes zu bemächtigen, gewann damit auch die Herrschaft. Der Stammesschatz mußte zum Wohle des Volkes verwendet werden. Deshalb ist nicht anzunehmen, daß er versenkt wurde (dies hätte die Vernichtung der Volksrücklagen bedeutet).

Eine verdeutlichende Darstellung zeigt das Hagendenkmal in Worms: Hagen steht in einem Kahn und schickt sich an, den Hort ins Wasser zu werfen. Ganz obenauf liegt das königliche Herrschersymbol, die Krone. Hat Hagen den Hort tatsächlich versenkt wie das Epos sagt, oder steht das „Versenken" für „hinabsenken" in ein Loch, in ein unterirdisches Versteck oder in ein Gewässer?

Darüber haben sich unzählige Hobbyforscher und Schatzsucher bereits den Kopf zerbrochen. Wenn der Schatz nicht in den Fluten des Rheins gelandet ist, wo dann? Welches Versteck ist so gut, daß es bis heute weder planmäßig aufgedeckt noch zufällig gefunden wurde? Welches Versteck ist so groß, daß es einen solch umfangreichen Schatz beherbergen könnte?
Selbst wenn man die damals übliche Übertreibungen abmildert und nicht ganz so wörtlich nimmt (12 Leiterwagen, vier Tage, neun Stunden am Tag), dürfte es noch eine gewaltige Menge gewesen sein. Es darf also angenommen werden, daß ein solcher, in damaliger Zeit sicher nicht ungefährlicher Transport, nicht allzu weite Wege genommen hat. Der weiteren Umgebung von Worms sollte mehr Aufmerksamkeit geschenkt werden.

Wo ist der Schatz der Nibelungen? Drei interessante Theorien

Viel wurde schon gerätselt, viele Theorien entwickelt und die absurdesten Thesen vertreten.
Innerhalb der letzten zwanzig Jahre sind drei Theorien entstanden, die es wert sind, näher betrachtet zu werden.

Die „Jacobi-Theorie"

Anfang der Siebziger Jahre befaßte sich der ehemalige Bürgermeister von Mainz, Hans Jacobi, mit dem sagenhaften verschollenen Hort. Er orientierte sich an der wörtlichen Überlieferung. Wo, so stellte er sich die Frage, könnte dies stattgefunden haben, falls es sich tatsächlich so zugetragen hatte? Der Eigenname „Loche" wurde auch von ihm als Lochheim interpretiert. Er folgerte: Hagen hatte den Hort dorthin geschafft und dort versenkt. Der Überlegung Jacobis zufolge kam nur diese Stelle am Rheinbogen in Frage. Seiner Meinung nach mußte eine tiefe Stelle gefunden werden, die Sicherheit vor Entdeckung bot. Der Transport wurde nach seinem Dafürhalten mit Schiffen durchgeführt. Worms liegt direkt am Rhein und hat seit jeher einen Hafen. Keine Schwierigkeiten also, von dort per Schiff den Transport zu bewerkstelligen. Heute dürften über der Stelle ca. 10 bis 20 m Erdreich abgelagert sein, vermutete der ehemalige Bürgermeister.
Eine gewagte Theorie! Denn wie bereits angeführt, ist kaum anzunehmen, daß der Hort so weit vom Königssitz entfernt verborgen wurde. Der Rhein bot auch in näherer Umgebung tiefe Stellen, wenn man den Schatz unbedingt im Wasser hätte versenken wollen. Wenn Hagen von Tronje den Hort mit der Absicht wegbrachte, sich ihn später selbst anzueignen, dann hatte er wahrscheinlich eine Stelle gewählt, die er unter Kontrolle hatte. Diese dürfte sich dann wahrscheinlich in der Nähe seiner Burg befunden haben. Wo aber diese Burg einmal gestanden hatte, ist nicht bekannt. Da Hagen den großen Schatz nicht allein hatte wegschaffen können, war auch die Gefahr gegeben, daß sich ein Mitwisser des Horts bemächtigen hätte können. Die Theorie Jacobis hört sich zwar schlüssig an, trotzdem halte ich sie für nicht sehr wahrscheinlich. Die Menschen der damaligen Zeit kannten die Gewalt des Wassers und der Ströme. Ungebändigt ohne jede Kontrolle waren sie Naturgewalten, die jederzeit Land nehmen und geben konnten. Es ist kaum anzunehmen, daß die Burgunder über die technischen Voraussetzungen für komplizierte Unterwasserbergungen verfügten. Bergungsarbeiten bereiten auch noch heutzutage in solchen Flüssen große technische Probleme.
Weitaus logischer erscheinen die beiden anderen Theorien bezüglich der Verbergung und des Lageortes.

Die „Patzwald-Theorie"

Rudolf Patzwald aus Bonn ist ein realistisch denkender Mann. Dies bringt schon sein Beruf als Steueroberinspektor mit sich. Er befaßt sich bereits seit acht Jahren mit dem geheimnisvollen Hort der Nibelungen. Ein nebenberufliches Hobby, sozusagen. *„Die Verbringung eines Schatzhortes wie dem der Nibelungen"*, sagt er, *„muß, gerade in Anbetracht der geschichtlichen Umstände, unter fiskalischen Aspekten untersucht werden."* Hagen von Tronje war nach Patzwalds Theorie entsprechend dem Nibelungenlied der Kanzler der Burgunder. Als solcher oblag ihm auch die Finanzverwaltung und somit die Fürsorgepflicht über das gesamte Finanzwesen. Dazu gehörte auch die Sicherung des Staats- und Königsschatzes, soweit er damit betraut wurde, was aus dem Nibelungenlied ja eindeutig hervorgeht. *„Ein Finanzminister kippt das ihm anvertraute Vermögen nicht so einfach in den Rhein"*, argumentiert der Steuerexperte durchaus einleuchtend. Seiner These zufolge hatte der Nibelungenkanzler einen sicheren Verwahrungsort, der nicht erst in letzter Minute gesucht, sondern sehr wahrscheinlich längst vorher ausgewählt worden war. Möglicherweise war dies sogar ein ständig genutztes Versteck, sozusagen ein „Tresor" für alle möglichen Nutzungsbereiche. Zu Rudolf Patzwalds Theorie paßt damit auch die Auslegung der Versenkungsstrophe nicht so recht ins Bild. Nach Meinung des Nibelungenforschers wurde diese Strophe bisher gründlich mißverstanden, was aus dem *„ze Loche in den Rin"* herrührt. Niemals - so Patzwald - war damit der Ort Lochheim am Rhein gemeint. Allein die Forschung nach der Örtlichkeit kann seiner Meinung nach Licht ins Dunkel der Geschichte bringen. Jahrelang verbrachte Patzwald damit, alte Feld- und Flurnamen zu studieren, altes Kartenmaterial auszuwerten, um so den Beweis für seine Theorie liefern zu können. Dies, glaubt er, ist ihm nun gelungen. Seine Forschungen erbrachten neue Erkenntnisse hinsichtlich möglicher Orte. So glaubt er nicht, daß das heutige Worms dem Worms der Sage entspricht. Nach Patzwalds These handelt es sich vielmehr um Wormersdorf, etwa zwanzig Kilometer von Bonn entfernt. Mit dem *„Loche"* sei dann nämlich der Rheinbacher Ortsteil Loch gemeint. Bei seinem Studium stieß er auch auf die alte Flurbezeichnung „Unten in dem Loche" und eine weitere Flur die man „Auf den Höhlen" nennt. Ein eindeutiger Beweis, meint Rudolf Patzwald, daß sich unter dem Acker ein Höhlensystem verbirgt, in welchem der sagenhafte Nibelungenhort seiner Entdeckung harrt.
Einer der Angelpunkte für seine These ist die Entdeckung in alten Quellen, daß Rheinbach im siebten Jahrhundert „Reginsbach" geheißen hat (Regin heißt in der Thidrekssaga der Schmied, der das sagenhafte Schwert Balmung angefertigt hat. Die Thidrekssaga ist sozusagen das norddeutsche Gegenstück zum Nibelungenlied).

Patzwald hat sich an Ort und Stelle gründlich umgesehen. Dabei stieß er auf einige Absonderlichkeiten. So traf er dort einen ehemaligen Bergmann, dessen Haus an einen Hang gebaut ist. Im Hang hinter dem Haus existieren Eingänge zu einem unterirdischen Höhlensystem! Dies bestärkte den Steueroberinspektor wiederum in seiner Annahme, hier irgendwo könnte tatsächlich Hagens Versteck sein. Zugegeben, die Ausführungen klingen alle durchaus logisch und schlüssig. Anders als die „Jacobi-Theorie" ist diese eher nachvollziehbar. In dem Fall wäre auch die Entfernung von etwa 12 bis 15 km vom Sitz der Nibelungen bis zum Versteck für den Schatztransport zumutbar. Dann nämlich, wenn es ansonsten keine adäquate Verbergungsmöglichkeiten gegeben hätte. Allerdings spricht auch einiges dagegen: Wormersdorf hatte keine besondere geschichtliche Bedeutung, während Worms bereits zu römischer Zeit eine Metropole war, wie Ausgrabungen bewiesen haben. Auch fehlt das entsprechende Umfeld, das die Nibelungensaga relativ ausführlich behandelt: Wo oder was könnte hier der „Waschen"- oder „Wasgenwald" gewesen sein, in dem die königliche Gesellschaft zu der Jagd ritt, während welcher der Recke Siegfried von Hagen heimtückisch ermordet wird? Dieser Nachweis fehlt in der Umgebung der von Patzwald favorisierten Örtlichkeit. Wo war Hagens Wohnsitz? Wenn Rudolf

In Worms findet sich ein in der alten Stadtmauer untergebrachtes Museum zur Geschichte der Burgunder und des Nibelungenliedes.

Patzwald dafür noch die fehlenden Erklärungen liefern könnte, würde dies seine Theorie untermauern. Ansonsten bliebe nur, das tatsächlich vorhandene Höhlensystem gründlich zu untersuchen.
Als korrekter Beamter entschied sich Rudolf Patzwald für den behördlichen Weg: Er teilte seine Vermutung dem Rheinischen Amt für Bodendenkmalpflege mit und beantragte die Erlaubnis für eine Grabung. Dort jedoch wollte man von solchen Geschichten nichts wissen. Als Nicht-Fachmann, so teilte man ihm mit, bestünde keine Aussicht, eine Genehmigung zu erhalten. Die weitere Begründung der Behörde klingt noch unsinniger: Überhaupt sei die Suche an dieser Stelle völlig sinnlos. Dies leuchtete Patzwald nun gar nicht ein. Erstens - so argumentierte er - koste es das Land keine Mark, zweitens habe lediglich er das Risiko, sich zu blamieren, falls dort wirklich nichts sei.
So einfach aber gibt ein Steuerbeamter nicht auf. Patzwald informierte darüber hinaus das Wissenschaftsministerium in Düsseldorf und das Ruhrlandmuseum von seiner Nibelungentheorie. Tatsächlich reagierte das Wissenschaftsministerium. Es beauftragte einen Gutachter, der über Patzwalds Vermutungen urteilte: *„Für den Nibelungenschatz gibt es drei Quellen, nämlich das Nibelungenlied, die Edda und die Thidrekssaga. Es scheint sinnlos, die Suche nach dem Schatz auf der Grundlage des Nibelungenliedes zu machen. Es hat in dieser Gegend nie eine Überlieferung über einen sagenhaften Goldschatz gegeben und auf der topographischen Karte dieser Gegend sind Höhlen nicht ausgewiesen. Für eine Schatzsuche an dieser Stelle gibt es keine Grundlage."*
Nicht weniger überheblich fiel die Antwort des Ruhrlandmuseums aus. Der Direktor des Museums hatte das mitübersandte Luftbild ausgewertet und als Experte für Luftbildarchäologie folgendermaßen Stellung genommen: *„Das Bild zeigt keine Hinweise auf menschliche Eingriffe. Bei jeder Veränderung durch Menschenhand bleiben Spuren im Boden zurück. An der von Herrn Patzwald bezeichneten Stelle aber sind solche Spuren nicht erkennbar."* Basta! So einfach ist das. Was nach dem Gesichtspunkt gelehrter „Eierköpfe" nicht sein kann, darf auch nicht sein.
Die Erlaubnis zur Grabung wurde weiterhin verweigert. Rudolf Patzwald vermutet daher eher, daß es eine riesige Blamage für die Fachleute werden könnte, falls seine Theorie durch eine Grabung bestätigt würde.

Die „Siegert-Theorie"

Diese dritte und letzte Theorie stammt- wie die beiden vorhergegangenen - ebenfalls von einem Laien. Seltsamerweise sind es immer Nicht-Wissenschaftler, die sich intensiv mit der Erforschung solch mythischer Sagen und verschollener Schätze befassen. Noch nie war bisher etwas davon zu hören oder zu lesen, daß sich Leute vom Fach die Mühe gemacht hätten, ernsthaft über den Nibelungenhort nachzudenken bzw. eine Vermutung darüber zu äußern. Obwohl es doch in erster Linie deren Aufgabe wäre, zumal sie aus Steuermitteln am Leben gehalten werden. Stattdessen sehen sie ihren Beitrag darin, private Initiativen im Keim zu ersticken und mit allen Mitteln zu verhindern. Wie sonst wäre es möglich, daß alle privaten Bemühungen von vornherein sabotiert werden? Selbst ernstzunehmende Versuche, das Geheimnis um den Hort der Nibelungen zu lüften, werden negiert und gegebenenfalls unterlaufen. Selbst die Geschichte des Helmut Siegert, die so hoffnungsvoll begann, läuft Gefahr, zu scheitern.

Etwa zur selben Zeit, als der Bonner Steuerprüfer seine These von den Nibelungenhöhlen entwickelte, begann sich der Baumaschinenmeister Helmut Siegert aus Walldorf mit der Nibelungensage zu befassen. Siegert, der sich in seiner Freizeit mit dem Aufspüren von Hohlräumen und Wasseradern beschäftigt, hatte schon einmal den Archäologen einen entscheidenden Hinweis auf ein Gräberfeld gegeben, das er mit seiner Wünschelsonde geortet hatte. Diesmal wollte er den Lageort des Nibelungenhortes nachweisen. Zunächst einmal ging Helmut Siegert nach denselben Gesichtspunkten vor wie seine Mitstreiter. Anhand der topographischen Nachweispunkte wollte er versuchen, die Örtlichkeit soweit einzugrenzen, daß bestimmte Schwerpunkte übrigblieben. Diese sollten dann vor Ort mit Hilfe der Wünschelsonde separiert und mit Hilfe eines Metalldetektors weiter untersucht werden. Ich erfuhr von den Plänen des Walldorfers, als er sich an mich wandte und sich in der Frage des Detektors von mir beraten ließ. Nachdem ich der Geschichte erst einmal skeptisch gegenüberstand, interessierten mich trotzdem seine bisherigen Forschungsergebnisse. Was mir der ausgebildete Rutenmeister der „Fachschaft deutscher Rutengänger und Berater für Geo-Biologie" dann darlegte, verblüffte mich doch. Seine Nachforschungen hatten ihn an eine Stelle geführt, die bisher noch nie von Wissenschaftlern in Erwägung gezogen worden war. Um so erstaunlicher, daß alle Umstände in einer Komplexheit zusammenpaßten, wie dies bei der Nibelungenforschung nur selten der Fall war. Nach Siegerts Theorie durfte der Ort der Verbergung erstens nicht zu weit von Worms entfernt liegen, zweitens mußte eine Burg in der Nähe vorhanden gewesen sein. Zudem mußten auch die anderen erwähnten Örtlichkeiten in annehmbarer Entfernung nachweisbar sein. Auf diese Kriterien konzentrierten sich seine Nachforschungen. Zu folgendem Ergebnis gelangte er:

Etwa vier Kilometer von Worms rheinabwärts auf der rechten Rheinseite, fand Siegert die Überreste einer Burg, keine 500 m vom Ufer entfernt. Direkt davor mündet das Flüßchen Weschnitz in den Rhein. Hierher führt den Geo-Biologen die Wünschelsonde. Mit dem von mir vermittelten Metalldetektor, einem Pulsinduktionsgerät, machte Siegert eine Begehung dieser Stelle. An fünf Punkten bekam er großflächige Anzeigensignale, deren Intensität auf etwa drei bis vier Meter Lagetiefe schließen ließ. Ein Gespräch mit einem Landesarchäologen ergab, daß Siegert ohne es zu wissen wahrscheinlich einer Sensation auf der Spur war: An jener Stelle befindet sich ein römisches Hafenbecken unter der Erde, welches nachweislich auch von den Burgundern und Karolingern genutzt wurde. Mehr noch: Nach Aussage der Archäologen konnte diese Hafenanlage nach Bedarf geflutet und trockengelegt werden! Nun fingen

Nach Helmut Siegert findet sich der Nibelungenschatz noch heute unweit der Einmündung des kleinen Flüßchens Weschnitz in den Rhein und zwar in einem heute verlandeten römerzeitlichen Hafenbecken.

die Mosaiksteine an, sich zusammenzufügen. Weitere Indizien kamen hinzu: Das Flüßchen Weschnitz hatte in früheren Zeiten Waschnitz bzw. Wasche geheißen. Unschwer läßt sich daher ableiten, daß das gesamte Hinterland, das in früher Zeit sicher undurchdringlicher Wald war, als „Waschenwald" bezeichnet worden war. In diesem Wald hat laut Nibelungenlied die Jagd stattgefunden. Wo aber war das „Loch", in das Hagen den Hort versenkt hatte?
Das eingehende Studium der topographischen Karte erbrachte auch hierüber Auskunft. Ungefähr drei Kilometer vom Weschnitzarm entfernt, finden sich in der Karte Flurbezeichnungen, die zwei kleine Wasserlöcher als „Altloch" und „Neuloch" bezeichnen.
Angesichts solcher „Zufälle" schwinden die Zweifel. All diese vorhandenen Örtlichkeiten verglichen mit dem Nibelungenlied ergeben ein beinahe plastisches Bild.

Den Hort in den Rhein zu werfen, wäre absolut idiotisch gewesen. Diesen jedoch überlegt und gezielt zu versenken, mit der Aussicht, ihn jederzeit wieder verfügbar zu haben, entspricht genau der Theorie Rudolf Patzwalds. Hagen wußte sehr wohl, daß man jederzeit wieder ohne Schwierigkeiten an den Schatz gelangen könnte. Dazu mußte man nur das Hafenbecken trockenlegen. Deshalb klingt es plausibel, wenn man annimmt, der Hort wurde im Hafen von Worms auf Boote verladen und vier Kilometer flußabwärts geschifft. Dort, unterhalb der Burg liefen die Boote in das künstliche Hafenbecken, das etwa zwischen drei und fünf Meter tief war. Man brauchte sich nicht um das Entladen sorgen, der umfangreiche Schatz mußte nicht erst irgendwo hin geschleppt werden. Ohne großes Aufsehen war es möglich, diesen verschwinden zu lassen. Man schlug Löcher in die Boote und versenkte den Schatz mitsamt Transportmittel. Der Nichteingeweihte, der vielleicht den Abtransport mitbekommen hatte, konnte nur sagen daß der Schatz mit Booten flußabwärts gebracht worden sei. Jegliche Suche nach den Booten würde ergebnislos verlaufen, da sie versenkt waren. Logischer und einleuchtender kann sich die Sache kaum zugetragen haben. Damit ergibt auch der Eid der Könige einen Sinn, die geschworen hatten, *„...solange sie würden leben, daß sie den Schatz nicht zeigen, noch jemand würden geben."*

Helmut Siegert wandte sich mit seinen Forschungsergebnissen an das Hessische Ministerium für Wissenschaft und Kunst. Das Antwortschreiben bestand in den bekannten, üblichen seitenlangen Erklärungen, was die Hauptaufgabe der staatlichen archäologischen Denkmalpflege sei. Optimaler Schutz eines Bodendenkmals, Unversehrtheit der Kulturdenkmäler und so weiter. Dann aber folgt eine indirekte Drohung: *„...war Ihre Begehung mit einem Metallsuchgerät übrigens eine nach § 21 HDschG zu genehmigende Nachforschung, mit dem Ziel, Bodendenkmäler zu entdecken."* Die Anregung, eine Probegrabung durchzuführen, lehnte der bequeme Beamte ab. Siegerts Angebot einer Probebohrung wurde ebenfalls abschlägig beschieden *(„...Diese Untersuchungsmethode wäre selbst im Fall der Zulässigkeit einer Voruntersuchung oder Grabung ...zu grobschlächtig und würde selbst die wenig zimperlichen Untersuchungsmethoden des frühen 19. Jahrhunderts negativ übertreffen.").*

Unter dem Deckmantel des „Denkmalschutzes" wird hier ein Possenspiel getrieben. Die Angelegenheit landete weiterführend beim hessischen Landtag, der sich zwar „grundsätzlich interessiert" zeigt, aber bedauerlicherweise über keine Geldmittel dafür verfügt.
Siegert hat sich mittlerweile damit abgefunden, daß man die Sache totlaufen läßt. Falls der Staat jedoch glaubt, irgendwann zu behaupten, man hätte Erkenntnisse gewonnen, daß dort der Nibelungenschatz läge, haben die Ignoranten Pech: Mit Datum vom 27. November 1987 hat sich Helmut Siegert notariell beglaubigen lassen, daß er am 11. November *„in Nordheim bei Worms, bei der ehemaligen Festung ‚Stein', ein größeres Edelmetallvorkommen in nordwestlicher Richtung von der Festung aus gesehen, vorgefunden hat."* Dabei verweist er auf den mit notariellem Siegel versehenen Plan, der den Grundriß der Festung Stein darstellt. Die Fundstelle ist darin mit einem Kreuz markiert.

Ungefähr 60 km südlich von Carcassonne in der südfranzösischen Landschaft Razès-en-Languedoc liegt eingebettet in die Berge der Corbières malerisch auf einem Hügel die kleine verschlafene Ortschaft Rennes-le-Château. Nunmehr ein verträumtes Nest, war es einstmals neben Toledo die Hauptstadt der Westgoten. Daß es in die Annalen der Schatzgeschichte einging, liegt an einem Ereignis, das 340 Jahre zurückliegt.

Die Schatzhöhle von Rennes-le-Château

Der Hirtenjunge Ignace Paris hütet eine größere Herde Schafe, als ein Muttertier ihn durch sein Klagen aufmerksam macht, daß sein Junges verschwunden ist. Sosehr er die gesamte Umgebung auch absucht, nirgends kann er das Tier finden. Als er in der Nähe einiger Felsen durch ein Gebüsch kriecht, übersieht er eine der zahlreichen Felsspalten und rutscht in eine Höhle, die sich tiefer in den Berg hineinzieht. Aus der Tiefe der Grotte hört er ein klägliches Blöken. Er folgt den Schreien des Lammes und gerät in eine domartige Höhle, in die durch einen Spalt in der Decke ein schwacher Lichtstrahl dringt. Als sich seine Augen an das diffuse Licht gewöhnt haben, entdeckt er hinter einem Felsen das vermißte Tier. Zugleich aber fällt sein Blick auf etwas, das seine Neugier erregt. In einer Ecke der großen Höhle stehen Kisten und Truhen; als er darauf zugeht, sieht er zu seinem Entsetzen sechs Skelette daneben liegen. Trotz seiner Furcht wagt er zaghaft, eine der Kisten zu öffnen. Nur mit Mühe läßt sich der eisenbeschlagene Deckel anheben. Der schwache Lichtstrahl genügt, um im Inneren der Truhe ein Gleißen und Blitzen wahrzunehmen. Sie ist bis an den Rand mit Goldmünzen und Juwelen gefüllt. Mit großer Aufregung öffnet der Hirtenjunge nun auch die anderen Kisten. Juwelen und Edelsteine, Gold- und Silbermünzen wohin er auch blickt! Ignace greift in eine der Truhen und holt zwei Hände voller Goldmünzen heraus, die er sich in die Taschen stopft. Er nimmt sein Lamm in die Arme, läuft zum Eingang zurück und klettert aus der Felsspalte. Fast eine Woche dauert es, bis Ignace Paris es wagt, mit seinem Schatz Lebensmittel und neue Kleidung zu kaufen. Als er zur Bezahlung einige der gefundenen Goldmünzen aus der Tasche holt, packt ihn der Krämer am Handgelenk und hält ihn fest. Wie sehr mußte diesem in einem kleinen armseligen Bergdorf ein sechzehnjähriger Bursche auffallen, der die Taschen voller Gold hatte! Die Frau des Krämers läuft auf die schmale Gasse und ruft hysterisch nach der Polizei. Die Dorfbewohner laufen zusammen, um zu erfahren was geschehen sei. Ignace muß es geschehen lassen, daß man seine Taschen durchsucht und ihm all seine Habe abnimmt. Dann führt man ihn zu seiner ärmlichen Behausung und stellt dort alles auf den Kopf. Man versucht von dem Hirten zu erfahren, woher er all die goldenen Münzen hat, doch der Junge schweigt eisern und verrät sein Geheimnis nicht. Der Bürgermeister beschuldigt ihn schließlich, einen Reisenden überfallen und beraubt zu haben. Erst da verteidigt sich Ignace und erzählt von der geheimnisvollen Höhle. Als ihn aber seine Häscher auffordern, sie zu der Höhle zu führen, weigert er sich. In dieser Nacht dringen die Schmerzensschreie des Hirtenjungen durch die Gassen des Dorfes. Unter der Folter, so glaubt man, würde er sein Geheimnis schon preisgeben. Als der geschundene Körper des unglücklichen Jungen dann am nächsten Tag am Galgen vor der Stadtmauer baumelt, sind die Bürger und ihr Gemeindevorstand genauso schlau wie vorher. Ignace Paris hat sein Wissen über die Schatzhöhle mit ins Grab genommen.

Damit wäre die Geschichte eigentlich schon zu Ende und längst in Vergessenheit geraten, wäre nicht im Jahre 1885 in Rennes-le-Château der junge Geistliche Francois-Bérenger Saunière aufgetaucht.

Saunière, geboren am 11. April 1852 in dem benachbarten Montazels, tritt in diesem Jahr seine Stellung als neuer Pfarrer des Örtchens an. Da das Pfarrhaus gerade erneuert wird, wohnt Saunière bis zur Sanierung bei der Familie Dénarnaud, wo ihm das hübsche Töchterchen des Hauses, die heißblütige Marie, den Kopf verdreht. Nach vollendeter Renovierung des Pfarrhauses zieht der Abbé dort ein und mit ihm auch Marie, die ihm offiziell nun den Haushalt führt. Solche Verhältnisse sind keine Seltenheit und auch die Bewohner Rennes' sehen keinen Grund, Anstoß daran zu nehmen, zumal sich Saunière schnell größter Beliebtheit erfreut. Zu Beginn des Jahres 1891 erhält er vom Bischof von Carcassonne, der sein direkter Vorgesetzter ist, die Genehmigung, in seiner der Heiligen Maria Magdalena geweihten Kirche die notwendigsten Restaurierungen durchzuführen. Insbesondere das Dach ist stellenweise so löchrig, daß sich an Regentagen ein regelrechter Wasserfall über den Hauptaltar ergießt. Deshalb soll auch der Altar gleich miterneuert werden.
Die Kosten für die Restaurierung, die sich auf 2400 Francs belaufen, erhält der Geistliche als Kredit aus dem Gemeindeetat. Mit den Arbeiten wird der Maurermeister René Babon aus Couiza beauftragt. Eines Tages, die Reparaturen des Daches sind bereits ausgeführt und Babons Leute arbeiten inzwischen schon am Hauptaltar, meldet einer der Arbeiter Pfarrer Saunière einen seltsamen Fund: In einem Hohlraum hinter einem gotischen Pfeiler des Altars verborgen liegt ein Bündel Pergamente, deren lateinischer Text sich auf den Bau der Kirche bezieht. Als der Maurer einen Holzbaluster beiseite räumt, öffnet sich ein kleines Geheimfach, etwa dreimal so groß wie eine Zündholzschachtel. Darin befindet sich ein versiegeltes Fläschchen, in welchem ein zusammengerolltes Papier steckt. Babon überbringt den Fund Pfarrer Saunière, der daraufhin sofort die Arbeiten einstellen läßt und die Leute nach Hause schickt. Nachdem er in Ruhe einen Blick auf die Papiere geworfen hat, wird er sich sofort des großen Wertes der Dokumente bewußt. Doch mittlerweile hat auch der Bürgermeister Wind von der Sache bekommen; noch am selben Abend drängt es ihn, von Saunière zu erfahren, was es mit den Papieren auf sich habe. Dieser überläßt ihm nur die Dokumente, die den Bau der Kirche zu ihrem Inhalt haben. Die weitaus interessanteren Pergamente behält er für sich. Diese enthalten die Unterschrift und das königliche Siegel Biancas von Kastilien, der Mutter Ludwigs IX. Die später heiliggesprochene Bianca hatte während des Hirtenaufstandes 1250 die gesamten Kronschätze auf einen Wagenzug verladen lassen und war vor den heranziehenden plündernden Horden aus Paris nach Südfrankreich geflüchtet. Als Zufluchtsort war die als uneinnehmbar geltende Burg von Rennes-le-Château auserwählt worden. Diese Wahl erfolgte auch aus taktischen Überlegungen: die Befestigung lag in der Nähe der Straße, die nach Spanien führte. Bianca war so die Möglichkeit gegeben gewesen, im Fall einer Gefahr in ihre Heimat flüchten zu können. Hier also, hinter diesen dicken Mauern hatte man den französischen Kronschatz in Sicherheit gebracht und nach der Niederschlagung des Hirtenaufstandes dort belassen. Es ist anzunehmen, daß dieser Schatz nie mehr abgeholt worden war, da Bianca von Kastilien im November 1252 starb. Mit der Zeit war der Schatz in den weitverzweigten Gewölben in Vergessenheit geraten.
Saunière findet sich nun im Besitz der wichtigen Informationen, die notwendig sind, um die Juwelen auffinden zu können. Zusammen mit seiner Geliebten Marie macht er sich auf die Suche nach dem geheimnisvollen Gewölbe. Vermessungspunkte, die in den Pergamenten enthalten sind, geben Aufschluß über bestimmte Stellen in der Kirche, von denen aus das Versteck ermittelt werden kann. Das Paar stößt nämlich auf die Grabplatte am Grabmal der Comtesse de Blanchefort. Auf dieser gibt es wahrscheinlich Hinweise zur Auffindung des verborgenen Schatzes. Sie finden das unterirdische Höhlensystem mit den vielen Kisten und Truhen, die noch so geöffnet dastehen, wie der Hirtenjunge Ignace Paris sie im Mai 1645 verlassen hat. Von da an verändert sich das Leben des Pfarrers und sei-

Das Château von Rennes.

ner Mätresse. Statt der lediglich vorgesehenen Ausbesserungsarbeiten werden nun umfangreiche Restaurierungen durchgeführt.
Saunière geht nun viel auf Reisen. Immer häufiger treffen im Nachbarort Couiza größere Geldbeträge ein, die für Marie Dénarnaud bestimmt sind. Diese erklärt, daß sie eine größere Erbschaft gemacht habe. Das Geld bleibt nicht lange liegen; Saunière betätigt sich als Bauherr größeren Ausmaßes: Ein Kreuzweg wird angelegt, ein prächtiger Garten vor der Kirche, eine neue Friedhofsmauer umschließt den Totenacker und ein feudaler Herrschaftssitz mit zwei Stockwerken wird errichtet, der das alte Pfarrhaus ablösen soll. Diese „Villa Bethania" ist äußerst großzügig angelegt mit einem Tiergarten, den er mit Pfauen, Affen, Fischen und Papageien bevölkert, Blumenterrassen, einem Wintergarten und einem Turm mit Aussichtsplattform. Nicht minder edel ist die Innenausstattung mit neugotischen Einlegearbeiten und einer wertvoll bestückten Bibliothek. In seiner zunehmenden Bauleidenschaft errichtet Saunière eine Kapelle, übernimmt die Kosten für den Bau einer Verbindungsstraße von Rennes nach Couiza und sogar der Wasserversorgung des kleinen Ortes. Schließlich, als Krönung seines Bauwahns, ordert er 8000 m^3 Mauersteine, um die Altstadt von Rennes wiederaufzubauen.

Die Bürger Rennes', die all dies aufmerksam beobachten, machen sich durchaus ihre Gedanken. Saunière jedoch versteht es ausgezeichnet durch seine Großzügigkeit, ihre Bedenken zu zerstreuen, gilt er doch als Wohltäter der Ortschaft und geizt auch nicht mit Speis und Trank seinen Gästen gegenüber. Besonders sein Weinkeller ist weit und breit berühmt. Was aber immer wieder Grund zu Spekulationen gibt, sind seine ausgedehnten Reisen, die ihn sogar bis in die Schweiz, nach Belgien, Spanien und Portugal führen.

Trotz seiner großen Beliebtheit scheint Bérenger Saunière nicht nur Freunde, sondern auch Neider zu haben. Denn eines Tages wird er zu seinem Bischof, Monsignore de Beausejour, nach Carcassonne zitiert. Der Bischof verlangt von seinem Abbé Rechenschaft über dessen immense Ausgaben. Der Pfar-

Foto links:
Abbé Bérenger Saunière

Foto rechts:
Die Geliebte des Pfarrers:
Marie Dénarnaud

rer verweigert konkrete Angaben, und seinem ungestümen und aufbrausendem Wesen entsprechend kommt es zu einem hitzigen Wortgefecht. Der Bischof bezichtigt ihn des Ablaßhandels und kündigt ihm eine Strafversetzung an. Der Ablaßhandel war besonders vom 16. bis ins späte 18. Jahrhundert weit verbreitet und eine willkommene Gelegenheit für die Kirche, Einnahmen zu erzielen. Durch die Entrichtung eines Obolus wurden den Gläubigen die Sündenstrafen erlassen. Ein Ablaßbrief bestätigte ihnen schriftlich die Vergebung. Saunière soll nun nach dem Willen seines Bischofs das Pfarramt in Coustouges übernehmen. Aber wieder verweigert er den Gehorsam, sodaß der Bischof sich gezwungen sieht, hart durchzugreifen. Er erläßt gegen Saunière ein Berufsverbot. Nun entwickelt sich der Konflikt zur Groteske. Saunière ficht dieses Verbot vor dem „Gericht des Heiligen Amtes" in Rom an. Zur Durchsetzung seiner Anfechtung entsendet er auf eigene Kosten seinen Verteidiger für die Dauer von zwei Jahren in die Heilige Stadt. Tatsächlich wird die Anordnung des Bischofs von Carcassonne am 5. Dezember 1911 für nichtig erklärt, da man dem Abbé einen Ablaßhandel nicht nachweisen kann. In der Zwischenzeit gibt Saunière das Geld mit vollen Händen aus. Letzlich kann er aber nicht verhindern, daß de Beausejour doch noch einen Sieg erringt: Er interveniert beim Vatikan hartnäckig weiter und bezichtigt den streitbaren Abbé des Paktierens mit dem Satan, sodaß gegen diesen das Verbot „Suspens in divinis" ergeht, was beinahe einer Exkommunizierung gleichkommt. Unberührt davon führt Saunière das gewohnte Leben weiter. Mittlerweile spricht er dem Alkohol zu. Obwohl ein neuer Pfarrer in der Zwischenzeit sein Amt übernommen hat, hält er immer noch Sonntagspredigten. Infolge seines ausschweifenden Lebenswandels erleidet er am 17. Januar 1917 einen Schlaganfall und stirbt fünf Tage danach. Ehe er aber aus diesem Leben scheidet, legt er noch bei seinem Ordensbruder, Abbé Rivière, seine Beichte ab. Diese muß solch schreckliche Details beinhaltet haben, daß dieser tagelang schockiert ist und am Ende Saunière sogar die Letzte Ölung verweigert. Möglicherweise gesteht er in der Beichte, seinen Freund, Pfarrer Boudet, ermordet zu haben bzw. an dessen Tod die Schuld zu tragen.

Marie Dénarnaud ist nun alleinige Erbin der Güter. Sie führt ein sorgenfreies Leben in ihrer Villa, bis der Zweite Weltkrieg Frankreich erfaßt. Ihre Zuneigung zu den deutschen Besatzern wird ihr zum Verhängnis; nach dem Krieg wird sie als Kollaborateurin in ein Lager gesteckt. Als man sie wieder freiläßt, ist ihr Geld nichts mehr wert, und sie verkauft ihren Besitz. Ihren Erben gegenüber macht sie gelegentlich Andeutungen über die mysteriösen Umstände ihres einstigen Reichtums, ohne jedoch genaueres zu verraten. „Eines Tages werdet ihr reich sein – sehr, sehr reich. Ehe ich sterbe, werde ich euch ein Geheimnis anvertrauen". Doch Madame Dénarnaud stirbt am 29. Januar 1953 im hohen Alter von 86 Jahren, ohne ihr Geheimnis weitergegeben zu haben.

Was steckt dahinter?

Die Spekulationen um den mysteriösen Reichtum Saunières lassen mehrere Versionen zu. Der Verdacht des Ablaßhandels als Einnahmequelle ist nicht grundsätzlich von der Hand zu weisen. Nachfolgend angestellte Überlegung zeigt jedoch, daß damit nicht das große Vermögen des Geistlichen zu begründen ist: Nimmt man für eine Ablaßmesse den Betrag von 0,50 Francs bis 1,50 Francs an, dann hätte Saunière beinahe Tag und Nacht Messen lesen müssen, um nur die Investitionskosten seiner Aktivitäten zu decken. Die überlieferten Kosten vom Landankauf bis zur Ausstattung der Villa ergeben in Summe einen Betrag von 193 000 damaligen Francs. Woher aber stammte das viele Geld dann? Für Maries Geschichte von der Erbschaft gibt es keinerlei Anhaltspunkte. Da andere Einnahmequellen beinahe gänzlich auszuschließen sind, ist die Annahme eines Schatzfundes naheliegend. Welche Schätze Saunière gefunden haben könnte, ist schwer zu sagen. Sicher ist die Existenz des französischen Kronschatzes. Aber auch die Westgoten residierten im 6. Jahrhundert in dieser Gegend und Rennes-le-Château, das damalige Rhedae, war eine ihrer Festungsanlagen. Für die Existenz gotischer Schätze spricht auch, daß der Pfeiler, hinter dem die Pergamente gefunden wurden, das Gotenkreuz trug. Hinzu kommen die Aktivitäten Saunières, um Spuren zu verwischen. So schloß er sich zwischen 1902 und 1909 mehrmals allein im Friedhof ein und löschte die Grabinschrift der Comtesse de Blanchefort auf der Grabplatte. Darf angenommen werden, daß diese Platte Hinweise zur Auffindung des Schatzes enthielt? Handelte es sich dabei gar um einen Schatz aus dem Geschlecht der Blancheforts ? Saunière nahm auch an anderen Grabsteinen Manipulationen vor, die wahrscheinlich Hinweise zu dem Schatz geliefert hatten. So entfernte er Inschriften aus der Grabplatte der d'Hautpouls, einem uralten Geschlecht, das bis auf die Zeit der Kreuzritter zurückgeht.

Damit erschwerte der Abbé allen künftigen Schatzsuchern die Möglichkeit, den verbliebenen Schatz zu heben.

Außer seiner Marie scheint Abbé Saunière jedoch noch mindestens einen weiteren Mitwisser gehabt zu haben: Abbé Henri Boudet im benachbarten Rennes-le-Baines. Bei ihm hielt er sich häufig auf; Boudet unterstützte ihn auch in der Auseinandersetzung mit dem Bischof. Um so rätselhafter der plötzliche Tod Boudets am 30. März 1915, nachdem er in der Nacht zuvor noch zwei geheimnisvolle Besucher empfangen hatte.

Ein weiteres Rätsel stellt der gewaltsame Tod eines anderen Pfarrers dar, zu dem Saunière ebenfalls Kontakt pflegte: Jean Antoine Maurice Gelis war Pfarrer der kleinen Gemeinde Coustaussa. In der Nacht vom 1. November 1897 wurde Gelis ermordet. Besonders mysteriös war der Umstand, daß nichts gestohlen wurde. Der Mörder schien lediglich ein bestimmtes Dokument gesucht zu haben, denn alle Papiere und Unterlagen waren duchwühlt.

Am 13. April 1898 wurde der Neffe Gelis' wegen Mordes an seinem Onkel verurteilt. Dieses Urteil wurde jedoch am 2. August aufgehoben, da er beweisen konnte, am fraglichen Tag nicht in dieser Gegend gewesen zu sein. Heute munkeln Stimmen, daß möglicherweise sogar Saunière den Mord begangen haben könnte.

Viele Rätsel, die dieser seltsame Mensch hinterlassen hat … Die Suche nach den Schätzen, die man in der näheren Umgebung von Rennes vermutet, wurde aber fortgeführt.

Viele Jahre lang befaßte sich der Südfranzose Gaston Didier mit dieser Geschichte. Er entdeckte auf einem seiner Streifzüge einen seltsamen kleinen Hügel unweit der ruinösen Hütte, die einst dem Hirtenjungen Ignace Paris als Behausung gedient hatte. Untersuchungen ergaben, daß dieser kleine Hügel einen Hohlraum barg. Auf seiner weiteren Suche entdeckte er eine Quelle, deren Wasser alle zwanzig Minuten versiegte. Neugierig geworden, kroch er in das Loch und stellte fest, daß es sich um

Pittoresk auf einem Hügel gelegen: Rennes-le-Château, das geheimnisvollste Dorf Frankreichs.

eine Art Siphon handelte. Dabei stürzte er drei Meter in die Tiefe und brach sich das Bein. Trotzdem kroch er tiefer in die Höhle, bis er an eine Stelle kam, wo die Decke eingestürzt war. Im Schein seiner Lampe erkannte er deutlich Werkzeugspuren. Der Einsturz der Höhle dürfte künstlich herbeigeführt worden sein. In den folgenden Jahren entdeckte Didier verschiedene Markierungen, die sich an einer bestimmten Stelle kreuzten. Er erzählte von seiner Entdeckung, worauf man ihn vier Tage später von einem herabgestürzten Balken erschlagen in der Kirche von Rennes auffand.
Einen anderen Schatzsucher, der sich zu sehr für die Geschichte von Rennes interessierte und meinte, ihr Geheimnis lüften zu können, ereilte der Tod durch Herzschlag. Ein weiterer Toter gab der Polizei in den Siebziger Jahren Rätsel auf. Er war aus einem fahrenden Zug gestürzt, nachdem er ebenfalls so unvorsichtig gewesen war, in Rennes-le-Château laut über seine Entdeckungen nachzudenken.

Dies scheinen nicht die einzigen geheimnisvollen und rätselhaften Begebenheiten rund um den Schatz von Rennes-le-Château zu sein:
Eines der größten Geheimnis überhaupt ist jenes, um *welchen* Schatz es sich tatsächlich handelt. War man bis vor einiger Zeit der Ansicht, es ginge um den Schatz der Königin Bianca von Kastilien, so reichen die Vermutungen mittlerweile wesentlich weiter.
Ernsthafte und glaubwürdige Historiker ziehen inzwischen selbst den Jerusalemer Tempelschatz sowie die Schätze des fränkischen Geschlechts der Merowinger in die Überlegungen mit ein. Vom Jerusalemer Tempelschatz ist überliefert, daß ihn der Westgotenkönig Alarich anläßlich der Plünderung Roms im Jahre 410 erbeutet hatte. Einige ziehen auch eine Nähe zum Heiligen Gral in Betracht, was wiederum den geheimnisvollen Templerorden mit ins Spiel bringt. Dieser berühmte geistliche Orden der „Ritter des Tempels von Jerusalem“ wurde in der Zeit der Kreuzzüge 1119 gegründet. 1307 drohte dem Orden die Auflösung durch den französischen König Philipp den Schönen. Von dieser Absicht informierte Papst Klemens V. rechtzeitig die Templer. Dadurch fanden diese noch Gelegenheit, große Teile ihres durch Bankgeschäfte erworbenen enormen Vermögens vor der Einziehung durch den König in Sicherheit zu bringen. Der Zusammenhang des Schatzes der Templer mit der Ortschaft Ren-

Der Schweizer Rennes-Forscher Kammerlander in einem der zahlreichen Gewölbereste.

nes wird noch durch die Tatsache gestützt, daß die Mutter Papst Klemens' V. und ein Großmeister des Ritterordens im 12. Jahrhundert aus dem Geschlecht der Blanchefort stammten. Wie schon erwähnt, war in der Kirche in Rennes ein weibliches Mitglied dieser Familie bestattet, an deren Grabmal Abbé Saunière seine Manipulationen vornahm. Der Nachfolger des Ritterordens ist ein noch heute existierender Geheimbund, der sich „Prieur de Sion" nennt, was soviel wie „Zions Priester" heißt. Die britischen BBC-Journalisten Baigent und Leigh fanden heraus, daß der Geheimorden einen Schatz hütet, über den von Ordensmitgliedern keine Aussagen zu erhalten sind.

Die Suche geht weiter

Mittlerweile wird die Legende um den geheimnisvollen Schatz von der Gemeinde Rennes-le-Château gezielt für ihre touristischen Zwecke genutzt. In Rennes selbst blüht der Handel mit jeglicher Art von Souvenirs. So werden Comics, die die Geschichte des Pfarrers Saunières erzählen, und Rotwein mit dem Konterfei des berühmten Abbé sowie Ansichtskarten und Bücher verkauft.
Die Schatzgräberei Außenstehender wird von der Gemeinde in weitem Umkreis untersagt. Trotzdem lassen sich einige Hartnäckige nicht davon abschrecken, den Spuren Pfarrer Saunières und Ignace Paris' zu folgen.
Einer von ihnen ist der Schweizer Jürg Kammerlander, der seit Jahren systematisch und gezielt das Gebiet um Rennes erforscht hat. So ist es ihm nach langer Suche im unwegsamen Gelände gelungen, die Überreste der echten Hirtenhütte aufzuspüren, die fernab von jener liegt, die man Touristen gerne präsentiert. Unzählige Höhlen und Grotten hat der eidgenössische Schatzsucher erkundet und ist dabei auf die seltsamsten Spuren gestoßen. Er entdeckte einen mächtigen Felsblock, der auch in Pfarrer Boudets Aufzeichnungen enthalten ist und den dieser in einer detailgetreuen Zeichnung festgehalten hat. In einer Höhle entdeckte er, daß hier eindeutig Beweise vernichtet worden waren: Tief im Höhleninneren hatte man einen Autoreifen angezündet und so die Höhlenwände und Decken völlig verrußt.

Seltsame Figur in einer Kirche: Der Teufel Asmodeus, Wächter des Salomonischen Tempels, wurde auf Anordnung Saunières in der Kirche von Rennes als Taufbeckenträger aufgestellt. Die Gestalt trägt Saunières Initialien B.S.

Kammerlander fand in der Nähe der Kirche und insbesondere auf dem Friedhof Hinweise auf die frühe Präsenz der Westgoten. Sogar ein westgotisches Grabmal war vorhanden, das man aber in späterer Zeit als Sockel für eine Marienstatue zwekkentfremdet hatte.

So rätselhaft die gesamte Umgebung erscheint, so seltsam ist auch das Innere der Kirche: Das Taufbekken wird von einer Teufelsgestalt getragen, auch die Darstellung des Kreuzwegs in den bunten Kirchenfenstern wie auch der Kirchenboden geben Rätsel auf. Zu alledem führt der kleine Ort den Drudenfuß oder Pentagramm in seinem Wappen!

Manche Forscher sehen in dem Gemälde *„Die Schäfer von Arkadien"* von Nicolas Poussin, das als eines der Meisterwerke des französischen Barock gilt, einen Schlüssel zu den Geheimnissen dieser Gegend. Der Künstler postiert seine Hirten um einen Sarkophag der Blancheforts, der Gipfel des Cardou zeigt sich im Hintergrund. Auch Saunière kannte dieses Bild und wurde bei seiner Suche nach dem Schatz von ihm beeinflußt.

Ernsthafte Rennes-Forscher versuchen seit Jahren, hinter die geheimen und verschlüsselten Informationen zu kommen, die in der Kirche überall präsent sind. So hat der Brite Stanley James in seinem Buch *„The Treasure Maps of Rennes-le-Château"* vom Fußboden über die Statuen bis hin zum Altar geheime und verschlüsselte Informationen gefunden. So fand er heraus, daß die Kirche von Rennes eine Art riesengroße, dreidimensionale Schatzkarte darstellt. Allem Anschein nach ist Pfarrer Saunière der einzige, dem es bislang gelungen ist, die Kirchenarchitektur und -ausstattung als Schatzkarte zu lesen.

Jürg Kammerlander ist überzeugt, daß in der Gegend um Rennes-le-Château noch weitere Schätze verborgen liegen.

Der Zufallsfund

Beweise für die Existenz von Schätzen in dieser Gegend gibt es seit längerer Zeit. In einem Bachbett wurde eine goldene Statue gefunden, nicht weit davon entfernt entdeckte man einen 50 kg schweren Goldbarren, ebenso einen Münzschatz aus dem 6. Jahrhundert. Alle diese Funde wurden zufällig gemacht, und ein Zufall war es auch, der zu einer Entdeckung in jüngster Zeit führte.

Im Februar 1998 machte ich die Bekanntschaft eines Mannes, der für einen französischen Baumaterialhersteller tätig ist. Als wir telefonisch einen Termin für ein persönliches Gespräch vereinbarten, fragte er mich, ob er er eine alte Münze zur Begutachtung mitbringen könne. Ich versicherte ihm, daß ich mir diese gerne ansehen würde. Als er eine Woche später bei mir war, legte er eine Münze auf den Tisch

„Die Schäfer von Arkadien" – Gemälde von Nicolas Poussin aus den Jahren 1637-39, Paris, Louvre.

mit der Bitte, diese genauer anzusehen und ihm Näheres zu Wert und Herkunft zu sagen. Ich stellte fest, daß es sich um eine alte griechische Silbermünze handelte, die auf dem Avers ein Bildnis Alexanders des Großen trug. Im Katalog wird ihr Wert mit 1940 Mark angegeben. Nun wollte ich natürlich wissen, woher die Münze stammte und ob er noch mehrere davon habe.
„Es gibt noch eine davon, die im Besitz meines Freundes ist, der dabei war, als wir sie fanden. Falls Sie aber meinen, ob noch mehr davon existieren, kann ich das bejahen". Als ich etwas verständnislos dreingesehen habe, begann er zu erzählen:

„Im Sommer 1997 beschlossen wir, mit unseren Freundinnen eine Woche Urlaub zu machen. Da wir beide in Frankreich arbeiten, entschieden wir uns für Südfrankreich als Reiseziel. Wir fuhren ins Tal der Aude, wo wir in der Nähe des kleinen Ortes Rennes-le-Baines in einem Hotel Zimmer mieteten. Die Gegend ist zauberhaft und hat gleichzeitig etwas Wildes an sich. Eines Tages unternahmen wir eine Wanderung und fuhren mit dem Wagen etwa 20 Minuten in der gebirgigen Gegend, bis wir irgendwann in einen Feldweg einbogen und das Fahrzeug stehenließen. Wir durchwanderten ein Tal, an dessen Ende ein kleinerer Berg mit einer Felswand emporragte. Wir stiegen durch einen Wald bergan und oberhalb des Waldes, ähnlich einer Almwiese mit großen Felsblöcken suchten wir uns einen schattigen Platz unterhalb der Felswand. Hier machten wir Rast und genossen das Picknick. Nachdem wir ungefähr eine Stunde gefaulenzt hatten, erhoben mein Freund und ich uns, um ein wenig herumzuklettern, während die Mädchen im Schatten liegenblieben. Als wir direkt an der Felswand waren, entdeckten wir eine Stelle, an der aus der Wand einige Meter über uns ein etwa 60 cm breiter Streifen Sand wie ein kleiner Bach zum Fuß der Wand herunter floß. In dieser Sandhalde fielen uns kleine runde schwarze Stellen auf und wir untersuchten diese genauer. Zu unserer Überraschung stellte sich heraus, daß es sich bei den schwarzen Stellen um Münzen handelte. Wir sammelten die Münzen ein und gruben mit den Händen im

Sand, wo wir noch mehr fanden. Jeder von uns steckte eine Münze ein, während wir den Rest, ungefähr zwei Hände voll, neben einem der Felsblöcke vergruben."

Nun mußte ich wohl noch verständnisloser dreingesehen haben, denn eilig schob er die Erklärung nach: „Naja, wir dachten daß die nichts besonderes wären, und außerdem waren wir zu faul, das ganze Metall den gesamten Weg mitzuschleppen."
Zwar konnte er keine exakte Beschreibung des Weges zur Fundstelle angeben, doch versicherte er mir, daß er die Stelle jederzeit wiederfinden würde. Irgendwann in nächster Zeit wolle er mit mir dorthin fahren und mich zu der Felswand führen.
Die Geschichte klingt für mich absolut glaubwürdig, um so mehr, als es sich um keinen Schatzsucher handelte, und er auch von der Geschichte von Rennes nichts wußte. Ich persönlich bin davon überzeugt, daß die beiden Glückspilze ganz nahe an einem Schatzversteck dran waren. Der Schilderung nach ist es durchaus wahrscheinlich, daß sich in dem Felsen eine Höhle befindet und im Laufe der Jahre infolge Erosion ein Spalt ausgewaschen wurde, durch den die Münzen herausgespült wurden.

Es scheint, als habe der Hirtenjunge Ignace Paris einen Nachfolger gefunden.

Die klassischen Schätze der Weltgeschichte sind meist weit entfernt und über den ganzen Erdball verstreut, so daß es schon große Anstrengungen kostet, sich auf die Suche nach ihnen zu machen. Deutschland selbst ist arm an solchen Schätzen. Lediglich zwei bedeutende Schatzhorte existieren in der Bundesrepublik, von denen der eine möglicherweise ins Reich der Mythen zu verweisen ist. Die Wissenschaft zumindest hat sich bis dato gesträubt, seine Existenz anzuerkennen, zeugt doch nur ein im Laufe mehrerer Jahrhunderte entstandenes Epos von ihm, dem Schatz der Nibelungen. Privatforscher lokalisieren ihn irgendwo im Rhein bei Gernsheim, unter einem Acker in der Nähe von St.Augustin oder gar in 20 m Tiefe bei Lochheim.
Der andere dieser beiden Schätze gibt, was jedenfalls seine Existenz anbelangt, nicht den geringsten Anlaß zum Zweifel. Es handelt sich um den Silberschatz des bayerischen Kurfürsten Maximilian I., der seit dem 28. Mai 1648 verschollen ist. Dabei ist das Verschwinden des kurfürstlichen Tafelsilbers nicht einmal auf Absicht zurückzuführen, sondern auf menschliche Unzulänglichkeiten und Versagen.
Schuld an der Geschichte hatten die Schweden, die sozusagen der Auslöser für die Verkettung der unglücklichen Umstände waren.

Der Silberschatz des Kurfürsten

Man schrieb das Frühjahr 1648, das letzte Jahr des fürchterlichen Dreißigjährigen Krieges, der mit dem berühmten „Prager Fenstersturz" begonnen hatte und mit dem „Westfälischen Frieden" von Osnabrück und Münster enden sollte.
Vom nahenden Ende ahnte in diesen Tagen jedoch noch niemand etwas, und die Horden der schwedisch-französischen Truppen wüteten wie die Berserker. Zehn Millionen Deutsche hatten bisher das Leben verloren, das war rund die Hälfte der gesamten Bevölkerung. Die Horden zogen raubend, vergewaltigend und plündernd durch die Lande. Die Orte und Siedlungen waren verödet und leer, im ganzen Reich herrschten Hungersnöte und Seuchen. Zu allem Unglück endete am 17. Mai 1648 die Schlacht bei Zusmarshausen westlich von Augsburg, der man entscheidende Bedeutung zumaß, in einer katastrophalen Niederlage für das Kaiserliche Heer unter Montecuccoli. Nun marschierte die mordlüsterne Soldateska aus Schweden in Richtung der bayerischen Hauptstadt. Angesichts dieser Gefahr beschloß der Kurfürst, das gefährdete München zu verlassen und sich mit seinem Hofstaat ins benachbarte Österreich abzusetzen. Da der gute Max aber nicht nur um sein Leben fürchtete, sondern obendrein auch noch um seine Reichtümer, befahl er, sämtliche in seiner Residenz befindlichen Schätze zu verpacken und ebenfalls auf den Weg nach Österreich zu bringen.
Zu jener Zeit war eine Reise über hundert oder noch mehr Kilometer beschwerlich und nicht ungefährlich. Die Mitführung des umfangreichen Gepäcks erforderte mannigfaltige Vorbereitungen. Das wertvolle Silbergeschirr wurde sorgfältig in Kisten verpackt, jedoch nicht ohne vorher peinlichst genau in Listen aufgeführt zu werden.
Als Reiseweg wählte Maximilian, wahrscheinlich aus Gründen der Bequemlichkeit, den Wasserweg auf dem Inn. Die Isar, Münchens „Hausfluß", ließ nämlich keine große Fortbewegung zu, so daß als

einzige schiffbare Wasserstraße nur der Inn blieb. Wasserburg, etwa 50 km von München entfernt, konnte deshalb als Hafen der bayerischen Hauptstadt bezeichnet werden. Zu jener Zeit stand die Innschiffahrt in voller Blüte; fast alle Güter von und nach Österreich wurden auf dem Gebirgsfluß transportiert. Für die an manchen Stellen sehr seichte Wasserstraße wurden eigens dafür konstruierte Boote verwendet, sogenannte „Plätten". Diese Schiffe konnten nur flußabwärts fahren und benötigten zur Steuerung vier Schiffsknechte, welche die an Bug und Heck gelagerten Ruder bedienten. Die Bauweise der Plätten war sehr einfach und die bis zu zwanzig Meter langen und fünf Meter breiten Schiffe hatten nur selten Aufbauten. Meist wurden die Boote am Zielort als Brennholz verkauft. Plätten, die den Rückweg auf dem Wasser antraten, mußten mühsam von Pferde- oder Ochsengespannen vom Ufer aus gezogen („getreidelt") werden. Die Plätten, die Maximilian I. für seine Reisen benutzte, waren dagegen weit aufwendigere Boote mit Aufbauten und Ausstattung. Auf diese Schiffe also wird an jenem 28. Mai 1648 das Hab und Gut des Kurfürsten verladen, wobei die Hälfte des Tafelsilbers auf dem Küchenschiff verstaut wird. Die Fahrt geht zügig voran: Der Inn führt in dieser Jahreszeit bereits viel Schmelzwasser aus den Tiroler Alpen. Infolge dieses Schmelzwassers aber wird der Inn von einer reißenden Strömung beherrscht, die den Schiffsführern arg zu schaffen macht. Große Mühe bereitet ihnen, die schweren und aufgrund ihres flachen Kiels trägen Boote sicher durch die zahlreichen Windungen des Inns zu führen. Hunderte Male hat jeder dieser derben und kraftstrotzenden Schiffsknechte die Strecke bereits befahren, ohne daß jemals Gefahr für eines der Schiffe, geschweige denn für Leib oder Leben bestanden hätte. Ausgerechnet an diesem Tag aber sollte etwas geschehen, was niemand auch nur im entferntesten für möglich gehalten hätte.

Knarzend und stöhnend schieben sich die Schiffe durch die starke Strömung, die Spitze des Mühldorfer Kirchturms ist bereits in Sicht, da nähern sich die schwerfälligen Boote der gefürchteten „Mühldorfer Kehr'n", einer Schleife im Flußlauf, in welcher das reizvolle Städtchen am Inn liegt. Die Kehre ist bei den Innschiffern deshalb gefürchtet, weil sich die Strömungsgeschwindigkeit hier nahezu verdoppelt und es übermenschlicher Kräfte bedarf, die Schiffe sicher durch die enge Schlinge zu manövrieren. Was dann kommt, ist eigentlich nichts Aufregendes mehr; eine leichte Rechtsbiegung, in der sich die hölzerne Mühldorfer Straßenbrücke, gestützt auf mehrere mächtige Holzpfeiler, über den Inn spannt. Nur schwer läßt sich später rekonstruieren, was hier an dieser Stelle geschah. Eines der Transportschiffe wird gegen einen der riesigen Pfeiler getrieben und prallt mit Krachen darauf. Der Aufprall ist so stark, daß die Plätte in zwei Teile zerbricht und die Besatzung in die reißenden eiskalten Fluten geschleudert wird. Der Bug versinkt in den braunen Wellen, während das Heckteil noch eine Weile sichtbar den Inn hinuntertreibt. Den Besatzungen der nachfolgenden Schiffe gelingt es, einige der im Wasser treibenden Männer aufzufischen. Trotzdem fordert dieses Unglück an der Mühldorfer Brücke acht Todesopfer. Aber nicht nur Menschenleben sind zu beklagen; auch die Hälfte des kurfürstlichen Tafelsilbers, das ausgerechnet mit diesem Transport in Sicherheit hätte gebracht werden sollen, ist nun verloren. Die andere Hälfte hatte man aus Platzmangel in einem der anderen Schiffe untergebracht.

Das verlorene Silber hat die Menschen weiterhin beschäftigt

Einer, der sich besonders intensiv mit dem Unglück und dem verschwundenen Silber befaßte, war der Stiftsdekan Gabriel Küppferle, der 50 Jahre nach dem Schiffbruch seine Recherchen in einer Chronik festhielt. Was er im Laufe der Zeit von Augenzeugen und Beteiligten zusammentrug, brachte ihn zu der Auffassung, daß nicht die starke Strömung die Schuld am Unglück trug, sondern Alkohol im Spiel war. *„Durch die Verwahrlosung des Schiffmanns ißt das Schiff mitten entzwey geprochen"*, stellte Küppferle 1698 fest. Holzknechte, Fuhrleute und Schiffer galten im alten Bayern als besonders rauf- und sauflustig. Nicht selten waren schon ein paar Liter Bier durch die durstigen Kehlen geronnen, ehe das Tagwerk überhaupt begonnen wurde; die kurfürstlichen Schiffsknechte schienen besonders arge Sauf-

Kurfürst Maximilian I.

köpfe gewesen zu sein, denn die Plätte lief mehr oder weniger steuerlos auf den Pfeiler auf.
Welch wertvolle Stücke und Kleinodien der Gebirgsfluß verschlang, zeigt die Aufstellung, die im geheimen Hausarchiv der Wittelsbacher aufbewahrt wird.
Dort ist unter anderem zu lesen:
„Verzaichnus deß Silbergeschier welches den 28. May AD. 1648 zue Mildorff auf dem Wasser verlohren worden, und was es ungefahrlich wogen thuet."

Demzufolge verlor das Haus Wittelsbach hunderte silberne, zum Teil auch vergoldete Teller, Schüsseln, Schalen, Kannen, Krüge und Besteckteile. 40 Kisten mit einem Gesamtgewicht von 340 kg dienten als Verpackung für die wertvolle Fracht.
Kein Wunder also, daß sich die hohen Herren am Hofe in München Gedanken machten, wie die versunkene Fracht zu heben sei. Am ärgerlichsten für den Wittelsbacher Maximilian mußte wohl der Umstand gewesen sein, daß bereits drei Monate nach seiner Flucht der Krieg zu Ende war. Am Verlust jedoch war vorerst nichts zu ändern. Einer seiner Nachfahren, König Max II. von Bayern, wandte sich in der Mitte des 19. Jahrhunderts an die Regierung von Oberbayern mit der Aufforderung, *„man möge doch Nachsuchungen anstellen, da in Strömen versunkene Gegenstände sich nicht selten tief eingraben und selbst bei reißenden Gewässern an der Stelle, wo sie versunken, oder deren nächster Umgebung liegen bleiben."*
In der Folgezeit wurden zwar immer wieder die Ufer des Inns sporadisch in Augenschein genommen, jedoch kam so gut wie nie etwas dabei heraus.
Oftmals beschert der Zufall die besten Ergebnisse: So konnten im März 1851 Leser der „Münchner Zeitung" aus einer kleinen Notiz erfahren, daß Andreas Kalkofer, ein Fischer, im Inn nahe des Wallfahrtsortes Altötting einen goldenen Löffel gefunden habe!
Der Verbleib dieses Fundes ist ungewiß.
Am 11. März 1925 vermeldete dieselbe Zeitung den Fund zweier Silberteller mit dem obligatorischen kurfürstlichen Wappen. In diesem Monat hatte der Inn den niedrigsten Wasserstand, das heißt, er war beinahe trocken. Franz Mareis, Mühldorfs letzter Stadtfischer, war an diesem Tag unterwegs, um in den Pfützen Fische zu fangen.

Etwa 250 m unterhalb der Mühldorfer Brücke setzte er sich auf einen der zahlreichen Felsen, die das Bett des Inns säumten, um sich eine Pfeife zu stopfen, als sein Blick auf zwei zwischen Steinen hervorlugende, schwarze Streifen fiel. Als Mareis etwas mit dem Fuß zu scharren begann, bemerkte er, daß es sich um runde Scheiben handelte, die da vor ihm im trockenen Flußbett steckten. Neugierig geworden kniete Mareis nieder und grub sie mit den Händen aus. Als die beiden Teller, um solche handelte es sich nämlich, vor ihm lagen, wußte der Fischer sofort, welches Glück er gehabt hatte. Wie jedermann hier in der Gegend kannte auch er die Geschichte von Maximilians Silber. Er verkaufte die beiden massiven Silberteller, von denen einer 30 cm und der andere 40 cm Durchmesser hatte, für nur 30 Mark an einen Uhrmacher in Burghausen. Später gelangten diese beiden Teller in das Heimatmuseum in Mühldorf. Hatte man bisher angenommen, das Silber sei von der Strömung längst in die Donau und von der ins schwarze Meer gespült worden, so waren diese Funde der Gegenbeweis.

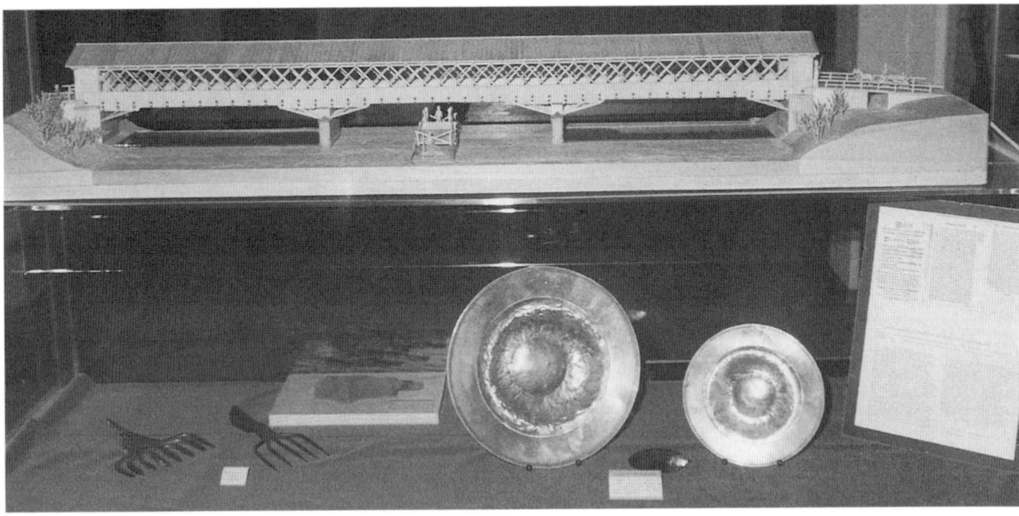

Modell der damaligen Innbrücke im Mühldorfer Museum „Lodronhaus".

Die von Mareis gefundenen Teller sollten nicht die letzten sein, die der Zufall wieder ans Tageslicht gebracht hatte. Vier Jahre später, 1929, stakte Emmeran Gruber seinen Nachen durch den Inn, um Treibholz zu sammeln, das er dann in Bündeln als Brennholz verkaufte. Auf Höhe der Ehringer Furt, ungefähr einen Kilometer von der ursprünglichen Unglücksstelle entfernt, rutschte er mit dem Stakhaken im Flußbett ab. Beim Nachsetzen geschah das gleiche nochmals. Emmeran Gruber griff ins nur 30 cm tiefe Wasser und hatte plötzlich eine schwere Silberschüssel in der Hand. An der Stelle, wo der Stakhaken abgerutscht war, barg der Holzsammler einen zweiten Teller. Auch Gruber behielt seine Funde nicht, sondern verkaufte sie weiter. Die kostbaren Stücke wechselten für lumpige 80 Mark den Besitzer! Sicher lassen sich die Werteinschätzungen der Zwanziger Jahre nicht mit den heutigen messen; der Wert eines einzigen Stückes aber lag auch zu dieser Zeit weit höher als der Verkaufserlös.
Im August 1983 tauchte ein Kurfürstenteller aus unbekannter Quelle bei einer Kunstauktion in Genf auf. Der dabei erzielte Preis kam dem wahren Wert wohl näher. Bei 100 000 Schweizer Franken fiel der Hammer des Auktionators! Hieraus läßt sich der ungefähre Wert des verschwundenen Schatzes taxieren: Silber im Wert von rund fünf Millionen Euro dürften demnach im Inn verloren gegangen sein!
Es liegt auf der Hand, daß die gemachten Funde Anlaß zu Hoffnungen und Spekulationen geben, und besonders in den letzten Jahren wurden einige Handlungen gesetzt, um das Silber aufzuspüren. Daß dies kein leichtes Unterfangen ist, leuchtet ein. Ungeheure Wassermassen werden Jahr für Jahr während der Schneeschmelze transportiert. Dabei wälzt der Fluß hunderttausende Tonnen Gestein und Geröll über den Grund. Dieses Geschiebe wird immer wieder verlagert, so daß sich der Flußgrund ständig verändert. Dazu kommt noch, daß sich auch der Verlauf des Flußes im Zeitraum von einigen hundert Jahren gewandelt hat. Zur Zeit des Schiffsunglücks, 1648, gab es weder Flurbereinigung noch Befestigungsmaßnahmen, und der Inn wählte immer den Weg des geringsten Widerstands. Bei Hochwasser, wie es zum Zeitpunkt des Unglücks gerade herrschte, überflutete der Inn oft weite Teile der angrenzenden Äcker und Felder; große Uferbereiche waren Auwälder mit Dickicht und filzigem Bewuchs. Solche Verhältnisse sind heutzutage im Zeitalter der Normierungen und Regulierungen nur noch schwer vorstellbar. Gerade aber diese Gegebenheiten hatten vielfältigen Einfluß auf Geschiebebewegung und Strömungsverhalten. Der Inn wies, wie alte Stiche und Karten zeigen, noch bis zum Ende des 19.Jahrhunderts gerade im in Frage kommenden Abschnitt einen anderen Verlauf als heute auf. Verschiedene Nebenarme, die bei Normalwasserstand abgeschnitten waren, erhielten bei Hochwasser Zufuhr.

Um des Silbers habhaft zu werden, ist es erforderlich, die Umstände und die Vorgänge dieses Unfalls zu rekonstruieren.
Wenn man voraussetzt, daß die zeitgenössische Schilderung, das Schiff sei in zwei Teile geborsten, zutrifft, dann dürften die Kisten erst nach und nach aus den Wrackteilen gefallen sein. Die Kisten waren sicher schwer und eisenbeschlagen, so daß ein gewisser Widerstand gegenüber der Strömung und dem Geröll angenommen werden darf. Die schweren Kisten sind auf den Grund gesunken und dort von der Strömung weitertransportiert worden. Zu damaliger Zeit war das Innbett stark sandhaltig, mit mittleren und größeren Geröllblöcken und Felsen übersät. Auch gibt es gerade im fraglichen Bereich bis zu vier Meter tiefe Felsspalten im Bett, so daß die Vermutung naheliegt, einige Kisten könnten im Bereich der Unglücksstelle hängengeblieben sein. Diese Vermutung lassen jedenfalls die gemachten Funde zu. Sehr wahrscheinlich ist auch, daß die Behältnisse durch die Strömung an Felsen geschlagen wurden und dabei barsten. Doch die einzelnen Teile des Silbers könnten sich auf Grund abgesetzt haben und von Schwemmsand und Kies überdeckt worden sein, wo sie nun so sicher wie in Abrahams Schoß liegen. Da eine bestimmte Dicke der Lagerschicht nie überschritten wird, sondern lediglich eine ständige Umwälzung stattfindet, könnte es gut sein, daß manche dieser Stücke auch heute noch an derselben Stelle liegen.
Diese Theorie würde auch erklären, warum Teller und Schüsseln sogar noch nach mehr als 300 Jahren nahe der Unfallstelle gefunden wurden, jedoch kleine Gegenstände wie der 1851 bei Altötting gefundene Löffel relativ weit getragen wurden.

Die Jagd nach dem Silber beginnt

Am 8. März 1983 strahlte die ARD eine dreißigminütige Dokumentation über das verschollene Mühldorfer Kurfürstensilber aus. Der Film, gedreht vom Schauspieler Friedrich von Thun, war für den Münchner Elektroniker Peter Vetter Anlaß, eine Genehmigung zur Suche nach dem Silberschatz zu beantragen. Mit diesem Antrag weckte Vetter allerdings schlafende Hunde. Die Stadtväter des kleinen Marktfleckens bekamen plötzlich Angst, ein Privatmann könnte ihnen „ihren" Schatz vor der Nase wegschnappen. Zwar wurde Vetters Antrag vom Landesamt für Denkmalpflege befürwortet, die Zustimmung der Gemeinde jedoch vorerst verweigert. In einer Gemeindesitzung wurde Hals über Kopf der Beschluß gefaßt, jenen Filmemacher und Schauspieler von Thun mit der Suche (und eventuellen Bergung) des Silbers zu beauftragen. Zusammen mit einem ortsansässigen Kreditinstitut wurden die Kosten in Höhe von 30.000 Mark aufgebracht, und von Thun ging mit zwei professionellen Tauchern und deren beiden Helfern für zwei Wochen an die Arbeit. Täglich fünf Stunden lang suchten der Off-Shore Taucher Peter Macher und der Kampfmittelräu-

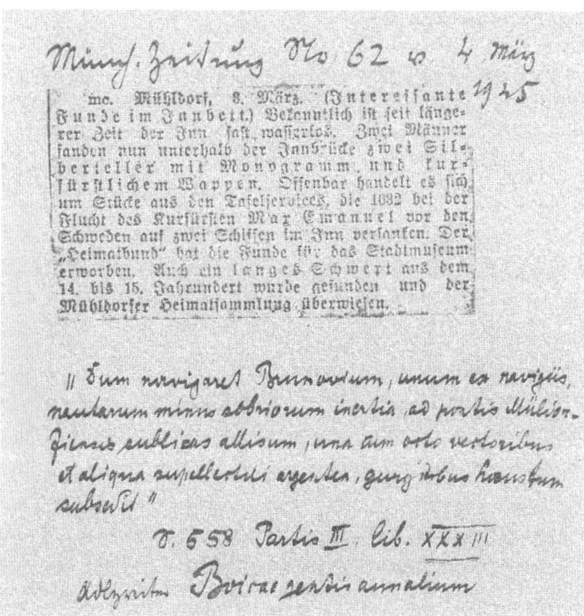

Münch. Zeitung No 62 v. 4 März 1925

mc. Mühldorf, 8. März. (Interessante Funde im Innbett.) Bekanntlich ist seit längerer Zeit der Inn fast wasserlos. Zwei Männer fanden nun unterhalb der Innbrücke zwei Silberteller mit Monogramm und kurfürstlichem Wappen. Offenbar handelt es sich um Stücke aus den Tafelservices, die 1632 bei der Flucht des Kurfürsten Max Emanuel vor den Schweden auf zwei Schiffen im Inn versanken. Der „Heimatbund" hat die Funde für das Stadtmuseum erworben. Auch ein langes Schwert aus dem 14. bis 15. Jahrhundert wurde gefunden und der Mühldorfer Heimatsammlung überwiesen.

Meldung in der „Münchner Zeitung" vom 8. März 1925 über den Fund zweier Silberteller.

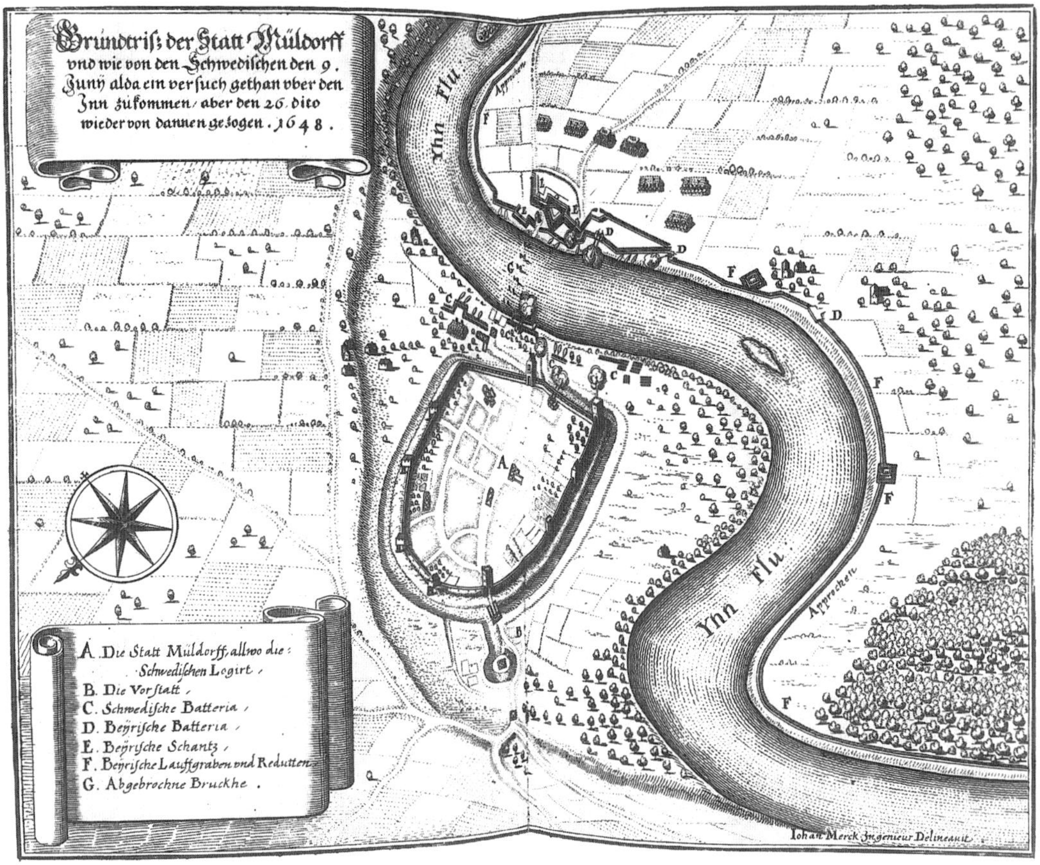

Dieser alte Stich von 1648 zeigt den Flußverlauf zur Zeit des Unglücks.

mungsexperte Hermann Beintner das Flußbett von der Innbrücke abwärts Zentimeter für Zentimeter mit Metalldetektoren ab. Die Zeit war gut gewählt.

Zwar ist das Wasser im Januar eiskalt, doch Trockenanzüge schützten die Taucher vor Unterkühlung. Vorteilhaft dagegen sind zu dieser Jahreszeit der niedrige Wasserstand und die guten Sichtverhältnisse. In diesen zwei Wochen gelangten Beintner und Macher 700 m flußabwärts; vom Silber jedoch fand sich keine Spur. Was sie fanden, waren lediglich Schwerter, Äxte und dergleichen. Diese Relikte stammen aus dem 13. Jahrhundert, als Mühldorf Schauplatz einer jener zahlreichen Auseinandersetzungen des Mittelalters war. Im Jahre 1257 fiel der böhmische König Ottokar II. in Bayern ein und Herzog Ludwig der Strenge stellte den Böhmen Ottokar in Mühldorf, wo es zur entscheidenden Schlacht kam. Die bayerischen Kämpen drängten die zurückweichenden Böhmen so heftig gegen die hölzerne Innbrücke, daß diese einstürzte, und die Böhmen bei diesem Kampf einige tausend Mann verloren. Das Fazit für die Stadt Mühldorf lautete: „Außer Spesen nichts gewesen!"

Die nächste und bisher größte Runde im Ringen um den Schatz des Kurfürsten wurde 1984 von mir selbst eingeläutet. Der Herausgeber eines kleinen Mineralienblattes bat mich, sozusagen als „PR-Aktion", eine Suchaktion für das Blatt zu organisieren und durchzuführen. Das Konzept, das ich dafür ausarbeitete, war im Grunde einfach, dabei aber hocheffizient: Auf einer Strecke von sieben Kilometern wurden die exponiertesten in Frage kommenden Stellen ausgewählt, die später abzusuchen wa-

Der Autor mit den zwei gefundenen Silbertellern.

ren. Der Aufwand, der für diese größte Schatzsuche Europas getrieben werden mußte, war enorm. Allein mehr als 200 Grundeigentümer mußten um die erforderliche Genehmigung gebeten werden. Fast alle großen deutschen Zeitungen riefen Taucher und Schatzsucher zur Mithilfe auf; das geplante Unternehmen erregte weltweit Aufsehen. Vom 7. bis 10. September 1984 war Mühldorf Schauplatz dieser Suchaktion, die der Stadt keine Mark kostete, sondern im Gegenteil internationale Publicity einbrachte.

Zwei Tage bereits durchkämmten knapp 200 Schatzsucher mit Metalldetektoren die betreffenden Gebiete, und unsere Taucher suchten den Flußgrund ab; bis auf eine Handvoll keltischer Münzen war uns jedoch kein Erfolg beschieden. Da meldete sich in der Funkleitzentrale eine Frau und erzählte eine kuriose Geschichte:
Im Jahre 1936 fand ihr Vater eine schwarze Blechschüssel, die er, da sie unbeschädigt war, als Freßnapf für den Hofhund mitnahm. Eines Tages, als man dem Hund wieder den Napf füllen wollte, fiel dem Bauern auf, daß die Schüssel infolge des ständigen Ausleckens blitzblank geworden war und am Schüsselrand Zeichen eingeprägt waren. Diese erwiesen sich bei genauerem Hinsehen als ein Wappen mit einer Krone und den Initialen „M I H B", was nichts anderes heißt als „Maximilian I. Herzog von Bayern".
Was dann geschah, kann sich beinahe jeder denken: Das gute Stück fand einen Käufer, diesmal für 80 Mark!

Nachdem wir eine Tauchmannschaft zu dem Altwasserarm bei der Ehringer Au gebracht hatten, suchte diese den ganzen Kanal ab, jedoch erfolglos. Als vom Glück begünstigter erwies sich das Tauchteam unserer Bergungsgruppe im Inn bei einer Furt: Nachdem eine speziell für dieses Unternehmen konstruierte zwei Quadratmeter große Suchspule im Einsatzgebiet mengenweise Schrott geortet hatte, wurde der Taucher Hans Fichtner fündig. In dreiviertelstündiger Arbeit grub er in 50 Zentimetern Tiefe aus dem Kiesbett ein keltisches Opferschwert aus, das in einem Erhaltungszustand war, als hätte es längstens eine Woche dort gelegen. Wie Wissenschaftler des Landesdenkmalamtes in München später feststellten, war es vor mehr als 3600 Jahren an dieser Stelle den Flußgöttern geopfert worden. Ein weiterer Beweis dafür, daß Gegenstände ohne weiteres über einen längeren Zeitraum an ein und demselben Platz liegen können, ohne von der Strömung oder dem Schotter bewegt zu werden.
Die schlechten Wetterverhältnisse mit Hochwasser und starker Strömung behinderten die Suchaktion dermaßen, daß diese bereits einen Tag früher als geplant beendet werden mußte. Zwar kam auch dabei kein Stück des Tafelsilbers zutage, jedoch war zum einen der Zweck der PR für das Mineralienblättchen erfüllt und außerdem die Prähistorische Staatssammlung in München, die das „Mühldorfer Schwert" von Hans Fichtner zu einem ansehnlichen Preis erwarb, um ein Prunkstück reicher.

Daß das Silber bislang noch irgendwo im Mühldorfer Bereich vorhanden sein muß, wenn auch nicht unbedingt im Bett des Inns, geht jedenfalls deutlich aus den Worten eines Mitarbeiters der Mühldorfer Sparkasse hervor: „Ich komme aufgrund meiner Stellung zu vielen Leuten in Mühldorf und Umgebung. Was glauben Sie, was da in manchen guten Stuben für edle Stücke vorhanden sind ..."
Vielleicht brächte „die größte Hausdurchsuchungsaktion Europas" wesentlich mehr Erfolg als eine noch so große Schatzsuche. Immerhin geht es ja um Millionenwerte!

Der Taucher Hans Fichtner mit dem keltischen Opferschwert.

Peru ist neben Mexiko, Panama und Ecuador ein Land, in welchem noch zahlreiche Schätze auf ihre Entdecker warten. Jahrhundertelang waren die spanischen Konquistadoren von der Gier nach Gold beherrscht.
Oft genug war es notwendig, Gold, Silber und Juwelen notdürftig zu verbergen. Selten führte man darüber präzise Aufzeichnungen; die folgende Geschichte basiert auf einer solchen.

Das Gold des Spanischen Gesandten

Armut und Sparsamkeit haben wir es zu verdanken, daß die Geschichte eines Goldschatzes aus der Zeit der spanischen Herrschaft in Peru bekannt geworden ist. 1845 fand ein peruanischer Bauer in einem ausgetrockneten Flußbett eine alte lederne Satteltasche und einen Sattel. Ringsherum verstreut lagen die Knochen eines vor vielen Jahren verendeten Pferdes, auch die Gebeine eines Menschen lagen herum. Die Satteltasche war durchaus noch brauchbar – ausgetrocknet und ausgebleicht zwar, aber im Gegensatz zum Sattel noch in gutem Zustand. Der Inhalt bestand überwiegend aus Textilien, von denen mittlerweile nur noch Fetzen übrig waren. Außerdem befanden sich darin noch ein Gläschen mit ausgetrockneter Tinte, ein Trinkbecher aus Zinn und ein verrostetes Besteck.

Enrice Ruez, so war der Name des Bauern, nahm beides mit, da selbst eine ausgebleichte Satteltasche und ein alter zerschlissener und ausgedörrter spanischer Sattel für ihn noch von Wert und Nutzen waren. Als er 1878 starb, erbten seine beiden Söhne den kleinen Hof, die vier Kühe, drei Pferde, acht Lamas und vier Alpakas sowie Sättel, Taschen und sämtliches andere bewegliche Gut. José kümmerte sich um den kleinen Bauernhof, während Juan mit den Lamas und Alpakas eine Zucht versuchte.
Die beiden Brüder hatten ein glückliches Händchen – vor allem Juan. Im Laufe der Jahre gelang es ihm, aus den ursprünglich vier Alpakas eine Herde von 128 Tieren zu züchten. Auch die Zahl der Lamas war auf 82 angewachsen und mit dem Verkauf von Tieren konnten sie ihr Land in dieser Zeit um das zwölffache vergrößern. José baute großflächig Mais und Zuckerrohr an; aus dem kleinen Bauernhof war allmählich eine richtige Farm geworden.
Als José 1918 starb, hinterließ er zwei Töchter, Maria und Mercedes, und einen Sohn Alonso. Ein Jahr nach José verstarb auch sein Bruder Juan. Dieser hatte nur einen Sohn, der ebenfalls Juan hieß.
Die Kinder übernahmen das Gut der Eltern und 1922 erbauten sie auf einer kleinen Anhöhe eine Hazienda mit zwei großen Hauptgebäuden und einem kleineren Wirtschaftsgebäude. Dazu kamen Stallungen für die mittlerweile zwölf Pferde, sowie große Corrals für die Lama- und Alpakaherden.
Nach der Fertigstellung des Baus wurde das alte Haus leergeräumt und alles in die neuen Gebäude gebracht. Viele Gerätschaften und Gegenstände waren reparaturbedürftig oder überhaupt nicht mehr zu gebrauchen. Beim Sortieren fielen ihnen der alte Sattel und die Satteltasche in die Hände, die jahrelang in einer Ecke des alten Stalls gelegen hatten. Mercedes, Maria und Alonso waren dafür, neben anderen Dingen auch den Sattel und die Tasche auszusondern. Juan, der wie die anderen auch um die Herkunft des Sattels und der Tasche wußte, wollte sie behalten. Alonso deutete auf eine Stelle an der Tasche und meinte: „Sie ist ja schon kaputt, die Nähte gehen auf." Juan besah sich die defekte Stelle näher. „Das ist keine Nahtstelle, es sieht eher aus wie eine kleine Tasche." Nun bemerkten die ande-

Der spanische Vizekönig in Peru: Don Joaquin de Pezuela

ren auch, daß es tatsächlich so etwas wie eine kleine Tasche war, 10 cm lang und etwas über 7 cm breit. Die Ränder waren in all den Jahren regelrecht zusammengebacken. Juan versuchte den Finger in den schmalen Spalt zu zwängen. Als dies nicht ging, griff er nach seinem Messer und hob mit der Spitze die Lasche an. Etwas wie Papier schien sich darin zu befinden. Vorsichtig löste er mit dem Messer den Inhalt und zog ihn heraus. Das Etwas entpuppte sich als klein zusammengefaltetes Pergament, das an den Knickstellen bereits gebrochen war. Es dauerte mehr als eine Stunde, bis sie das Schriftstück entfaltet hatten. Nun sahen sie, daß es sich um insgesamt drei Blätter handelte, wovon eines eine grobe Zeichnung enthielt.

Die Schrift war seltsam altertümlich, mit stark ausladenden geschwungenen Buchstaben, von denen manche nur noch schwer entzifferbar waren.

Die jungen Leute konnten mit den Papieren nicht viel anfangen, beschlossen jedoch sie aufzubewahren. Maria legte die Blätter in ein voll geschriebenes Kassenbuch. Tasche und Sattel wurden nun doch nicht weggeworfen, sondern im Stall aufbewahrt.

Deutschland, 1997

Ein alter Freund hatte sich angekündigt. Alfred war zurück von einer Dschungelexpedition in Peru. Eine interessante Geschichte habe er mir mitgebracht, kündigte er bereits beim Eintreten an, aber solche brachte er eigentlich immer mit, wenn er von seinen Touren zurückkam. Alfred verschwand immer wieder für ein paar Monate im südamerikanischen Dschungel, um dort Gold zu waschen.

„Na, wie war die Ausbeute?", ich klopfte ihm auf die Schulter. „Hunderte Kilo Gold", zwinkerte er mir zu. „Na dann pack mal aus!", gab ich zurück. „Du wirst es nicht glauben, aber ich habe eine irre Geschichte mitgebracht, im übertragenen Sinn tatsächlich so gut wie ein paar hundert Kilogramm Gold".

Er setzte sich und zog aus seiner Umhängetasche einige Papiere, die er vor mir auf den Tisch legte. Es waren drei Fotokopien von irgendwelchen Dokumenten, so sah es jedenfalls aus. Ich konnte erst nichts damit anfangen. Zwei der Blätter waren beschrieben in einer eigentümlichen schnörkeligen Schrift mit weit geschwungenen Buchstaben. Das dritte Blatt zeigte eine Zeichnung. Alles war in einer alten spanischen Sprache geschrieben. Obwohl ich eigentlich recht passabel spanisch spreche, konnte ich auf Anhieb lediglich ein paar Worte entziffern.

„Was ist das?", wollte ich wissen. „Woher hast du das?"

„Also hör zu! Ich erzähle dir jetzt eine Geschichte, die du vielleicht nicht glauben wirst, aber sie ist wahr!

Nachdem ich aus dem Dschungel zurückkam, beschloß ich noch ein paar Tage in der Zivilisation zu verbringen. Bevor ich zu meinem Trip in den Busch aufgebrochen war, hatte ich in Cuzco ein paar Leute, darunter einen Architekten, kennen gelernt, der an der technischen Hochschule Dozent für Statik

war. Er lud mich ein, nach meiner Rückkehr noch mal bei ihm vorbei zu schauen. Als ich Stefano anrief, klang seine Stimme richtig erfreut, und wir verabredeten uns in einer Grillbar auf der Plaza de Armas. Als ich dort eintraf, warteten er und seine beiden Freunde Carlos und Guillermo bereits.
Du kannst dir denken, daß es eine feuchtfröhliche Rückkehrfeier wurde. Wir tranken Guaro und Kaffe, Rum und Bier, alles durcheinander.
Als ich am nächsten Morgen bei Stefano auf der Couch aufwachte, mußte ich an den uralten Witz von der ‚Lederallergie' denken: Jedesmal wenn ich morgens mit angezogenen Schuhen aufwache, habe ich Kopfschmerzen. Das kann nur eine ‚Lederallergie' sein.
Einer nach dem anderen erwachte aus der Bewußtlosigkeit, und an ihren Reaktionen konnte ich erkennen, daß die ‚Lederallergie' auch hier in Peru verbreitet war.
Kurze Zeit später saßen wir im Café ‚Inka' um die Ecke und schütteten das starke schwarze Gebräu in uns hinein. Der Kaffe schmeckt hier ganz anders als zuhause, nicht mit künstlichen Aromastoffen parfümiert, sondern nach Kaffee pur Natur. Schnell kamen die Lebensgeister zurück und verdrängten die ‚Allergie'.
‚Hör mal, Alfredo', Stefano tauchte sein Hörnchen in die Tasse und sog genüßlich die braune Brühe heraus. ‚Du suchst doch nach Gold. Wir haben da einen Typen getroffen, der etwas von Gold und einem Plan gefaselt hat. Er ist Student an meiner Hochschule und wir sind ein paarmal gemeinsam um die Casas gezogen. Dabei erzählte er von einem alten Plan und einem Pergament, in dem wiederholt das Wort ‚Oro' (Gold) auftaucht. Aber das war immer nach reichlich ‚Dr. Heineken und Professor Ron' (Bier und Rum).' - ‚Hat er euch das Papier gezeigt?' –‚Nein, nur immer geredet, wie wertvoll es sei, und daß er es vielleicht verkaufen würde. Angeblich stammt das Pergament von seinem Urgroßvater, der eine alte Satteltasche gefunden hatte, in welcher sich das Dokument befand. Er hat es von seiner Mutter Mercedes, die es in einem Geheimfach der Tasche entdeckt haben soll.' - ‚Hm, ich würde es gerne einmal sehen, glaubst du, das wäre möglich?', wollte ich wissen. ‚Keine Ahnung, einen Versuch wäre es wert', Stefano zuckte mit den Schultern. Da warf Guillermo plötzlich ein: ‚Wie wäre es, wenn wir Alfredo als Kaufinteressenten mit diesem Ricardo zusammen bringen würden?' Stefano brach in Gelächter aus: ‚Das ist es, genau das ist es!' Er klopfte sich vor Vergnügen auf die Schenkel. ‚Ich werde ihn morgen nach der Vorlesung ansprechen, ob er ein Glas mit uns trinken geht!' Wir verbrachten einen geselligen Nachmittag und Abend, allerdings nicht so exzessiv wie am letzten Tag. Immerhin begann am nächsten Tag eine neue Woche, und jeder der drei hatte einen Job.
Am nächsten Vormittag rief mich Stefano an: ‚Es klappt, morgen abend rücken wir zusammen aus. Bis später!'
Abends trafen wir uns alle im ‚Inka' und heckten eine Strategie aus. Mich wollten sie ihm als Sammler aus Europa vorstellen, der am Kauf der Dokumente interessiert wäre. Stefano und die anderen beiden sollten ihn so lange provozieren, bis er bereit war, die Dokumente vorzuzeigen.
Am nächsten Abend trafen wir Ricardo. Als er das Restaurant betrat, wußte ich sofort: Das ist er! Stefano stand auf und winkte. Als er mir die Hand gab, hatte ich das Gefühl, einen kalten, toten Fisch in der Hand zu halten. Sein Händedruck war schlaff und seine Hand feucht von kaltem Schweiß. Die Augen standen eng zusammen und seine Nase war wie der Schnabel eines Kondors. Er roch nach Schweiß und billigem Rasierwasser. Ich konnte mir nicht helfen: Der Kerl war mir unsympathisch!
Stefano stellte uns vor, und ich gab mir größte Mühe, Freude zu heucheln. Es dauerte nicht lange, da kam er von selbst auf den Punkt: ‚Senor Serano hat mir gesagt, Sie interessieren sich für Antiquitäten?' – ‚In gewissem Sinne ja', log ich, ‚ich sammle alte Handschriften aus der ganzen Welt. Gelegentlich auch andere Dinge, aber hauptsächlich Schriften. Wie ich hörte, sollen Sie im Besitz eines alten Briefes sein.' - ‚So etwas Ähnliches', dabei gackerte er. Inzwischen hatte Carlos eine Flasche Guaro bestellt und der Ober brachte das Gesöff und fünf Gläser. Ungeniert schenkte sich der Typ ein randvolles Glas ein und prostete uns zu. ‚Saludos!' ‚Saludos!', tönten wir zurück.

‚Also, was soll das für eine Handschrift sein (ich sprach beharrlich nur von einer Handschrift), die Sie haben?' - ‚Oh, oh! Senor Alfredo, das ist nicht nur eine Handschrift, das ist ein sehr wertvolles altes Dokument der früheren spanischen Regierung, es handelt vom Gold der Konquistadoren'. Er machte sich richtig wichtig. ‚Ich kenne mich mit alten Schriften aus, ich müßte sie mal sehen, ob das überhaupt etwas für mich ist', wichtig machen konnte ich mich auch. Nun legte er los. Er erzählte eine Geschichte von seinem Ururgroßvater, seinem Onkel, seiner Mutter, und nach jedem zweiten Satz nahm er einen ordentlichen Schluck des Zuckerrohrschnapses zu sich. Als die Familiengeschichte dem Ende zu ging, war die dritte Flasche Guaro vernichtet und der Kerl völlig blau.
‚Ich glaube kaum, daß wir mit dem Suffkopf ein Geschäft machen. Ich glaube, der erzählt nur Mist, damit er sich kostenlos abfüllen kann', sagte ich zu Stefano, als Ricardo zu der blau gestrichenen Brettertüre mit der stolzen Aufschrift ‚Senores' gewankt war. ‚Egal, so lange es uns nur ein paar Flaschen Fusel kostet', winkte Stefano ab.
Kurz darauf kam das Kerlchen wieder zurück. ‚Was soll die Handschrift denn überhaupt kosten?', wollte ich wissen. Er stierte mich an, als schien er nicht mehr zu wissen, um was es ging.
Carlos packte ihn an der Schulter und schüttelte ihn, ‚La Plata Amigo, que mucho Plato por la Documentos!' Ricardo deutete mit dem Zeigefinger auf mein Gesicht und lallte: ‚Fifty thousand Dollars for my Amigo Alfredo.' - ‚Hört sich nicht schlecht an, aber erst möchte ich die Handschriften sehen. Dann werden wir uns schon einig', kam ich ihm cool entgegen. Er schaffte gerade noch ein ‚Bueno', dann stierte er wieder mit glasigem Blick. Guillermo zahlte, dann nahmen Carlos und Stefano den Kondor mit der Schnapsfahne in die Mitte und schleppten ihn zu einem Taxi vor dem Restaurant.
Am nächsten Morgen in aller Herrgottsfrühe klingelte das Telefon. Stefano kam gerade aus dem Bad. Es war Ricardo, der Kondor. Erstaunlicherweise schien er keine Lederallergie zu haben. Stefano sagte nur immer ‚si' und ‚no'. Als er aufgelegt hatte, grinste er mich an. ‚Klappt alles! Heute um 15 Uhr treffen wir uns, und der Knabe bringt angeblich tatsächlich die Pergamente mit.' Ich konnte es kaum erwarten.
Bereits 15 Minuten vor drei saß ich im vereinbarten Treffpunkt. Ricardo traf kurz nach mir ein. Er trug eine braune Aktentasche bei sich, die ebenfalls ein Fundstück aus vergangenen Tagen hätte sein können. Nach einer kurzen Begrüßung bestellte er Guaro. Jetzt, am hellen Nachmittag um 15 Uhr! Der Kerl war wirklich ein Säufer! Gleichzeitig ließ dies jedoch in mir einen Plan reifen. Als Stefano pünktlich um drei Uhr an unseren Tisch trat, war die Guaroflasche schon halb leer.
‚Haben Sie die Handschriften dabei?', wollte ich wissen. Er öffnete die Aktentasche und zog eine Klarsichthülle mit Papieren heraus. Nachdem er sie vor sich auf den Tisch gelegt hatte, stützte er beide Arme verschränkt darauf. ‚Wie ist es mit dem Geld?', fragte er mich. Ich konterte: ‚Hör zu, Junge! Ehe ich etwas kaufe, will ich die Ware sehen und auch prüfen.' Dabei wurde meine Stimme lauter: ‚Also laß sehen, oder geh nach Hause und friß das Zeug!' Ich hatte scheinbar den richtigen Ton getroffen, denn er schob mir nun die Klarsichthülle über den Tisch. Ich nahm die Dokumente vorsichtig heraus. Die Blätter waren ziemlich vergilbt. Knickstellen wiesen Schäden auf, und die Ränder waren bröckelig. Ich erkannte auf einen Blick, daß die Papiere sehr alt waren. Einige Worte der altspanischen Sprache konnte ich lesen. Mir war klar, daß ich die Dokumente haben mußte. Allerdings war ich nicht bereit, die geforderte Summe zu bezahlen, zumal ich den Inhalt nicht kannte.
‚Also, was soll die Handschrift kosten? Soweit ich es auf den ersten Blick beurteilen kann, handelt es sich um ein Protokoll.' – ‚Habe ich ihnen doch schon gesagt: 50 000 Dollar.' Erinnerungsprobleme hatte er also nicht. ‚Hören Sie, diese Handschrift ist allerhöchstens 500 Dollar wert, und dies auch nur, weil sie in Altspanisch geschrieben ist. Sie ist weder von einer bedeutenden Person unterzeichnet, noch trägt sie das Siegel eines Granden oder Gouverneurs. Außerdem fehlt eine offizielle Echtheitsbescheinigung.' Er sah mich an, als wollte ich ihm Milch zu saufen geben. ‚Don Alfredo (er nannte mich nun bereits Don), das ist nicht ihr Ernst!' – ‚Na ja, es gäbe eine Möglichkeit', entgegnete ich ihm, ‚Da-

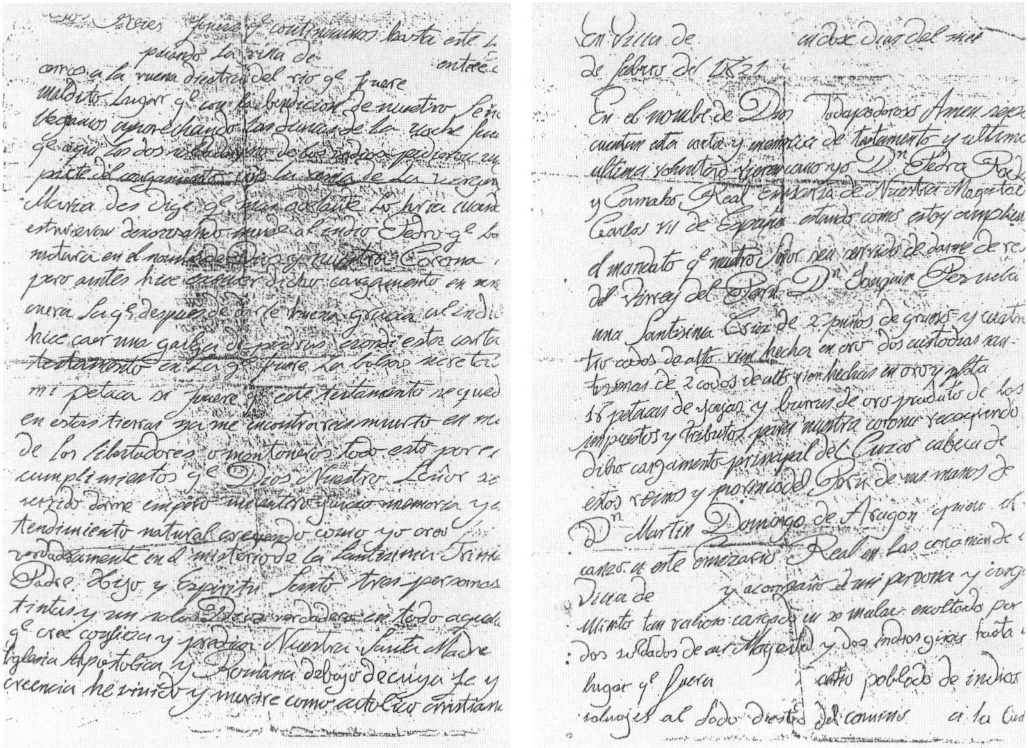

Das Testament von Pedro Rado y Camacho – deutlich sichtbar die Knickstellen.

zu müßten Sie mir allerdings gestatten, mit den Handschriften zur deutschen Botschaft zu fahren. Dort gibt es einen Experten für Dokumente und auch die Prüfgeräte, um festzustellen, ob die Papiere echt sind. Immerhin wollen Sie ja nicht gerade wenig Geld.' Mit diesem Vorschlag war er überhaupt nicht einverstanden. Uns blieb nichts anderes, als abzuwarten, was er weiterhin vorhatte. Schnell wurde uns klar, daß es keine Probleme gäbe, wenn er in dem Tempo weitersaufen würde.

Ein dreiviertel Stunde später war es dann soweit: Ricardos Blick wurde trübe, und das Sprechen war zu einem Lallen geworden. Er erhob sich und taumelte zur Toilette. Stefano schnappte sich die Klarsichthülle mit den Papieren und verschwand nach draußen. Als er nach zehn Minuten zurückkam, grinste er und klopfte auf seine Brust: ‚Alles kopiert.' Wir warteten darauf, daß der Schluckspecht zurückkam. Nach weiteren zehn Minuten stand Stefano auf. ‚Ich will mal nach ihm sehen.' Als er zurückkam, stützte er den stockbetrunkenen Ricardo, der auf der Toilette eingeschlafen war. Ricardo schob die Klarsichthülle in die Aktentasche und lenkte den Kerl nach draußen, um ihn in ein Taxi zu setzen.

An diesem Abend machten wir uns bei Stefano über die Dokumente her. Sie bestanden aus zwei Seiten Text und einem dritten Blatt, welches eine grobe Skizze mit Wegmarkierungen enthielt.

Gegen Mitternacht hatten wir es geschafft, das Dokument zu entziffern. Es handelte sich um eine Art „Testament" des spanischen Gesandten des Vizekönigs von Peru Joaquin Pezuela. Darin heißt es:

„Im Dorfe zu Curahuasi am zwölften Tage des Monats Februar 1821.

Im Namen Gottes des Allmächtigen, Amen! Ich will, daß Ihr zur Kenntnis nehmt: dieser Brief sei Euch Erinnerung, Testament und Letzter Wille – so wie ich, Don Pedro Rado y Camacho, königlicher Gesandter seiner Majestät von Spanien bin, habe ich den Auftrag erfüllt, den unser Herr mir übertragen hat.

Ein heiliges Kreuz, zwei Fäuste dick und vier Ellen hoch, gut gearbeitet in Gold, des weiteren zwei heilige Mon-

stranzen, zwei Ellen hoch und gut gearbeitet in Gold und Silber. 18 Petaccas gefüllt mit Schmuck und Goldbarren – Produkt aus Steuern und Tributen für unsere Krone.
Habe besagte Hauptladung aus Cuzco, Stadt der Könige und Provinz von Peru, aus den Händen von Don Martin de Aragon übernommen, welcher den königlichen Gesandten in der Nähe des Städtchens Anta erreichte und begleitet von meiner Person und dieser gar wertvollen Ladung, getragen von zwanzig Maultieren und eskortiert von zwei Soldaten Seiner Majestät und zwei indianischen Führern bis zu einem Ort außerhalb des Zentrums von Pivil, Siedlungsgebiet der Waldindianer zur rechten Seite des Königsweges, der von der Stadt der Könige kommt; es begab sich, daß wir weiterzogen bis zu jenem Ort Cullumayo genannt, den Ort Limatambo passierend zwischen zwei Bergen zur Rechten des Flußes Apurimac. Verfluchter Ort, den wir erreichten mit dem Segen unseres Herrn, die Helligkeit der nächtlichen Gestirne ausnutzend, denn hier geschah es, daß die beiden Soldaten und einer der beiden Indios einen Teil der Fracht für sich verlangten.
Bei der Ehre der Jungfrau Maria sagte ich ihnen zu, einen Teil der Fracht ein Stück weiter unten des Weges zu überlassen. Als sie dann ruhten, befahl ich dem Indio Pedro, sie zu töten im Namen Gottes und unserer Krone. Zuvor jedoch ordnete ich an, besagte Ladung zu verstecken in einer Höhle und den Eingang mit einem Haufen Gestein zu verbergen. Danach gab ich dem Indio Pedro meinen ‚schönen Dank'.
Ich verstecke diesen Brief und Testament im äußeren Geheimfach meiner Satteltasche. Für den Fall, daß dieses Testament verbleiben sollte in diesen Landen, so findet ihr mich tot in den Händen der Befreier oder Banditen. All das zur Erfüllung meiner Pflicht, die Gott unser Herr mir hat gegeben, Macht über Urteilsfähigkeit, Gedächtnis und natürlichen Menschenverstand, ich glaube an das Mysterium der Heiligen Dreifaltigkeit, den Vater, den Sohn und den Heiligen Geist, drei verschiedene Personen und doch nur ein wahrhaftiger Gott, an die Beichte und die Predigt Unsrer Heiligen Mutter Kirche. Im apostolischen und römischen Glauben und Vertrauen habe ich gelebt, und so werde ich sterben wie ein katholischer Christ."

Alfred unterbrach seine Schilderung. „Was meinst du dazu?", wollte er wissen. Ich besah mir die Kopien genauer. Deutlich waren auf dem Papier die Faltstellen zu sehen. „Soweit schön und gut. Aber solange man nicht weiß, wo das gewesen ist, nützt das Papier nichts", entgegnete ich. „Das ist ja gerade die Sache, Stefano ist es gelungen die Wegmarkierungen zu finden – und stell dir vor: Wir waren dort!" Nun war ich sprachlos.

Alfred schilderte mir, wie sie es geschafft hatten, die Wegmarkierungen zu enträtseln. Demnach war er mit Stefano nach Limbatambo gefahren und dann dem Verlauf des Limbatamboflußes gefolgt. Tatsächlich stießen sie auf zwei Berge zur rechten Seite. Hier am Fuß der Berge mußte sich die Tragödie des spanischen Gesandten zugetragen haben. Auf dem Rückweg war es dann leicht, die einzelnen Streckenmarkierungen zu finden: Brücken, Felsen und andere markante Stellen.
Stefano wollte in nächster Zeit mit Guillermo und Carlos hinfahren und versuchen, die Stelle zu finden. Alfred war zwar klar, daß ohne entsprechende Detektortechnik nicht viel auszurichten war, aber er wollte die Begeisterung nicht bremsen.

Ein paar Wochen nach Alfreds Besuch erfuhr ich, daß die Suche der drei ergebnislos verlaufen war. Keine Spur von einer Höhle. Auf eine Länge von etwa 200 m ist der Hang abgerutscht, sodaß ursprüngliche Höhlen vermutlich verschüttet sind.

Der Schatz des spanischen Gesandten wird somit wohl noch länger in seinem geheimen Versteck ruhen, während die Gebeine des Adeligen vermutlich irgendwo verbleichen.

Schatz und Insel sind zwei Begriffe, die spätestens seit Robert Louis Stevensons Weltbestseller „Die Schatzinsel" aus dem Jahr 1883 zusammengehören. Inzwischen gibt es kaum eine Gegend der sieben Weltmeere, in der nicht von der Existenz mindestens einer Schatzinsel berichtet wird. Selbst Stevensons Insel wurde schon in allen möglichen Gewässer und Regionen vermutet. So soll es sich einmal um die Insel La Trinidad im Atlantik handeln, ein andermal um eine Insel der Virgin Islands und ein Tauchreiseunternehmen wirbt mit der Behauptung, es käme nur eine kleine Insel bei Kuba in Frage. Ob es Stevensons Schatzinsel gibt, ist ungewiß. Schatzinseln jedoch existieren viele. Beliebte Rast- und Ruheplätze der Freibeuter und Piraten waren meist unbewohnt und lagen in der Regel abseits stark frequentierter Schiffahrtsrouten. Solche Schatzinseln sind beispielsweise Reunion, St. Marie, Suwarrov, Tortuga, Oak Island oder Malpelo Island. Eine aus zwei Inselchen bestehende Gruppe vor der nordwestafrikanischen Küste wird seit dem Jahre 1813 ebenfalls als Schatzinsel bezeichnet und dies, wie die nachfolgende Geschichte zeigt, durchaus zu Recht.

Das Skelett auf der Schatzkiste

Den berühmten Stein ins Rollen brachte, wie in manch anderer Geschichte über verborgene Schätze, auch hier ein Seemann, der angab, bestimmte Informationen über das Versteck zu haben.
Zu Beginn des Jahres 1813 erhielt der Marinebefehlshaber in Portsmouth, Sir Richard Bickerton, ein Schreiben des Staatssekretärs der Admiralität. In diesem Schreiben wurde Sir Richard angewiesen, einen Seemann, der Informationen über einen verborgenen Schatz haben sollte, auf dem nächsten Schiff der Krone, das Madeira anlaufen würde, mitzunehmen, damit, so der Staatssekretär, die Geschichte auf ihren Wahrheitsgehalt geprüft werde.
Zufälligerweise lag zu jenem Zeitpunkt tatsächlich ein Schiff im Hafen von Portsmouth, die „Prometheus", unter dem Kommando von Kapitän Hercules Robinson, dem nun dieser Befehl der Admiralität übermittelt wurde. Nachdem Robinson den Befehl kopfschüttelnd zur Kenntnis genommen hatte, öffnete er das Kuvert, welches das Siegel der Krone und einen Geheimvermerk trug. In der akkuraten Schrift des Staatssekretärs, die einen pedantischen Charakter verriet, war auf eng beschriebenen Bögen die Geschichte des schwedischen Seemannes Christian Cruise protokolliert.
Vor einigen Jahren wurde Cruise mit Gelbfieber im Hospital von Santa Cruz eingeliefert, zusammen mit einem spanischen Matrosen, der drei oder vier Reisen auf demselben Handelsschiff gemacht hatte, auf welchem auch Cruise Dienst tat. Obwohl das Gelbfieber Cruise schwer erwischt hatte, erholte er sich schnell wieder, während der Spanier, der anfangs weniger stark erkrankt war, zusehends dem Siechtum verfiel. Einige Tage vor seinem Tod rief er Cruise zu sich und erklärte, ihm etwas berichten zu müssen, was ihn belaste und erstattete den folgenden Bericht:

Im Jahre 1804 heuerte er in Südamerika auf einem spanischen Schiff an, dessen Zielhafen Cadiz war. Das Schiff war bis unter die Speigatts vollgeladen mit Naturprodukten. In der Kajüte des Kapitäns aber war die weitaus wertvollere Fracht: einige Kisten und Truhen mit zwei Millionen Dollar in Gold. Die Überfahrt verlief ohne besondere Zwischenfälle und sie befanden sich nur noch einige Tage von der spanischen Küste entfernt, als sie einem neutralen Schiff begegneten. Vom Kapitän dieses Schiffes erfuhren sie, daß vier Galeonen von einer Flotte englischer Fregatten gekapert worden waren. England hatte Spanien den Krieg erklärt und eine Kreuzerblockade von Trafalgar bis Cap Finisterre würde es jedem Schiff unmöglich machen, Cadiz oder irgendeinen anderen Hafen Spaniens zu erreichen. In Anbetracht dieser beinahe aussichtslosen Situation beriet sich der Kapitän mit der Mannschaft. Umzukehren und wieder nach Südamerika zurückzusegeln kam nicht in Frage, und der Kapitän entschloß sich, in die nördliche Karibik mit Kurs auf die Westindischen Inseln zu segeln. Dort hoffte er, wenigstens das Gold in Sicherheit bringen zu können. Diese Entscheidung stieß bei der Mannschaft aber auf wenig Gegenliebe; sie hätte lieber versucht, Cadiz zu erreichen, weshalb es beinahe zur offenen Meuterei kam. Endlich nahmen sie den Entschluß des Kapitäns aber doch hin. Hakenschlagend, um dem vermuteten Kurs der Kreuzer auszuweichen, erreichten sie das Seegebiet einige Grade südlich von Madeira, wo der Kapitän hoffte, wieder günstigen Wind zu finden. Die allgemeinen Zustände an Bord hatten sich zusehends verschlechtert; die Verpflegung bestand überwiegend aus Notrationen, und das Wasser war nur noch eine brackige, faulige Brühe. Die Stimmung der Mannschaft war gereizt und explosiv. Viele dachten an Gewalt und Auflehnung, aber bisher waren noch Hemmungen vorhanden, dies offen zu zeigen. Eines Morgens befand sich das Schiff nahe einer Gruppe kleiner unbewohnter Inseln, etwa 50 Meilen (240 km) südlich von Madeira und fast auf demselben Längengrad gelegen. Den Namen der Inselgruppe wußte der Erzähler nicht, aber immerhin konnte er sie vortrefflich beschreiben. Die mittlere Insel maß etwa 3 Seemeilen (5 km) im Umfang. Der Bewuchs war durchwegs grün und allem Anschein nach war sie unbewohnt. Ein verlockender Ort - zumindest für das Vorhaben, das jedem Seemann den Strick eingebracht hätte: Meuterei! Die Versuchung war unwiderstehlich: dies war der Ort, wo alles versteckt werden konnte. Weshalb Risiken eingehen, um den Engländern auszuweichen, nur um dem Willen des Eigners und des Kapitän nachzukommen? Warum nicht sich selbst etwas Gutes tun ? Die böse Saat ging auf. Man lauerte dem Kapitän auf, und als dieser aus seiner Kajüte trat, wurde er niedergestochen. Die Meuterer brachten das Schiff in eine Bucht im Süden der nahegelegenen Insel und schafften dann die Leiche des Kapitäns und die Kisten mit dem Schatz an Land. In einer romantischen kleinen Bucht hoben sie einen Graben oberhalb der Hochwassermarke aus und versenkten die Geldkisten darin. Nachdem eine Schicht Sand darübergeschaufelt war, legten sie auch die Leiche des Kapitäns hinein, so daß jeder, der zufällig auf den Leichnam stoßen sollte, zu graben aufhören würde. Nachdem sie die Spuren ihres schändlichen Tuns sorgfältig verwischt hatten, lichteten sie die Anker und nahmen südlichen Kurs mit Ziel auf die Karibik. Ihr Plan sah vor, eine neutrale Insel zu erreichen, um dort das Schiff auf Grund laufen zu lassen oder in Brand zu setzen. Mit dem Teil des zurückbehaltenen Geldes wollte man dann ein kleines Schiff kaufen, um unter der englischen oder einer anderen Flagge das Versteck wieder aufzusuchen und den Schatz unbemerkt zu holen. All ihre schönen Pläne schlugen jedoch fehl; aufgrund ihrer mangelhaften Navigation fuhren sie an Tobago vorbei und liefen im Sturm auf ein Riff. Diesen fürchterlichen Schiffbruch überlebten nur zwei Mann der Besatzung, die nach St. Thomas gebracht wurden, wo einer von ihnen starb. Der einzige Überlebende war der spanische Seemann, der Christian Cruise die Geschichte schilderte. An Angaben zum Schiffseigner, den Ausgangshafen, das Auslaufdatum und andere Einzelheiten konnte der Mann sich nicht mehr erinnern.

Nachdem Kapitän Robinson das Protokoll aufmerksam gelesen hatte, rief er Christian Cruise zu sich und schärfte ihm ein, der Besatzung gegenüber Stillschweigen zu wahren. Um einen Kontakt mit der übrigen Mannschaft zu unterbinden, wies ihn Robinson an, die Mahlzeiten mit dem Steuermann einzunehmen und auch keine Arbeiten an Bord zu verrichten. Cruise erklärte sich damit einverstanden und entgegnete dem Kapitän, er würde alles tun, was man von ihm verlange. Ein paar Tage später legte die „Prometheus" ab und erreichte nach einer einwöchigen Überfahrt den Hafen von Funchal auf Madeira.

Die Grand Salvage Insel erhebt sich aus dem Atlantik.

In seinen Berichten und Niederschriften beschäftigte sich Robinson mit den einzelnen Ausführungen des Protokolls und Cruises Aussagen.
So vermerkte er: „*Hatte er vielleicht nicht ein Interesse daran, diese Geschichte zu erfinden? Warum erzählte er sie nicht schon früher? Ist nicht der kaltblütige Mord am Kapitän des spanischen Schiffes unfaßbar barbarisch und die Art der Beerdigung des Körpers über dem Schatz gar zu dramatisch? Oder hat vielleicht der Spanier aus Lust an der Lüge die Unwahrheit gesagt und seinem Decksgenossen nur Seemannsgarn vorgesponnen?*"
Genauso analytisch wie er die Fragen formulierte, beantwortete er sie gleich darauf.
„*Was das erste Problem angeht, so bin ich völlig von der Ehrlichkeit Christian Cruises überzeugt und glaube, daß ich mich in seinem Charakter wohl kaum täusche. Daß er nur bei erfolgreicher Suche einen Anteil will, bestätigt mich in dem Glauben, daß er es ehrlich meint. Und dann, was die Tatsache betrifft, daß er sein Wissen vier oder fünf Jahre lang zurückhielt, muß man ihm zugutehalten, daß der Krieg mit Dänemark ihn wirklich von jedem Verkehr mit England abgeschnitten haben konnte. Was den grausamen Mord angeht, befürchte ich, daß das nicht allzu unwahrscheinlich ist. Wenn Eigennutz in die Waagschale geworfen wird, dann wiegt ein Menschenleben weniger als eine Feder. Ich selbst habe in unserem Dienst oft genug die völlige Mißachtung des menschlichen Lebens erlebt, besonders wenn es um Karrieren ging, waren selbst Männer von hohem Stand und Adel nicht davor gefeit. All das macht das Verhalten der Spanier in Anbetracht der großen Versuchung ausreichend verständlich. Was blieb, ist die Frage nach dem Bestattungsritual, dem etwas Theatralisches anhaftet. Doch auch das konnte Cruise mit der Erklärung der Abschreckung glaubhaft machen. Was die Annahme der Lüge betrifft, so wäre ein solches Verhalten bei einem schlichten ungebildeten Seemann ungewöhnlich und wider jeglicher Erfahrung. Auch war der Spanier, wie Cruise sagt, geistig völlig zurechnungsfähig, so daß ich auch ausschließen möchte, er hätte phantasiert. Das Ergebnis meiner Erkundigungen und Überlegungen zu diesem Thema läßt nur den einen Schluß zu, daß diese seltsame Abenteuergeschichte aus dem wirklichen Leben stammt und auf Wahrheit beruht. Und die Wahrscheinlichkeit für diese Wahrheit würde noch zunehmen, wenn die infrage kommende Örtlichkeit, die Salvage Inseln, denn auf sie weisen Breiten- und Längengrade hin, mit der Beschreibung des Dollargrabes übereinstimmen würden.*"

Die „Prometheus" näherte sich der Great Salvage Insel, die etwa fünf Kilometer im Umfang maß. Langsam umrundeten sie sie. Steil stiegen die Klippen an den Ufern 20 bis 30 m hoch auf. Die Insel selbst war flach und grün bewachsen. Im Osten der Insel öffnete sich eine Bucht mit einem breiten Sandstrand und einer kleinen Fläche oberhalb der Hochwassermarke. Alles in allem glich die Örtlichkeit der, die Christian Cruise beschrieben hatte. Hercules Robinson verpflichtete nun die Offiziere zur Geheimhaltung und erzählte ihnen dann die Geschichte. Die übrige Mannschaft sollte nur die halbe

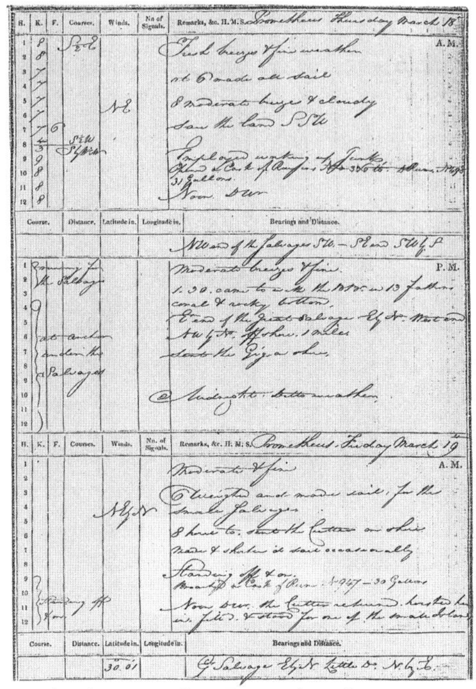

Logbuchauszug der „Prometheus".

Wahrheit erfahren: Man suche auf der Insel nach einem Ermordeten, der irgendwo oberhalb der Hochwassermarke verscharrt liege. 60 Mann der Besatzung wurden an Land gesetzt, ausgestattet mit Grabungswerkzeugen und dem Versprechen, daß der Finder der Leiche eine Belohnung von 100 Dollar bekäme. Die Begeisterung der Suchmannschaft hielt sich angesichts der Aufgabe, die sie erwartete, in Grenzen. Zwischen der Hochwassermarke und dem Fuß der Felsen dehnte sich nämlich eine weite Sandfläche aus, die sich bis auf die Bucht hinabzog. Das Areal konnte kaum in einem Monat umgegraben werden. Robinson entschied sich deshalb für die Mitte der Bucht und ging von dort über die Hochwassermarke hinaus bis zu jenem Punkt, von welchem er meinte, daß hier die Brecher der See zum Stillstand kämen. Hier an dieser Stelle, so nahm er an, würde ein Mann wahrscheinlich eine schwere Last abwerfen. Sie gruben ein tiefes Loch, in dem sie aber außer Muschelschalen und Steinen nichts fanden. Eher halbherzig stocherten die Männer der „Prometheus" mit Bootshaken im Sand und nach einigen weiteren erfolglosen Grabungen brach der Kapitän die Suche ab und befahl die Mannschaft wieder an Bord zurück. Nach der Rückkehr in Madeira erreichten den Kapitän andere Weisungen der Admiralität, die die Rückkehr nach England vorsahen; außerdem hielt das Flottenkommando nach dem Bericht Robinsons nichts mehr von der Geschichte und betrachtete die Angelegenheit als erledigt.

Hercules Robinson dagegen hatte die Geschichte noch nicht zu den Akten gelegt. In seinem Tagebuch notierte er: *„Wenn man mich nach meiner Meinung fragt, dann würde ich sagen, daß es mir durchaus wahrscheinlich erscheint, daß solche Ereignisse stattgefunden haben. Ich glaube daran so fest, daß es meiner Ansicht nach die Zeit jedes Seefahrers wert wäre, die Suche fortzusetzen."* In nächster Zeit jedoch gab es für ihn keine weitere Möglichkeit, den Salvage Inseln einen Besuch abzustatten. Seine Verpflichtungen im Dienste seiner Majestät nahmen ihn vollends in Beschlag. Erst dreiundvierzig Jahre später, nun bereits im Rang eines Vizeadmirals der Krone, schien sich der bereits siebenundsechzigjährige Robinson wieder an den Schatz der Salvage Inseln zu entsinnen. Mit der Yacht „Seadrift" unternahm er 1856 nocheinmal eine Expedition dorthin. Robinson war felsenfest davon überzeugt, daß sich das Gold noch immer unberührt dort befinden würde. Diese Überzeugung stützte sich auf ein Schreiben, das der britische Generalkonsul Henry Veitch in Madeira am 16. März 1813 an die Admiralität schickte. In diesem Schreiben hieß es:

„... Ich halte es für sehr wahrscheinlich, daß sie (die Schätze) immer noch dort sein könnten, da meines Wissens diese Inseln in den letzten sieben bis acht Jahren nicht besucht wurden. Es sind zwei an der Zahl, die durch ein höchst gefährliches Felsenriff miteinander verbunden sind. Sie gehören einem Einwohner Madeiras, der früher alljährlich ein Schiff hinsendete um Barvillakraut zu laden und junge Seemöven zu fangen, die gesalzen und auf Madeira verkauft wurden, und aus denen manchmal Öl extrahiert wurde. Aber nachdem die letzte Expedition dieser Art sehr unglücklich ausging - das Schiff ging verloren, der Eigner wurde dadurch fast ruiniert und die

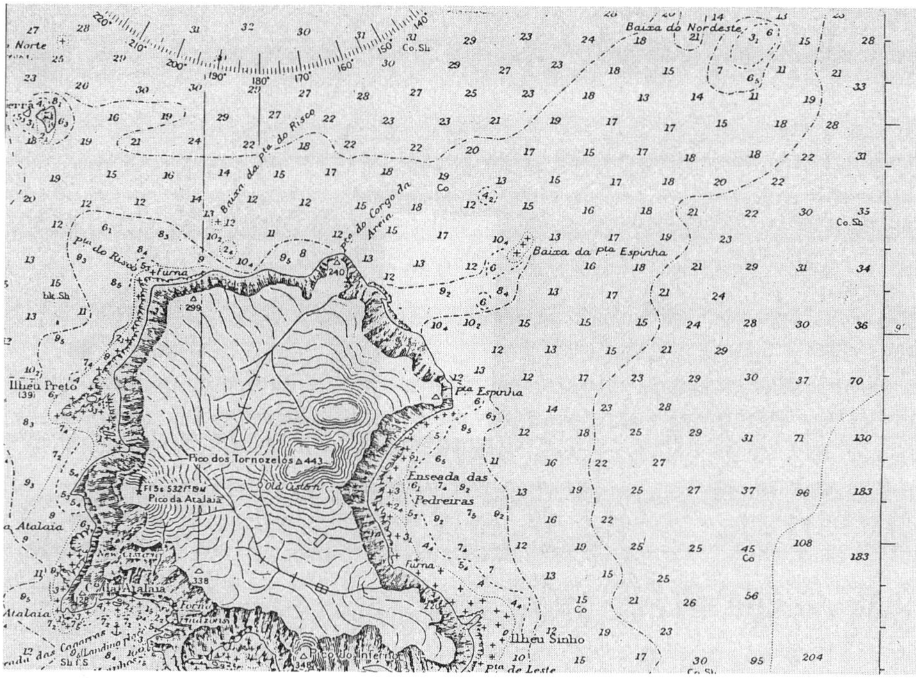

Seekartenabschnitt der Grande Salvage.

Mannschaft mußte von einem Schiff im Auftrag der hiesigen Regierung gerettet werden - wurden solche Expeditionen seither nicht wieder aufgenommen und ich glaube, daß die Insel seither nie wieder von irgendwelchen Personen besucht worden ist."

Diese Ausführung scheint durchaus glaubhaft, besonders auch was die erwähnten Gefahren durch Riffe und Klippen betrifft. Die Gewässer um die Salvage Inseln wurden von fast allen Schiffen gemieden - wer nicht unbedingt dorthin mußte, machte einen großen Bogen um sie.

Die Expedition landete diesmal auf Great Piton, da Robinson vermutete, die Angaben bezögen sich auf diese Insel. Tagelang buddelten die Männer Loch um Loch, schaufelten Graben um Graben – aber alles was sie fanden waren nichts als morsche Walfischknochen. Entnervt gaben sie auf und segelten weiter zur Insel La Trinidad vor Brasilien, um dort nach dem Kirchenschatz von Lima zu suchen!

Einige Jahe später folgte noch einmal eine kleine Expedition, die aber ebenfalls erfolglos verlief.
Nun wäre es ein Leichtes, diese Geschichte einfach ins Reich der Fabeln und des Seemannsgarnes zu verweisen, gäbe es da nicht noch eine andere, die einige Taucher vor etwa vierzig Jahren berichtet haben.
Im Sommer 1958 traf sich im Hafen von Puerto de la Cruz auf Teneriffa eine Gruppe spanischer und holländischer Taucher, um mit einer Yacht einen Tauchturn zu machen. Bei der Diskussion um ein geeignetes Tauchrevier schlug einer der Spanier vor, zu den Salvage Inseln zu fahren, um dort Fische zu harpunieren. Die Gewässer um die Salvages gelten auch heute noch als fischreiche Gründe. Die Überfahrt zu den Salvage Inseln ist weder von Madeira noch von den Kanaren aus eine besonders weite Strecke. Die Inselgruppe liegt beinahe in der Mitte zwischen beiden. In der Bucht von Great Salvage wurde Anker geworfen. Es war bereits dunkel geworden, deshalb beschlossen die Männer, früh am nächsten Morgen einen Tauchgang einzulegen. Um zehn Uhr Vormittags bereiteten sie sich vor, in

zwei Gruppen auf Harpunenjagd zu gehen. Das Wasser war herrlich klar und der korallenbewachsene Grund gut sichtbar. Die Wassertiefe in dieser Bucht betrug dicht am Ufer, wo die Yacht ankerte, zwischen sechs und acht Meter. Einer der Taucher machte dort einen fetten Barsch aus und folgte ihm mit der Harpune. Dabei machte er eine seltsame Entdeckung. Ihm fielen Korallen auf, die zu regelmäßig geformt waren, als daß sie natürlichen Ursprungs sein konnten. Stunden später tauchte die Crew bewaffnet mit Brecheisen und Messern hinab und als sie einige Zeit an einem der mit Korallen bewachsenen Blöcke herumgehackt hatte, entdeckte sie darunter eine Bronzekanone. Mit der Deckswinde hievten sie das Rohr an Bord. Die Kanone wog beinahe eine halbe Tonne und war, obwohl offenbar sehr alt, in bestem Zustand. Bei einem erneuten Tauchgang entdeckten sie zwei weitere Bronzekanonen und eine aus Eisen. Dieser Fund bedeutete viel Geld; in Spanien wurde für die Tonne Bronze über 1000 Dollar bezahlt.

Die Gruppe war außer Rand und Band. Kein Zweifel - hier war offenbar ein Schiff gestrandet oder angetrieben worden. Die Suche dauerte den ganzen nächsten Tag und am späten Nachmittag gegen 17.00 Uhr tauchte einer der Holländer gurgelnd und wild gestikulierend bei der Yacht auf. Er hatte einen korallenverkrusteten Eisenbehälter von etwa einem Quadratmeter Oberfläche im Meeresgrund steckend entdeckt. Eine Schatzkiste - hofften sie alle. Tag und Nacht lief nun der Benzinmotor des Kompressors, um die Tauchflaschen zu füllen, während einer nach dem anderen immer wieder hinuntertauchte, um die Korallen von der seltsamen Kiste loszuschlagen. Nach stundenlanger Schinderei waren die Seiten endlich soweit frei, daß sich ein Stahlkabel in einer Schlinge herumlegen ließ. Sie hängten den Schäkel ein und zogen mit der Winde an. Das Stahlseil war gespannt wie eine Klaviersaite und das Deck neigte sich, bis die Bordkante untertauchte. Die Winde jaulte und stand plötzlich still: Der Motor war durchgebrannt. Der Eisenklotz auf dem Meeresgrund hatte sich keinen Millimeter bewegt! Mit der Begeisterung der Entdecker machten sie sich wieder ans Werk und schlugen die Korallen unter der Kiste ab. Nachdem der Windenmotor repariert war, starteten sie einen erneuten Versuch, wieder vergebens. Als letzter Ausweg blieb nur noch, die Kiste unter Wasser gewaltsam zu öffnen.

„Wir hackten an den Seiten und versuchten verzweifelt, ein Schloß zu finden, oder etwas, wo wir mit den Brecheisen ansetzen konnten, aber überall war nur ebenes rostiges Eisen. Die Flächen waren zu dick, um sie durchschlagen zu können", erzählte später einer der Taucher. Nachdem sie sich tagelang mit ihr abgemüht hatten, gaben sie endlich auf und kehrten nach Teneriffa zurück, wo sie die Kanonen als Schrott verkauften. Unglücklicherweise wurden diese eingeschmolzen, deshalb war jede Chance einer Identifizierung vertan. Die Beschreibung, die die Taucher später gaben, reichte nicht aus, um eventuell Typ und Herkunftsland ermitteln zu können. Vier Monate später lief aus dem Hafen von Santa Cruz eine Bergungsexpedition aus, ausgerüstet mit einer großen Yacht und versehen mit einer Drei-Tonnen-Winde. Wieder waren die Salvage Inseln das angepeilte Ziel. Dieselbe Gruppe von Tauchern

In solchen eisernen Schiffstresoren wurde wertvolle Fracht transportiert.

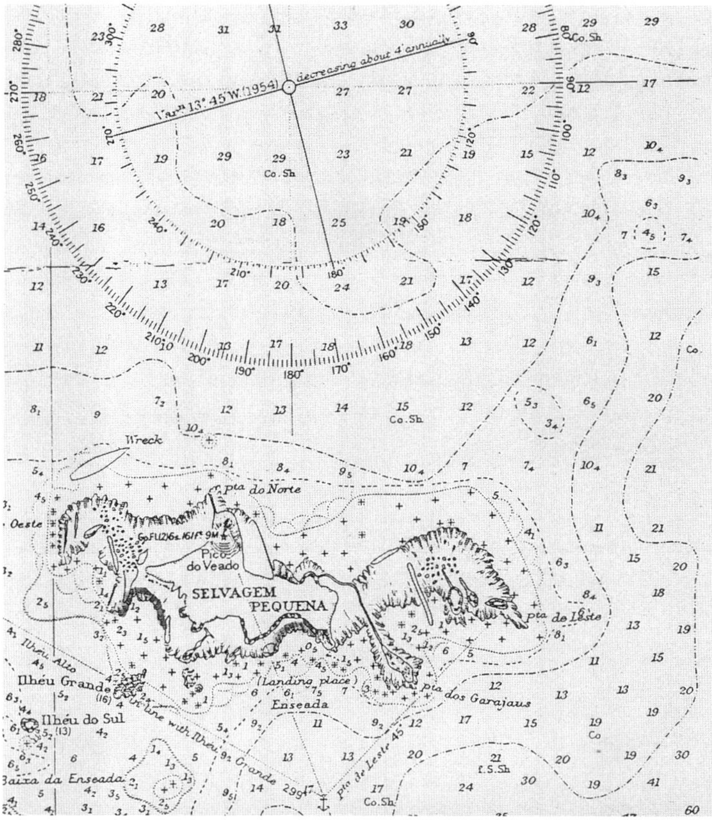

Seekartenausschnitt der Kleinen Salvage Insel.

versuchte nun, besser vorbereitet und ausgerüstet als beim ersten Mal, der Eisenkiste beizukommen. Nun schien dem Bergungserfolg nichts mehr im Wege zu stehen. Aber auch diesmal war jegliche Mühe vergeblich. Die Kiste, oder um was immer es sich dabei handelte, lag wie festzementiert auf dem Grund der Bucht. Dieser Würfel von nur einem Kubikmeter war nicht zu heben. Die Schatzsucher gaben ihr Vorhaben schließlich ganz auf und kehrten zurück.

Fazit

Die Schilderung von Christian Cruise klingt, wie Kapitän Robinson in seinem Bericht vermerkte, durchaus glaubwürdig. Der Grund, weshalb die „Prometheus"-Expedition beim ersten Versuch so kläglich scheiterte, liegt erstens darin, daß man nur auf eine Vermutung hin ziel- und wahllos ein paar Löcher grub und das Vorhaben unverrichteter Dinge abbrach. Wenn die Örtlichkeit in der Größenordnung so dimensioniert ist, wie Hercules Robinson anführt, indem er die Fläche als „so groß, daß man einen ganzen Monat graben könnte, ohne etwas zu finden" bezeichnet, dann dürfte die Entscheidung, einfach in der Mitte zu graben, falsch gewesen sein. Selbst die Meuterer hätten in diesem Fall wahrscheinlich das eigene Versteck nicht wiedergefunden. Also wird sich das Dollargrab vermutlich ziemlich dicht unter den Klippen befinden, von wo aus es ein leichtes ist, nur durch Abschreiten die Stelle wiederzufinden. Jegliche Suche ohne entsprechende technischen Ortungsgeräte ist in diesem Fall absolut sinnlos. Interessanterweise ist die bezeichnete Bucht dieselbe, in der auch die Tauchgruppe den überraschenden Fund gemacht hatte. Mit Sicherheit befinden sich in der Nähe noch wesentlich mehr Kanonen, als nur die vier gefundenen. Der Meeresgrund müßte übersät sein mit den vielfältigsten Re-

likten, die Aufschluß über Größe, Art und Herkunft des Schiffes geben, um dessen Überreste es sich zweifellos handelt. Nachdem die Taucher erst einmal die Kiste entdeckt hatten, wurde die Suche nach weiteren Beweisstücken nicht mehr fortgesetzt, sondern alles konzentrierte sich nur noch auf die Hebung des Klotzes. Um welche Art Wrackreste es sich dabei handelte, ließe sich erst dann feststellen, wenn schlüssige Beweisgegenstände aufzufinden wären. Die Salvage Inseln liegen auf der Höhe, auf welcher die Silberschiffe den Atlantik überquerten. Deshalb könnte es durchaus möglich gewesen sein, daß ein Schiff im Sturm oder steuerlos auf die Klippen um die Inseln aufgelaufen ist und dann von Wind und Strömung in die Bucht getrieben wurde. Die Brandung zerschlug innerhalb kürzester Zeit das Schiff; die Kanonen, sowie die eiserne Kiste, blieben auf dem Grund des Meeres liegen und wurden im Laufe der Zeit von Korallen überwuchert. Die gescheiterten Bergungsversuche lassen darauf schließen, daß das Gewicht enorm sein muß. Aus der Art und Form des Quaders könnte man folgern, daß es sich um einen jener Schiffstresore handelte, für deren Fertigung neuspanische Schmiede berühmt waren. Wenn diese Kiste nur zu einem Drittel beispielsweise mit Gold gefüllt wäre, dann betrüge das Gewicht bereits mehr als sechs Tonnen!
Kein Wunder, daß die Winden versagten.

Ein Zusammenhang zwischen den beiden Schatzerzählungen scheint nicht unbedingt gegeben zu sein. Aber nach allem, was dazu an Fakten vorliegt, sind die Salvage Inseln in die Kategorie „Schatzinseln" einzuordnen.

Es gibt Geschichten über verschollene Schätze, die so unglaublich klingen, daß sie entweder wahr oder zumindest erstklassig erfunden sind. Für die folgende Geschichte trifft beides zu - Wahrheit und erstklassige Erfindungsgabe. Die Geschichte beweist, daß Cleverness und Raffinesse zeitlos sind, und daß das menschliche Gehirn jedem noch so „intelligenten“ Computer haushoch überlegen sein kann. Dies gilt selbst für unser hochtechnisiertes Zeitalter. Aber um die Hintergründe der Geschichte verstehen zu können, drehen wir erst einmal das Rad der Zeit um 185 Jahre ins Jahr 1820 zurück und begeben uns nach Lynchburg im US-Bundesstaat Virginia, wo diese unglaubliche Geschichte ihren Ursprung hat.

Der Code, der nicht zu knacken ist

Ein großer, hagerer Mann betritt das „Washington Hotel“ in Lynchburg und verlangt nach einem Zimmer. Schweigend mustert Robert Morriss, der Inhaber des gastlichen Hauses, die hochgewachsene Gestalt. Trotz der verstaubten Kleidung, der man einen weiten Ritt ansehen kann, erscheint der Fremde nicht unsympathisch. Braungebrannt, schmal in den Hüften und mit breiten Schultern ist dies genau der Typ Mann, dem Frauenherzen zufliegen. Doch strahlt der Fremde eine gewisse Unnahbarkeit und Unduldsamkeit aus. Morriss stellt keine Fragen. Zu gut kennt er jene ewig Rast- und Ruhelosen, die von Abenteuer, Glück und Gold getrieben werden. Nachdem er in seinem Zimmer im ersten Flur verschwunden ist, betrachtet der Hotelier die Eintragung im Gästebuch. „Thomas Jefferson Beale aus Virginia“ steht dort in ungelenker Schrift. In den nächsten Tagen und Wochen ist dieser Beale ein angenehmer Gast; meist geht er seinen Geschäften nach, wie er Morriss sagt, doch bleibt diesem verborgen, um welche es sich handelt. Abgesehen von gelegentlichen Raufhändeln, die der fesche Fremde immer für sich entscheiden kann, gibt es nichts, was Morriss stutzig gemacht hätte. Nach zwei Monaten, der Hotelbesitzer ist bereits an seinen angenehmen Gast gewöhnt, reist dieser plötzlich ab.
Längst hat ihn Robert Morriss vergessen, viele Gäste kamen und gingen in der Zwischenzeit, da tritt Thomas Beale eines Tages wieder durch die Türe und verlangt ein Zimmer. Morriss begrüßt ihn wie einen alten Freund. Auch diesmal bleibt Beale wieder einige Wochen in Lynchburg, bis er eines Abends den Hotelier um ein Gespräch bittet. „Ich reise morgen ab und weiß nicht, wann ich wieder zurückkommen werde. Da meine Reise diesmal nicht ungefährlich sein wird, möchte ich Sie, Morriss, um einen Gefallen bitten.“ Mit diesen Worten greift Beale in seine Reisetasche und holt eine eiserne Kassette hervor, die er vor dem Hotelier auf den Tisch legt. „Ich möchte Sie bitten, diese Kassette für mich eine Weile aufzubewahren; sie enthält für mich wichtige Papiere.“ - „Wenn ich Ihnen damit einen Gefallen tun kann, hebe ich sie gerne für Sie auf. Ich verspreche Ihnen, daß sie bei mir absolut sicher ist.“ Er greift nach der Kassette und versperrt sie in dem schweren Ferguson-Geldschrank. „Ich danke Ihnen“, Beale reicht ihm die Hand. Früh am nächsten Morgen sattelt Beale sein Pferd und verläßt Lynchburg. „Ein seltsamer Mann ...“, denkt Morriss bei sich, während er ihm durch das Fenster seines Büros nachblickt. In diesem Augenblick hat der Hotelbesitzer keine Ahnung, daß er diesen stillen, freundlichen Mann niemals wiedersehen sollte. Vier Monate nach Beales Abreise erhält Robert Morriss einen Brief von seinem geheimnisvollen Gast, in welchem dieser ihm noch einige Informationen und Anweisungen in Bezug auf die verwahrte Kassette gibt. Beale schreibt in diesem Brief, der in

Irgendwo in der Umgebung des Peak of Otter liegt ein tonnenschwerer Goldschatz. Nur die Entschlüsselung eines Geheimcodes führt dorthin.

St.Louis, Missouri, aufgegeben worden ist, daß die Dokumente in der Kassette für das Vermögen seiner Geschäftsfreunde und sein eigenes von großer Bedeutung seien. Insbesondere im Fall seines Todes seien die Papiere geradezu unersetzlich. Sie seien aber ohne die Hilfe eines Schlüssels unlesbar und wertlos. Er, Beale, habe aber ein Entschlüsselungsdokument bei einem Freund hinterlegt, adressiert an Mr. Robert Morriss, mit der Order, es nicht vor Juni 1832 an ihn zu übersenden. Der gute Morriss kann sich auf das alles keinen Reim machen, und so legt er diesen Brief ebenfalls zu der Kassette in seinen Tresor.
Die Jahre vergehen, aber Beale taucht nicht mehr auf. Niemand kommt, um die Kassette abzuholen. Auch das Jahr 1832 vergeht, ohne daß irgendjemand Interesse für den seltsamen Mann und seine Box zeigt. Es scheint, als habe Robert Morriss die Geschehnisse längst aus seinem Gedächtnis gestrichen, bis zu jenem Tag im Jahre 1845, als er wieder auf die eiserne Schachtel stößt und sie öffnet. Robert Morriss ist enttäuscht. Hat er in der Kassette irgendwelche Wertgegenstände vermutet, sieht er sich nun gründlich im Irrtum. Nur drei Blätter mit endlosen Zahlenkolonnen liegen darin, mit denen er nicht das Geringste anfangen kann. Dazwischen aber liegt ein Brief, von dessen Inhalt sich der neugierige Morriss Aufschluß erhofft; tatsächlich bringt dieses Schreiben etwas Licht ins Dunkel der ominösen Geschichte:

In Big Lick, dem heutigen Roanoke in Virginia, fanden sich im April 1817 dreißig abenteuerlustige Männer zusammen, um gemeinsam in die noch zum Teil unerforschte Wildnis des Westens zu ziehen und zu jagen. Als ihren Anführer wählten sie Thomas Jefferson Beale. Im Mai desselben Jahres erreichten sie St.Louis, von wo sie am 19. des Monats wieder aufbrachen und am 1.Dezember in Santa Fé ankamen. Zu jener Zeit war Santa Fé mexikanisch und Teil des spanischen Kolonialreichs. Sie überwinterten dort. Erst Anfang März zog eine Vorhut ungefähr 250 Meilen weiter nach Norden, bis nach Colorado. Dieses Gebiet war sehr reich an Wild und für ihre Jagdpläne wie geschaffen. Um die übrigen Männer zu holen, begaben sie sich auf den Rückweg und stießen dabei auf riesige Büffelherden. Nun eilte es nicht mehr so sehr, die Gefährten zu benachrichtigen, und sie begannen die Jagd auf die Bisons. Eines Abends, als sie gerade inmitten eines felsigen Canons kampierten, entdeckte einer der Jäger dicht neben dem Lager eine Goldader in der Felswand. Sie beschlossen, gemeinsam mit den in Santa Fé verbliebenen Kameraden die Ader auszubeuten. Als diese am Lagerplatz eintrafen, herrschte bereits emsige Tätigkeit. Die großen Büffelherden interessierten sie nun nicht mehr; lediglich das goldführende Erz hatte sie in ihren Bann geschlagen. Von Tag zu Tag wuchs die goldene Halde, und man vereinbarte, das gewonnene Edelmetall erst einmal in Sicherheit zu bringen. Dies war angeraten, da dieses Gebiet immer noch von Indianerhorden unsicher gemacht wurde. Im Sommer 1819 wurde eine Transportkolonne unter Führung Thomas Beales losgeschickt. Eine auf dem Weg nach Virginia befindliche Höhle, die sie schon vorher entdeckt hatten, sollte als vorübergehendes Versteck dienen. Als sie jedoch dort angelangt waren, mußten sie zu ihrem Ärger feststellen, daß die Höhle von Farmern mittlerweile als Lagerplatz für Kartoffeln benutzt wurde. Zwangsläufig wichen sie auf ein anderes Versteck aus, das sie irgendwo in den Blue Ridge Mountains wählten. Hier gruben sie eine neue Höhle, worin sie das goldhaltige Gestein vorerst deponierten. Diese Arbeit dauerte den ganzen November und Dezember. Im darauffolgenden Januar tauchte Beale dann im nahegelegenen Lynchburg auf, wo er bei Morriss Quartier bezog, bis er am 28. Februar wieder zu seinen Männern abreiste. Diese hatten in der Zwischenzeit neben Gold auch noch eine reiche Silberader entdeckt, sodaß wieder große Mengen von Edelmetall auf den Abtransport warteten. Im Dezember 1821 brach bereits ein weiterer Treck auf, um die Ladung wegzuschaffen. Nocheinmal quartierte sich Beale bei Morriss ein, diesmal sogar für mehr als drei Monate. In dieser Zeit entwickelte Thomas Beale einen Zahlencode für die Texte und schrieb die Briefe.

An diese Stelle des Briefes angelangt, wird Morriss klar, was die Zahlenkolonnen zu bedeuten haben. Die Texte, so Beale, enthalten eine genaue Aufstellung dessen, was sich in der Schatzhöhle befindet, die Namen und Anschriften der Berechtigten sowie eine Lagebeschreibung des Schatzes. Falls er, Beale, nach zehn Jahren nicht zurückkommen sollte, sei er vermutlich nicht mehr am Leben. Der Dechiffriercode, den man Morriss zuschicken würde, würde es diesem ermöglichen, das versteckte Gold und Silber zu finden. In diesem Fall, so schrieb Beale weiter, solle Morriss den gesamten Schatz in 31 Teile teilen, einen davon für sich behalten und den Rest den in der Liste genannten Personen bzw. deren Familien zukommen lassen.
Nachdem Morriss dies alles gelesen hat, ergreift den Hotelier Ratlosigkeit. Nun hat er die Beschreibung zur Auffindung eines riesigen Vermögens in Händen und kann damit nichts anfangen; es fehlt ihm der Schlüssel zum Code. Die Schlüsselunterlagen waren niemals angekommen, was nur darauf schließen läßt, daß Beales Freund in St. Louis etwas zugestoßen ist. Morriss versucht den Code ohne Schlüssel zu knacken. Er brütet über den geheimnisvollen Zahlenreihen, kommt jedoch der Lösung keinen Schritt näher.

17 lange Jahre versucht der Hotelbesitzer Tag für Tag sein Glück. Inmitten der Wirren des Sezessionskrieges faßt er den Beschluß, sein wohlgehütetes Geheimnis mit einem anderen zu teilen. Dies ist James B. Ward, ein junger Mann, der Morriss' Vertrauen besitzt. Die Vereinbarung, die beide treffen, lautet, daß bei einem Erfolg Ward die Hälfte des Vermögens erhalten solle. Falls nach 20 Jahren keiner der von Beale bestimmten Personen erschienen sei, solle Ward alles gehören. Der Junge stürzt sich mit großer Leidenschaft in die Arbeit. Alle möglichen Varianten versucht er, alle möglichen Schriften und Texte legt er zugrunde, aber es gelingt ihm nicht, die Zahlenreihen zu decodieren. Inzwischen vernachlässigt er Beruf und Familie, hat für nichts anderes mehr Zeit und wird allmählich zum Gefangenen der Zahlen. 20 Jahre hält James B. Ward dies durch, dann gibt er endgültig auf. Vor dem finanziellen Ruin stehend, versucht Ward noch, wenigstens aus der Geschichte Kapital zu schlagen. Er schreibt ein Buch, in dem er alle seine Versuche und Bemühungen zusammenfaßt unter dem Titel: *„Die Beale-Papiere"*. Das Buch sollte wenigstens einen Teil der finanziellen Verluste abdecken. Doch der arme Ward wird weiter vom Pech verfolgt: Die frischgedruckte Auflage verbrennt in der Druckerei in Lynchburg. Lediglich 22 Exemplare bleiben vom Feuer verschont. Durch diesen Vorfall wird die Öffentlichkeit auf Ward und sein Problem aufmerksam, und siehe da, es stellt sich heraus, daß Ward Erstaunliches gelungen ist. Er hat es nämlich tatsächlich geschafft, den als Nr. 2 bezifferten Text zu entschlüsseln. Dazu schreibt er in seinem Buch: *„Mein Eindruck war, daß jede Zahl einen Buchstaben darstellte. Aber die verschiedenen benutzten Zahlen überstiegen die Zahl der Buchstaben des Alphabets. Ich fragte mich daher, ob irgend ein Dokument benutzt worden war, wobei man jedem Wort eine Zahl zugeordnet hatte. Mit dieser Idee versuchte ich es und benutzte jedes Buch, dessen ich habhaft werden konnte. Indem ich die Anfangsbuchstaben der Worte numerierte und diese im Manuskript einsetzte, hoffte ich, die Lösung zu finden. Doch erst als*

115, 73, 24, 818, 37, 52, 49, 17, 31, 62, 657, 22, 7, 15, 140, 47, 29, 107, 79, 84, 56,
238, 10, 26, 822, 5, 195, 308, 85, 52, 159, 136, 59, 210, 36, 9, 46, 316, 543, 122, 106,
95, 53, 58, 2, 42, 7, 35, 122, 53, 31, 82, 77, 250, 105, 56, 96, 118, 71, 140, 287, 28,
353, 37, 994, 65, 147, 818, 24, 3, 8, 12, 47, 43, 59, 818, 45, 316, 101, 41, 78, 154,
994, 122, 138, 190, 16, 77, 49, 102, 57, 72, 34, 73, 85, 35, 371, 59, 195, 81, 92, 190,
106, 273, 60, 394, 629, 270, 219, 106, 388, 287, 63, 3, 6, 190, 122, 43, 233, 400, 106,
290, 314, 47, 48, 81, 96, 26, 115, 92, 157, 190, 110, 77, 85, 196, 46, 10, 113, 140,
353, 48, 120, 106, 2, 616, 61, 420, 822, 29, 125, 14, 20, 37, 105, 28, 248, 16, 158,
7, 35, 19, 301, 125, 110, 496, 287, 98, 117, 520, 62, 51, 219, 37, 37, 113, 140, 818,
138, 549, 8, 44, 287, 388, 117, 18, 79, 344, 34, 20, 59, 520, 557, 107, 612, 219, 37,
66, 154, 41, 20, 50, 6, 584, 122, 154, 248, 110, 61, 52, 33, 30, 5, 38, 8, 14, 84, 57,
549, 216, 115, 71, 29, 85, 63, 43, 131, 29, 138, 47, 73, 238, 549, 52, 53, 79, 118, 51,
44, 63, 195, 12, 238, 112, 3, 49, 79, 353, 105, 56, 371, 566, 210, 515, 125, 360, 133,
143, 101, 15, 284, , 549, 252, 14, 204, 140, 344, 26, 822, 138, 115, 48, 73, 34, 204,
316, 616, 63, 219, 7, 52, 150, 44, 52, 16, 40, 37, 157, 818, 37, 121, 12, 95, 10, 15,
35, 12, 131, 62, 115, 102, 818, 49, 53, 135, 138, 30, 31, 62, 67, 41, 85, 63, 10, 106,
818, 138, 8, 113, 20, 32, 33, 37, 353, 287, 140, 47, 85, 50, 37, 49, 47, 64, 6, 71, 33,
4, 43, 47, 63, 1, 27, 609, 207, 229, 15, 190, 246, 85, 94, 520, 2, 270, 20, 39, 7, 33,
44, 22, 40, 7, 10, 3, 822, 106, 44, 496, 229, 353, 210, 199, 31, 10, 38, 140, 297, 61,
612, 320, 302, 676, 287, 2, 44, 33, 32, 520, 557, 10, 6, 250, 566, 246, 53, 37, 52, 83,
47, 320, 38, 33, 818, 7, 44, 30, 31, 2
540, 320, 29, 66, 33, 101, 818, 138,
33, 8, 48, 107, 50, 822, 7, 2, 113, 73
38, 43, 590, 138, 19, 85, 400, 38, 43
106, 250, 314, 216, 2, 10, 7, 994, 4,
112, 147, 44, 110, 121, 125, 96, 41
250, 138, 591, 98, , 653, 32, 107,
36, 10, 52, 118, 136, 102, 420, 150,
62, 33, 21, 95, 219, 520, 102, 822,
105, 106, 60, 242, 72, 8, 50, 204,
73, 33, 818, 150, 409, 400, 50, 154,
44, 37, 52, 40, 240, 34, 204, 38, 16,
110, 33, 420, 515, 53, 37, 38, 22,
287, 135, 150, 96, 33, 84, 125, 818,
107, 612, 219, 275, 30, 150, 105,
138, 110, 21, 112, 140, 495, 496,
25, 42, 8, 16, 822, 125, 159, 32, 204
26, 353, 302, 246, 8, 131, 159, 140,
204, 51, 63, 240, 549, 122, 8, 10,

1 2 3 4 5 6 7 8 9
When, in the Course of human events, it becomes
10 11 12 13 14 15 16 17 18
necessary for one people to dissolve the political bands
19 20 21 22 23 24 25 26
which have connected them with another, and to
27 28 29 30 31 32 33 34 35
assume among the Powers of the earth the separate
36 37 38 39 40 41 42 43 44 45
and equal station to which the Laws of Nature and
46 47 48 49 50 51 52 53 54 55
of Nature's God entitle them, a decent respect to the
56 57 58 59 60 61 62 63
opinions of mankind requires that they should declare
64 65 66 67 68 69 70 71
the causes which impel them to the separation.
72 73 74 75 76 77 78 79 80 81
We hold these truths to be self-evident: That all
82 83 84 85 86 87 88 89 90 91
men are created equal, that they are endowed by their
92 93 94 95 96 97 98
Creator with certain unalienable rights: that among
99 100 101 102 103 104 105 106 107
these are Life, Liberty, and the pursuit of Happiness.
108 109 110 111 112 113 114 115
That to secure these rights Governments are instituted
116 117 118 119 120 121 122 123
among Men, deriving their just powers from the
124 125 126 127 128 129 130 131 132
consent of the governed. That whenever any Form of
133 134 135 136 137 138 139
Government becomes destructive of these ends, it

Links: In Papier Nr. 2 beschreibt Beale den Schatz – bisher einziges enträtseltes Dokument.
Rechts: Anwendung des Schlüssels anhand der Unabhängkeitserklärung.

ich die Unabhängigkeitserklärung zugrunde legte, begann der Code zu bröckeln."
Trotz dieses Teilerfolges war es bisher nicht möglich, den Code ganz zu knacken. Die Übersetzung des entschlüsselten Textes Nr. 2 lautet:

„Ich habe im Bezirk Bedford ungefähr vier Meilen von Bufords in einer Höhle sechs Fuß unter der Erdoberfläche die folgenden Güter hinterlegt. Sie gehören gemeinsam den Partnern, deren Namen in der beigefügten Liste Nr. 3 genannt sind. Die zuerst deponierte Menge bestand aus 1014 Pfund Gold und 3812 Pfund Silber, die im November 1819 hinterlegt wurde. Die zweite vom Dezember 1821 bestand aus 1907 Pfund Gold und 1288 Pfund Silber, außerdem aus Juwelen, die in St. Louis erworben wurden, um Transportgewicht zu sparen; deren Wert beträgt 13 000 Dollar. Alles ist sicher in mit Eisendeckeln verschlossene Eisentöpfe gepackt. Die Höhle ist roh mit Steinen ausgekleidet. Die Behälter stehen auf steinernem Grund und sind mit Steinen bedeckt. Papier Nr. 1 beschreibt den genauen Ort der Höhle, sodaß man keine Schwierigkeiten haben wird, *sie zu finden."*

James B. Ward stirbt, ohne das Rätsel vollständig gelöst zu haben. Sein Buch entfacht einen enormen, aber erfolglosen „Run" auf Beales Schatz.

Der Grund für das Fehlschlagen der vollständigen Decodierung liegt darin, daß der clevere Thomas Beale zum einen drei verschiedene Texte verwendet hat und zum anderen auch noch den Code in sich verschlüsselt hat. Kaum ein Buch oder Text von Bedeutung, der nicht schon als möglicher Schlüssel zugrundegelegt worden wäre. Natürlich ist der Schlüsseltext für Dokument Nr. 2, die Unabhängigkeitserklärung, in allen Variationen durchleuchtet worden.
Hatten sich bisher alle möglichen Schatzsucher, Wünschelrutengänger und sogar Hellseher mit den Zahlen Beales beschäftigt, versucht man nun auf wissenschaftlicher Basis eine Lösung zu finden. In den frühen Siebziger Jahren wird die *„Beale Cypher Association"*, kurz BCA genannt, gegründet. Ihr gehören Wissenschaftler und Computerexperten an, so beispielsweise Carl Hammer, Direktor von Sperry Univac, und Jim Selario, Dechiffrierfachmann im Computerzentrum der CIA in Washington. Mit Hilfe von Großrechnern und modernsten Computern will man den Code des Thomas Beale knacken.

Treibende Kräfte der BCA sind Walter Innis und seine Frau P.B., eine Schriftstellerin. Beide sehen in der Dechiffrierung des Codes mehr oder weniger ihre Lebensaufgabe. Es gelingt den Innis, eine ganze Reihe hochdekorierter Militärs und honoriger Persönlichkeiten für die Erforschung des Beale-Codes zu gewinnen. Kein geringerer als Richard Helms, CIA-Direktor der frühen Siebziger Jahre, setzt seine besten Leute darauf an. Der Kryptoanalytiker Carl Nelson gilt in jenen Fachkreisen als absolute Kapazität. 30 Jahre lang hat er im Auftrag der CIA nahezu jeden Sowjet-Code zerbrochen. Mittlerweile muß der Code-Knacker aber eingestehen, daß er in Thomas Beale seinen Meister gefunden hat. Jim Selario versucht den Code mit Hilfe seines Rechners zu entschlüsseln. Tausende klassische Texte werden in ihre Bestandteile zerlegt, versetzt und wieder zusammengebaut. Auch die Bibel dient als Schlüsseltext. Über fünf Jahre rauft sich Selario die spärlichen Haare, dann gibt er „total entnervt und frustriert“ auf, wie er selbst eingesteht. „Wer diesen Code erfunden hat, war ein Genie“.

Betrachtet man die verschiedenen Feinheiten, die der bereits entschlüsselte Text aufweist, ist die Bezeichnung „Genie“ sehr wohl zutreffend. Dokument Nr. 1, das den Ort des Versteckes, etwa vier Meilen von Bufords entfernt, beschreibt, beginnt mit der Zahl 71 und endet mit der Zahl 760. Insgesamt umfaßt dieser Text 520 Zahlen, von denen die niedrigste Zahl die Nummer eins und die höchste 2906 ist. Dies bedeutet, daß der verwendete Text also mindestens auch 520 Worte haben müßte. Geht man wie bei Text Nr. 2 davon aus, daß Beale von jedem Wort lediglich einen Buchstaben verwendete, darf unterstellt werden, daß der gesamte Text, der zum Versteck führt, aus nicht mehr als eben 520 Buchstaben besteht. Sich nun aber darauf zu versteifen, daß jeweils der erste Buchstabe verwendet wurde, könnte trügerisch sein. Zwar hat Beale in Text Nr. 2 fast ausschließlich den jeweils ersten Buchstaben benutzt, aber er wich dabei dreimal von seiner Regel ab. So nahm er bei Wort Nummer 822, „fundamentally“, den Endbuchstaben „y“, bei Wort Nummer 994, „sexes“, den mittleren und bei Wort Nummer 95, „inalienable“, setzte er als ersten Buchstaben ein „u“ ein, da es sich um ein sogenanntes „Wandelwort“ handelt, das auch „unalienable“ geschrieben werden kann. Durch die teilweise Abweichung von seinem Schema tauchen aber auch für eine Entschlüssung der anderen Texte zusätzliche Schwierigkeiten auf. Nun läge zwar nahe, die kodierten Texte auf eine gewisse Gesetzmäßigkeit hin zu analysieren, aber dem hat der schlaue Beale vorgebeugt. Demnach muß Beale auch die Regel der häufigsten Buchstaben gekannt haben, der die englische Sprache ebenso wie die deutsche unterliegt. Ganz gleich, ob man ein Buch mit tausenden Wörtern oder einen Werbeprospekt zugrundelegt - der Buchstabe „e“ ist immer der häufigste. Der zweithäufigste Buchstabe ist das „t“ und so geht dies Buchstabe für Buchstabe weiter. Würde man nun für einen bestimmten Buchstaben, beispielsweise das „e“, jeweils eine bestimmte Zahl verwenden, wäre eine Entschlüsselung relativ einfach. Deshalb hat der Verschlüssler verschiedene Ziffernkombinationen für ein und denselben Buchstaben verwendet. So setzte er beispielsweise im entschlüsselten Dokument Nr. 2 unter anderem „7“, „49“, „37“ und „79“ für das „e“, um so ein Erkennen dieses am häufigsten vorkommenden Buchstabens zu verhindern.

Durch die unsortierte Aneinanderreihung der einzelnen Zahlen verhinderte er, daß eine zufällige Entschlüsselung der häufigsten Wortanfangsbuchstaben oder Worte mit drei Buchstaben stattfand. Diese Methode, die bei Geheimdiensten gefürchtet ist, wird „mehrfache Ersatzchiffre“ genannt.
Um Chiffrierungen leichter knacken zu können, erfand kein Geringerer als Thomas Jefferson, dritter Präsident der USA, die „Radchiffre“, die besonders während des Zweiten Weltkrieges mit Erfolg zum Einsatz kam. Bisher versagte aber dieses Dechiffriergerät, wenn es um Beales Code ging.
Viele Schatzsucher halten von all diesen wissenschaftlichen Methoden überhaupt nichts. Die einzige Chance, Beales Versteck ausfindig zu machen, sehen sie darin, sich in Beales Lage hineinzudenken. Dies dürfte allerdings schwierig sein, da man über diesen seltsamen Mann nicht sehr viel weiß. Der einzige mögliche Ansatzpunkt liegt darin, daß Beale längere Zeit im „Washington Hotel“ logierte und dort wahrscheinlich den Code entwickelte. Vermutlich bediente er sich dabei Schriftwerke, die zu jener Zeit weite Verbreitung fanden. Nicht unwahrscheinlich, daß zum Beispiel die Verfassung in jedem Hotel hing. So könnten für die anderen beiden Texte vielleicht Zeitungsartikel gedient haben. Die Me-

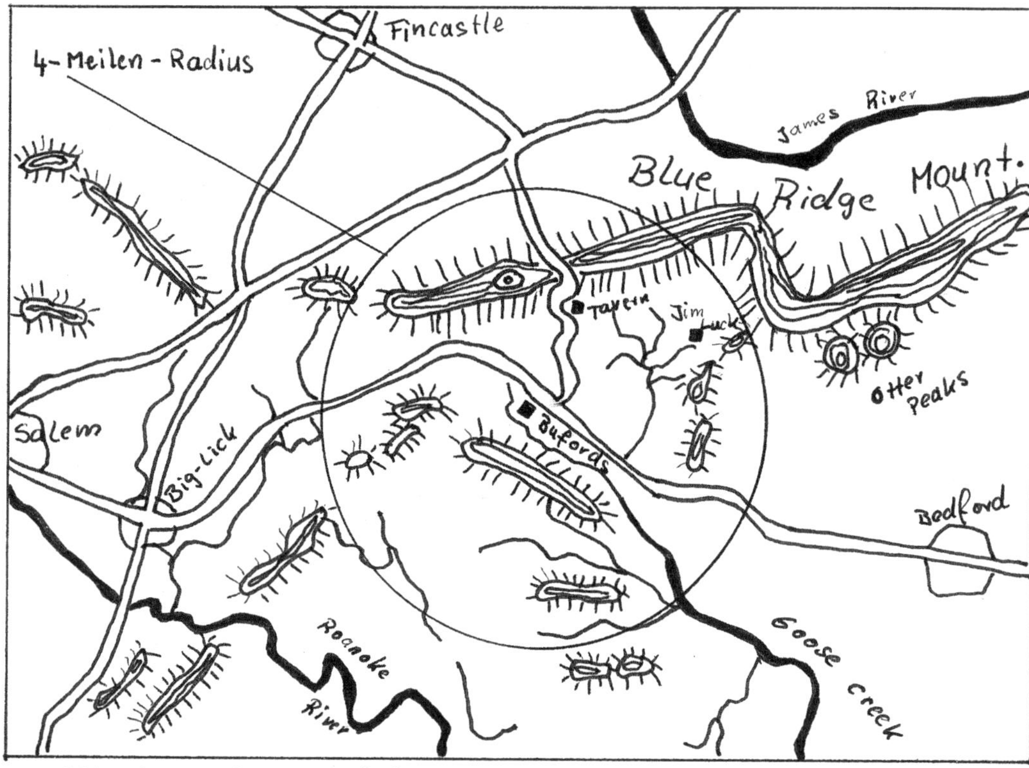

Handskizze der Umgebung von Bufords.

thode vieler Schatzsucher, einfach in der Landschaft herumzuwühlen, dürfte wenig sinnvoll sein. In der Nähe des Goose Creek Valley, in dessen Umgebung das Versteck vermutet wird, befindet sich die Farm Jim Lucks. Der alte Mann sah unzählige Schatzsucher kommen und gehen. „Das Schlimme daran", so Jim, „ist nicht die Tatsache, daß die Kerle das Zeug suchen. Schlimm ist nur, daß ich jeden Morgen von neuem aufpassen muß, um nicht in eine der tiefen Gruben zu fallen, die die Burschen auf meinem Grund nachts graben". Hiram Herbert, ein junger Journalist aus Roanoke, gehört zu denen, die seit Jahren dem Versteck auf der Spur zu sein glauben. In seinem Auftrag analysiert der Kryptoanalytiker Gordon McDavitt die Texte Nr. 1 und Nr. 3. Dabei, so glaubt er, habe er zumindest das Wort „goat" (Ziege) entschlüsseln können. In den nächsten Tagen schon versucht Herbert im Gebiet des Goose Creek sein Glück. Was er findet, ist ein Felsen, in welchem er das Profil einer Ziege zu erkennen glaubt. Ermutigt durch solche „Erfolge" analysiert McDavitt weiter. Als nächstes meint er das Wort „Quetzal", ein Vogel aus der aztekischen Mythologie, entziffert zu haben. Bei den nächsten Lokalterminen findet Herbert dann einen weißen Felsen, der seiner Meinung nach die Form eines langen Vogelschnabels hat. Damit aber war der Weisheit letzter Schluß erreicht. Unnötig zu sagen, daß Herbert das Versteck nicht gefunden hat, und auch die Entschlüsselungskünste McDavitts damit zu Ende waren. So werden sie wohl weiterrätseln, immer in der Hoffnung, vielleicht morgen oder übermorgen den Schlüssel zu finden. Jim Selario, der Mann der CIA, bringt die Sache den Punkt: Er kommt zu dem Schluß, daß jemand, der sich 20 Minuten mit den Zahlen befaßt, dieselben Chancen hat wie der, der 20 Jahre darüber grübelt …

Der kleine mittelamerikanische Staat Costa Rica, kaum größer als Bayern, darf in Anspruch nehmen, die wohl berühmteste Schatzinsel der Welt sein Eigen zu nennen. Rund 300 Seemeilen von dem kleinen costaricanischen Hafenstädtchen Puntarenas entfernt, liegt sie, inmitten der Weiten des Pazifiks:
Die Cocosinsel, Isla del Coco, lockt seit mehr als 180 Jahren Abenteurer und Schatzsucher aus aller Herren Länder. Selbst die wildesten und härtesten Glücksritter bekommen glänzende Augen, wenn das Gespräch auf sie kommt. Immerhin gibt es auch genügend Gründe für ein solches Verhalten - um genau zu sein, rund eine Milliarde Gründe.

Die Cocosinsel: Tresor der Piraten

Auf dieser nur 24 km^2 großen Insel liegen einige der reichsten und berühmtesten Schätze der Geschichte. Dies alles kommt nicht von ungefähr und ist in erster Linie der exponierten Lage des Eilands zuzuschreiben.

Die Schätze

Man schreibt das Jahr 1820, an der Westküste Südamerikas herrscht zur Zeit noch Ruhe, in der Karibik feiert das Freibeutertum fröhliche Urstände, die nur gelegentlich von einem der eigens entsandten Kriegsschiffe gestört werden - wenn die Herren Seeräuber es wieder einmal gar zu toll treiben. Unter denen, die sich mit mehr oder weniger großem Erfolg über die Handelsschiffe hermachen, befindet sich auch ein junger portugiesischer Kapitän namens Dominico Pedro Benitez. Er hatte sich 1816 in einer Meuterei selbst zum Kapitän der Fregatte „Renaud" gemacht. Mit seiner Mannschaft, die sich überwiegend aus Mördern und Halsabschneidern zusammensetzte, gelang ihm 1817 vor Kuba ein dürftiger Beutezug, der ihm aber aufgrund seiner Brutalität den Beinamen „Bonito vom blutigen Schwert" einbrachte. Da das erbeutete Schiff größer und schneller als seines war, setzte er das risikoreiche Geschäft der Piraterie mit dieser Brigg, der „Relampago", fort.
Nach einigen dreisten, aber erfolglosen Versuchen, im Golf von Mexiko Beute zu machen, erregte er die Aufmerksamkeit und den Zorn zweier englischer Fregatten und eines Kriegsschiffes, die sich ihm an die Heckwelle hefteten. Mit mehr Glück als seemännischem Verstand gelang es Bonito, um Kap Hoorn in den Pazifischen Ozean zu entkommen. Unverfroren setzte er sein Piratenhandwerk auch hier fort: 1819 überfiel er mit seiner Bande einen Mauleseltreck, der von Mexico City nach Acapulco unterwegs war; die Beute, die ihm dabei in die Hände fiel, belief sich auf etwa 25 Millionen Euro - heutigen Wertes.
Nicht lange danach machte Bonito an der Westküste wieder von sich reden. Mit seiner in der Zwischenzeit auf 142 Strolche angewachsenen Besatzung überfiel er eines Nachts zwei Galeonen,die sich, voll beladen mit Münz- und Barrengold, auf dem Weg nach Spanien befanden. Es gelang Bonito tatsächlich, die wertvolle Fracht der „Rosario" und der „Esperanza" in seinen Besitz zu bringen. Das Ziel, das Bonito anschließend ansteuerte, liegt exakt bei 5,33 Grad Nord und 87,04 Grad West - die unbewohnte Cocosinsel! Dort angekommen, werden die Schätze an Land gebracht, unweit einer kleinen

halbmondförmigen Bucht. In dieser Bucht hoben sie ein drei mal drei Meter großes und sechs Meter tiefes Loch aus, worin sie mit Hilfe eines provisorischen Flaschenzuges 175 Tonnen Silbermünzen versenkten. Nachdem das Loch verschlossen war, markierten sie in einem großen Felsblock die Zeichen „PD N2 240 ENIPW" - eine Hilfe, um das Versteck später wiederzufinden. Am anderen Ende des kleinen Strandes wurde ein weiteres Loch gegraben, in dem 273 juwelenbesetzte Schwerter mit goldenen Griffen verborgen wurden. Der wertvollste Anteil der Beute, 783 Goldbarren, die aus der Ladung der „Rosario" stammten, fanden in einem dritten Loch Platz, das etwa 30 m westlich vom zweiten entfernt ist. Diese beiden Verstecke markierten die Räuber mit „Deposito Pacifico 3+4". Das Werk wurde vollendet, indem sie am Fuß zweier hoher Kokospalmen ein „X" in die Rinde schnitten und ein paar Hände voll Kupfernägel vergruben. Bonito gab seiner Mannschaft anschließend einige Tage Rast und ließ mehrere Fässer Rum auf die Insel bringen. Bei dem Gelage kam es zu folgenschweren Streitereien, die mit 34 Toten und 17 Schwerverletzten endeten. Am Morgen des nächsten Tages lichtete die „Relampago" die Anker und ging unter voller Besegelung mit südlichem Kurs auf Acapulco. Einige Wochen später tauchte sie bereits wieder in der Karibik auf, wo Bonito von einem englischen Kriegsschiff aufgebracht wurde. Die Mannschaft wurde in Ketten gelegt und nach Jamaica verfrachtet, wo man sie vor Gericht stellte und ihnen wegen Piraterie den Prozeß machte. Bonitos Mörderbande wurde, wie nicht anders zu erwarten, zum Tode verurteilt. Er selbst allerdings entzog sich der Gefangennahme, indem er sich auf seinem Schiff eine Kugel in den Kopf schoß. Während des Prozesses wurden alle diese Details bekannt und zu Protokoll genommen, aber zu den genauen Versteckplätzen konnte keiner der Banditen nähere Angaben machen, da keinem von ihnen die exakten Positionen und Peilungen bekannt waren. Seit dieser Zeit liegen unermeßliche Reichtümer auf dieser kleinen Insel verborgen, aber die Schätze von Kapitän Bonito vom „blutigen Schwert" stellen einen vergleichsweise geringen Wert dar im Gegensatz zu dem, was nur ein Jahr später auf der Insel versteckt werden sollte.

Der Kirchenschatz von Lima

Mit Beginn des 19. Jahrhunderts geriet die Macht der spanischen Krone in Südamerika immer mehr ins Wanken. Schuld daran war, daß sich immer mehr Provinzen von der Vorherrschaft der verhaßten Spanier lossagten und selbstständige Republiken ausriefen. Der Zusammenbruch zeichnete sich erstmals deutlich ab, als im Winter 1819 der argentinische Nationalheld, General José de San Martin, an der Spitze eines Expeditionscorps den 3800 m hohen Uspallata-Paß in den Hochkordilleren überschritt. Im Herbst 1820 war das stärkste Bollwerk der Besatzer, die Stadt Lima, ernsthaft in Gefahr. Admiral Thomas Cochrane, von der chilenischen Republik zum Oberbefehlshaber der Marine ernannt, blockierte mit einem Geschwader die Bucht von Challao, während von der Landseite aus General de San Martin mit seinem Heer in Richtung Lima marschierte. Da man auf spanischer Seite nicht zu Unrecht die angehäuften Schätze an Gold und Silber in Gefahr glaubte, entschloß man sich, diese zusammen mit den Schätzen der katholischen Kirche in der Rey Felipe-Zitadelle in Sicherheit zu bringen. Diese Zitadelle, nur zehn Kilometer von Lima entfernt, am Pazifik gelegen, galt in den Augen der Spanier als unbezwingbar. Als sich aber im August 1821 die Lage um Lima ernsthaft zuzuspitzen begann, erschien auch dieser Ort nicht mehr sicher. Bei der Suche nach einem geeigneten Ausweg stieß man auf Kapitän Jack Thompson, der schon seit mehreren Jahren an dieser Küste Handel trieb, und dessen Schoner „Dear Mary" zur Zeit im Hafen von Challao lag. Thompson war den Spaniern vertraut und galt allgemein als zuverlässig. Deshalb schlug man ihm vor, alles an Schätzen auf sein Schiff zu verladen und solange auf See zu kreuzen, bis man ihn benachrichtigen würde, zurückzukehren. Falls dies nicht innerhalb von drei Wochen geschehe, so lautete die Order, sollte er den Hafen von Panama anlaufen und die wertvolle Fracht den dortigen spanischen Behörden übergeben. Drei Tage später, am 20. August 1821 um 4 Uhr 23, lief die „Dear Mary" aus, nachdem noch fünf Priester und der Kazike

Die Chatham Bucht – hier liegt irgendwo der Kirchenschatz von Lima.

von Lima an Bord gegangen waren. Thompson passierte ohne Schwierigkeiten die Blockade die sich lediglich auf spanische Schiffe erstreckte, und nahm Kurs auf hohe See.

Nach einigen Tagen kam es zur offenen Meuterei, deren Initiator der Maat der „Dear Mary" war. Das Wissen um die außergewöhnlich reiche Ladung ließ die Männer alle Hemmungen abstreifen. Die Priester und der Kazike wurden ermordet und ins Meer geworfen. Thompson, selbst vor der Entscheidung stehend, zu sterben oder bei dem Raub mitzumachen, entschied sich für letzteres. Nun nahm die „Dear Mary" Kurs auf die einsame unbewohnte Cocosinsel, die fast allen Seeleuten als Frischwasserdepot bekannt war. Dort angekommen, wurde in der Bahia Chatham Anker geworfen. Da gerade Ebbe war, befahl der Maat, ein Boot zu Wasser zu lassen, um an Land nach einem geeigneten Versteck Ausschau zu halten. Als Mac, so war sein Name, nach zwei Stunden zurückkehrte, begann unverzüglich die Landungsaktion. In insgesamt elf Bootsladungen wurde die wertvolle Beute mit einem Gesamtgewicht von 33 Tonnen an Land gebracht und so sicher versteckt, daß hunderte von Expeditionen bisher vergeblich danach gesucht haben. Drei Tage später wurde die „Dear Mary" 130 Seemeilen südwestlich der Cocosinsel von der Fregatte „Espiegle" - einem spanischen Kriegsschiff, dessen Kapitän von dem Handel mit Thompson wußte - aufgebracht. Die Mannschaft wurde in Panama nach einer Gerichtsverhandlung, in deren Verlauf Einzelheiten bekannt wurden, gehängt. Kapitän Thompson und seinem Maat schlug man vor, sie laufen zu lassen, falls sie das Versteck preisgeben würden, worauf sie einwilligten. Auf der Insel angekommen, rissen sich beide los und flüchteten in den dichten Dschungel. Nach einer mehrtägigen vergeblichen Suche segelte die „Espiegle" nach Panama zurück.

Thompson tauchte Jahre später in Neufundland auf, krank und abgerissen, wo sich der Seemann John Keating seiner annahm. Thompson revanchierte sich, indem er Keating eine Skizze und die Beschreibung des Versteckplatzes überließ. Keating unternahm eine Expedition zur Cocosinsel und erzählte später, er habe keine Schwierigkeiten gehabt, die Höhle mit dem Schatz zu finden. Allem Anschein nach entspricht dies der Wahrheit, denn Zeitgenossen bestätigten eine größere Menge Goldmünzen in seinem Besitz. Als Keating starb, hinterließ er seiner Frau eine Konservenfabrik sowie zwei Millionen Dollar in Bargeld.

Die Jagd beginnt

Auf dem britischen Auswandererschiff „Highflyer", das sich im Jahre 1880 auf dem Weg nach Australien befindet, arbeitet ein junger deutscher Seemann namens August Gissler, gerade 20 Jahre alt. Im Verlauf der langen Reise freundet er sich mit einem jungen Portugiesen an, der ihm anvertraut, er kenne eine Insel, auf der ein Schatz vergraben liege. Gissler ist augenblicklich Feuer und Flamme und der Portugiese Cabral erzählt ihm die Geschichte, wie der Schatz dorthingekommen sei. Manoel Cabrals Großvater war als gepreßter Seemann auf einem Schiff, auf dem eine Meuterei ausbrach. Zum neuen Kapitän ernannte sich ein brutaler junger Kerl, der sich Benito nannte. Manoels Großvater Pedro blieb auf dem Schiff, da es an nichts fehlte und es auch keine Gelegenheit gab zu entkommen. Im Verlauf der nächsten drei Jahre unternahmen sie mehrere Überfälle, unter anderem auf einen Mauleseltransport und auf zwei spanische Schiffe. Der Piratenkapitän beschloß, nach Acapulco zu segeln. Vorher mußte aber noch ein geeignetes Versteck für die geraubten Schätze gefunden werden.

August Gissler in seiner Gouverneursuniform in seinem Haus auf der Insel.

Diese Gelegenheit bot sich von selbst, als einige hundert Meilen vor Acapulco eine dichtbewachsene Insel aus einer Wolkenbank auftauchte. Schon von weitem konnte man einen Wasserfall sehen, der aus etwa 100 m herabstürzte. Die Insel war sehr bergig; an der Küste stiegen steile Klippen hoch. Schließlich ankerten sie in einer Tiefe von 14 Faden, dicht nebem einem konischen Felsen, der aus dem Wasser ragte. Am späten Nachmittag umsegelte der Kapitän mit sechs Mann im Beiboot die Insel, aber außer einer Bucht im Nordosten fanden sie keine Möglichkeit, an Land gehen zu können. Als sie wieder am Ankerplatz ihres Schiffes angelangt waren, befahl der Kapitän, den Schatz an Land zu bringen. Fünf Bootsladungen voll wurden an den Strand der kleinen Bucht gebracht. Während die Boote zum Schiff zurückkehrten, um leere Wasserfässer zu holen, hielt Bonito zusammen mit Pedro Cabral Ausschau nach einem geeigneten Platz als Versteck für die Beute.
Den Wasserfall, der von See aus sichtbar war, konnten sie nirgends sehen. Erst eine halbe Meile im Inneren der Insel sahen sie ihn wieder. Der Kapitän beschloß, die Beute in der Nähe des Wasserfalls zu vergraben.

Auf dem Rückweg kamen sie in einen Palmenwald, und Bonito entschied sich endgültig für diese Stelle. Während Bonito in dem Palmenwäldchen wartete, ging Cabral zu den Männern am Strand zurück, um sie mit den Kisten zu dem Platz zu führen. Mit den mitgebrachten Schaufeln gruben sie ein entsprechend großes Loch und versenkten darin die Beute. Der Boden bestand aus grauem, steinigem Sand. Nachdem das Loch wieder verschlossen war, nahm der Kapitän die Peilung vor. Cabral nahm seine eigene ungefähre Peilung von der Mündung des Flusses in einer Linie mit dem konischen Felsen in der Bucht. Sie gingen zur Brigg zurück, um auch noch die Kisten aus der Kajüte Bonitos zu holen. Auch diese Ladung wurde in das Palmenwäldchen gebracht. Sie folgten einem kleinen Bach, der durch das Wäldchen floß; in der Nähe eines großen Baumes am Fuß eines Hügels mußte Cabral ein Loch graben und die Beute hineinlegen. Ein großer Stein, der am Rande des Loches lag, wurde zum Schluß auf die Stelle gewälzt. Während Cabral den Schatz trug, zählte er 75 Schritte vom Baum bis zu dem Loch. Vom Palmenhain bis zum großen Baum waren es nochmals 160 Schritte. Kurze Zeit später lichteten sie Anker, umsegelten die südliche Spitze der Insel und nahmen Kurs auf Acapulco.

Diese Geschichte belegt der junge Portugiese mit einem Brief seines Großvaters, in dem alles wortgetreu niedergeschrieben war. August Gissler macht sich davon in seinem Tagebuch eine Abschrift. Wie ihm Manoel Cabral weiter erzählt, wurde sein Großvater zusammen mit einem anderen Mitglied der Besatzung in einem Boot losgeschickt, um die Verhältnisse im Hafen von Acapulco zu erkunden. Davon kehrten sie nicht zurück und während sie Monate später versuchten ein Schiff für die Heimreise zu finden, hörten sie vom Prozeß gegen ihre ehemaligen Kameraden.

August Gissler ist von diesem Moment ab wie besessen von dem Gedanken, eines Tages den Schatz des Piraten Benito Bonito zu finden und arbeitet nur noch auf dieses Ziel hin. Im Juni 1888 gründet Gissler in Puntarenas eine Gesellschaft, deren Ziel es ist, die Schätze der Cocosinsel zu heben. Ende Februar erreicht Gissler mit 13 Begleitern die besagte Insel, und die gecharterte Brigg „Wilhelmina" geht in der Wafer Bucht vor Anker.
Dies sollte der Beginn einer vieljährigen Schatzsuche werden; einer Suche, die den Deutschen August Gissler zu einem Besessenen machte und den Rest seines Lebens bestimmte. Er fuhr zurück nach Deutschland, um dort Gleichgesinnte zu suchen, die mit ihm die Insel besiedeln sollten. Gissler gründete die „Cocos Island Plantation Company" - eine Aktiengesellschaft, die zur Finanzierung der großen Pläne dienen sollte.

Tatsächlich gelingt es ihm, 50 Familien zu finden, die sich bereit erklären, mit ihm die Insel zu besiedeln. Nachdem sie eine regelrechte kleine Siedlung errichtet haben, suchen sie nach den Schätzen. Tag für Tag, Monat für Monat wühlen sie sich durch den Inselboden, ohne nur die geringste Spur zu finden. Eine Familie nach der anderen verläßt das ungastliche Eiland; nur noch August Gissler und seine Frau Klara bleiben zurück.

In den folgenden Jahren sieht Gissler viele Expeditionen kommen und gehen und es befriedigt ihn, daß auch sie nicht mehr Glück zu haben scheinen als er, der von der costaricanischen Regierung inzwischen sogar zum Gouverneur der Cocosinsel ernannt worden ist. Nach insgesamt siebzehnjähriger Suche gibt August Gissler auf und wandert mit seiner Frau in die USA aus. Alles, was er bis dahin auf der Insel gefunden hatte, waren 33 spanische Dublonen und ein goldener Handschuh.

August Gissler stirbt im Alter von 75 Jahren als armer Mann. Seine letzten Worte auf dem Sterbebett lauten: *„Auf der Cocosinsel liegen unermeßliche Schätze, davon bin ich überzeugt. Wenn ich könnte, würde ich sofort wieder mit der Suche beginnen."*

Gisslers Haus in der Waferbay.

Ungebrochen geht die Jagd nach den Schätzen weiter. Abenteurer, Scharlatane, sogar honorige Persönlichkeiten sind nicht vor dem Virus „Kokosinsel" sicher. Einer der glaubt, den Schlüssel zu dem Geheimnis in Händen zu halten, ist Nicholas Fitzgerald aus Harbour Grace in Neufundland. Fitzgerald schreibt eine Reihe Leute an, von denen er glaubt, ihr Interesse für die Schatzinsel wecken zu können. Seine größte Hoffnung setzt er auf den britischen Admiral Curzon-Howe, dem er in einem ausführlichen Schreiben seine Kenntnis mitteilt: Er erzählt ihm von seiner Begegnung mit dem schiffbrüchigen Seemann John Keating, der den Verlust seines Schiffes beklagte.

Keating war zu dem Zeitpunkt krank; Fitzgerald pflegte ihn. Als Dank für diese Hilfsbereitschaft vertraute Keating ihm das Geheimnis um einen sagenhaften Schatz an, der auf der Cocosinsel im Pazifik verborgen sei. Laut Keating sollte der Schatz aus mehreren Kisten voll mit Münzen und Barren aus Gold und Silber bestehen. Zudem gehöre auch eine lebensgroße goldene Madonnenstatue und Reliquiare dazu.

Fitzgerald gelingt es, den Marineoffizier neugierig zu machen. In einem Brief deutet er nämlich an, daß zur Auffindung des Schatzes das Wissen um ein Geheimnis erforderlich sei. Fitzgeralds Bedingung war ein Vertrag, in dem ihm ein gebührender Anteil am Schatz zugesichert werden sollte. Ehe jedoch Curzon-Howe zu einer Einigung mit Fitzgerald gelangt, schließt ein anderer ehemaliger britischer Offizier mit Fitzgerald einen Vertrag. Ex-Admiral St. Leger Bury Palliser, der vorzeitig in den Ruhestand geschickt wurde, weil er in eigenmächtiger Weise das Flaggschiff der britischen Pazifikflotte und deren Besatzung zur Schatzsuche auf der Cocosinsel eingesetzt hatte. Palliser, weiterhin stark an den Schätzen der Insel interessiert, sichert Fitzgerald in dem Kontrakt den lächerlichen Anteil von fünf Prozent zu, worauf dieser in einem Brief vom 23. Mai 1898 das Geheimnis lüftet, das ihm Keating angeblich mitgeteilt hat:

„Folge der Küstenlinie der Bucht im Nordosten der Insel, bis du an einen Bach kommst. Von der Hochwassermarke dieses Baches aus folge dem Lauf des Flusses 70 Schritte landeinwärts in südwestlicher Richtung. An diesem Punkt, und nur an diesem, ist eine Lücke in den Hügeln sichtbar. Wenn man sich nun nach Norden wendet und den Fluß überquert, sieht man einen hohen Felsen, glatt wie eine Wand. An der Seite der Klippe, etwa in Schulterhöhe eines Mannes ist ein kleiner Spalt zu sehen, in den man eine Brechstange stecken muß. Damit wird die Öffnung freigegeben, die zur Schatzhöhle führt, in der Gold- und Silbermünzen, Heiligenfiguren und Kirchengeräte sind."

Fitzgerald berichtet weitere Details:

„Wenn die Höhle ohne Sprengung und Gewalt geöffnet wird, kann man sehen, daß es sich um eine geniale Konstruktion handelt, die wahrscheinlich von peruanischen Spezialisten erdacht und ausgeführt wurde. Nach Keatings Schilderung hat die Höhle eine Abmessung von 12 mal 15 Fuß im Quadrat mit ausreichend Höhe. Der Eingang ist von einem Stein verschlossen, der sich herumschwenken läßt und dadurch eine Öffnung freigibt, durch die man in die Höhle kriechen kann. Sobald der Stein wieder zurückgeschwenkt wird, ist von außen nichts mehr erkennbar. Keating sagte mir, daß er beim ersten Mal keine Schwierigkeiten hatte, den Eingang zu finden, doch beim zweiten Besuch hätte es inzwischen einen Erdrutsch gegeben, durch den sich die Umgebung verändert hätte, aber er habe die Höhle auch diesmal gefunden."

Am 9. August 1903 landet die Expedition Pallisers in der Chatham Bay, der nordöstlichen Bucht. Zehn Tage lang wühlen und graben sie an jedem noch so fragwürdigen Platz, ohne jedoch fündig zu werden.
Kurze Zeit später trifft bereits die nächste Expedition ein – ebenfalls in Marsch gesetzt durch einen jener Briefe Fitzgeralds. Harold Gray, ein wohlhabender Brite ist der Initiator, ebenfalls ausgerüstet mit Fitzgeralds Skizze und Beschreibung. Mittlerweile kehrt auch Palliser zurück - diesmal in Begleitung des reichen englischen Großgrundbesitzers Earl Fitzwilliam. Da alle über ein und dieselben Informationen verfügen, geht es auf der Insel bald zu wie im „Wilden Westen". Die Zustände veranlassen sogar den „New York Herald" zu der Schlagzeile „SCHATZSUCHER – SCHLACHT UM GOLD. Rivalisierende Expeditionen kämpfen auf der Cocos Insel um legendäre Schätze."
Angesichts solcher Verhältnisse sieht sich die Regierung Costa Ricas gezwungen, ein Schnellboot zu entsenden, um die Ordnung wiederherzustellen. In der Folgezeit kommt und geht eine Expedition nach der anderen. Oft ankern zur selben Zeit drei bis vier Expeditionsschiffe in der Bahia Chatham. Bei den Sucharbeiten geht man rigoros vor und macht von Dynamit rücksichtslos Gebrauch. Jeder noch so unscheinbare, aber verdächtige Felsen wird in die Luft gejagt, wenn man darunter Gold und Silber vermutet. Erst der Erste Weltkrieg beschert der geschundenen Insel eine Pause, bis dann 1930 die Jagd erneut mit noch massiveren Mitteln wieder einsetzt. Die Regierung von Costa Rica versucht die Flut in geordnete Bahnen zu lenken, indem sie Konzessionen erteilt. Zudem wird von nun an jede Expedition von einer Truppe Polizisten begleitet, die die Einhaltung der Auflagen überwachen und verhindern soll, daß illegale Sucher die Insel betreten.

Eine der interessantesten Expeditionen in dieser Zeit ist die „Clayton Metalphone Company" aus Kanada, die 1931 mit einem neuartigen elektrischen Suchgerät – dem sogenannten „Metalphone" den Schätzen zu Leibe rücken will. Diese Gesellschaft ist mit zwei Schatzplänen ausgerüstet, die aus dem Besitz des britischen Konsuls Frank Nutter-Cox stammen. Die „Metalphone-Leute" suchen anhand der Pläne in der Wafer Bay nach den Schätzen des Piraten Bonito. Unbestätigten Gerüchten zufolge soll diese Suche mehrere Millionen Dollar eingebracht haben. Falls dies zutrifft, kann es sich lediglich

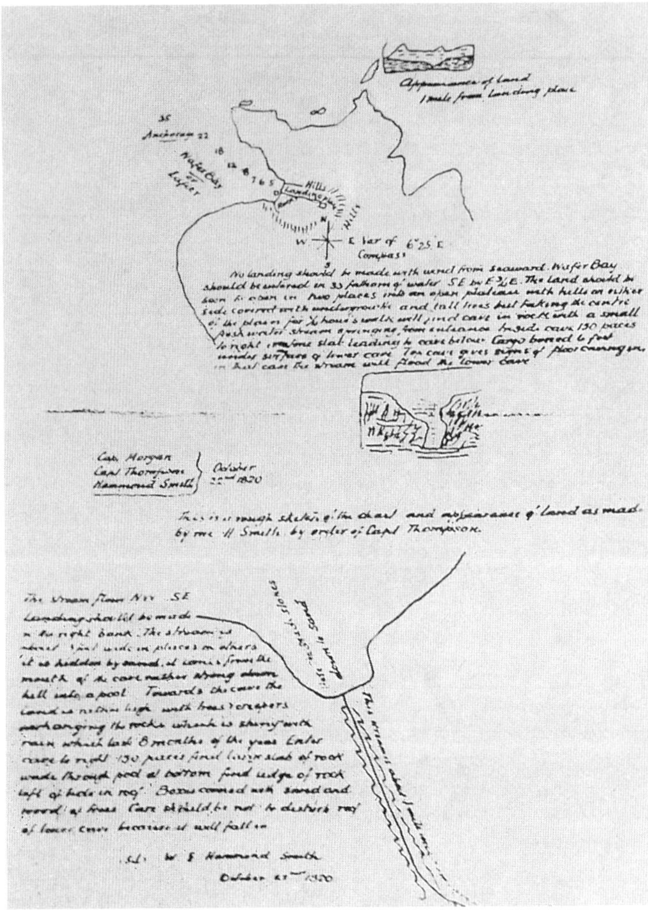

Eine alte Skizze, die die Lage des Schatzes bezeichnen soll.

um eines der zahlreichen Privatdepots einer der Piraten gehandelt haben, die gesondert ihren Anteil versteckt haben.

Im Jahr 1934 begibt sich eine der dubiosesten Gesellschaften auf die Suche nach den Schätzen. Eine britische Aktiengesellschaft, die „Treasure Recovery Ltd." unter der Leitung eines gewissen Captain Arthur verkauft in großem Stil Anteilscheine und schafft dadurch größere Verwirrung und Verwicklungen. Dabei bedient er sich eines Mannes, dessen Geschichte sich äußerst interessant anhört:
Am 28. September wurden zwei schiffbrüchige Matrosen in einem kleinen Rettungsboot an die Gestade der Insel gespült: der Belgier Petrus Bergmans und der Schwede Erik Peterson. Peterson erkrankt und Bergmans streift immer wieder durch den undurchdringlichen Dschungel, auf der Suche nach Nahrung. Eines Tages tritt er mit einem Fuß in ein Loch und, neugierig geworden, erweitert er es. Was er da sieht, raubt ihm fast den Atem. Bergmans schreibt später in einem Brief an seinen Bruder:

„Am Boden aufgehäuft sah ich große Mengen von Gold- und Silberbarren, aufgestapelt und gehäuft; eine große Anzahl von Kirchengeräten, die Statuen der zwölf Apostel, mannshoch aus purem Gold. Daneben standen Kisten voller Geschmeide und Juwelen. Zwischen den Kisten fand ich das Skelett eines Menschen."

Bergmans nimmt aus der Höhle einen mit Schätzen halb gefüllten Leinensack mit, außerdem auch eine Pergamentrolle, die sich heute in einem Museum in San Francisco befindet. Im Dezember werden sie von einem der zahlreichen Walfänger, die es in diesen Gewässern gibt, von ihrem Robinsondasein erlöst und mitgenommen. Bergmans kehrt 1935 im Rahmen der „Treasure Recovery Expedition" zur Insel zurück. Sosehr er sich aber abmüht, es gelingt ihm nicht, die Stelle wiederzufinden. Dies ist im Grunde nicht verwunderlich; die Insel verändert sich ständig infolge von Erd- und Seebeben.

Einige Zeit später bricht die „Treasure Recovery Ltd." zusammen. Nachdem sie einen Berg unbezahlter Rechnungen in Costa Rica zurückgelassen hat, werden die gesamte Ausrüstung und das Schiff beschlagnahmt.

Eine seltsame Geschichte

Auch in der Folgezeit reißen die Besuche der Expeditionen nicht ab. Es vergeht kein Jahr, in dem nicht in irgendeiner Zeitung über den Versuch, die Schätze zu suchen, berichtet wird. 1963 vermelden französische Zeitungen den Start einer Cocosinsel-Expedition. Drei Männer haben beschlossen, das Geheimnis um die legendäre Schatzinsel endgültig zu lüften - die Berufsabenteurer und erfahrenen Taucher Jean Portelle, Claude Chalies und der Leiter des Unternehmens Robert Vergnes. In Costa Rica angekommen, chartern sie das Schiff eines deutschen Kapitäns, der in Puntarenas lebt und mehr als 40 Expeditionen zur Insel brachte. Vergnes trifft mit dem Kapitän eine Abmachung, die besagt, daß dieser nach drei Monaten wieder zur Insel kommen solle, um sie abzuholen.

Als das Schiff nach dem vereinbarten Zeitraum in der Bahia Wafer Anker wirft, steht in der Morgensonne eine wild winkende und gestikulierende Gestalt - Robert Vergnes! Von seinen beiden Begleitern ist weit und breit nichts zu sehen. Die Geschichte, die der Franzose auf dem Festland den Behörden zu erzählen hat, ist ebenso unglaublich wie phantastisch. Zu dritt, so berichtet er, seien sie in einem Schlauchboot in der Wafer Bay aufgebrochen, um die Halbinsel Colnett zu umrudern und so in die Chatham Bay im Nordosten zu gelangen. Etwa auf halbem Weg schlug das Boot infolge einer hohen Welle um, wobei Chalies und Portelle aus dem Boot geschleudert wurden, während Vergnes selbst eine blutende Kopfwunde davontrug. Seine beiden Freunde seien ertrunken, er selbst konnte sich schwimmend in die Wafer Bay retten.

Die ganze Geschichte klingt nicht sehr glaubhaft und Vergnes verwickelt sich immer mehr in Widersprüche. Deshalb reist aus Paris eine Untersuchungskommission an, um die mysteriöse Geschichte aufzuklären. Trotz aller Versuche, Licht ins Dunkel zu bringen, gelingt es nicht, die Version des Überlebenden zu widerlegen, da trotz intensivster Nachforschungen die beiden Leichen unauffindbar bleiben. Vergnes beteuert, diese „verfluchte Insel niemals wiedersehen zu wollen.“ Indes bemühen sich die Angehörigen Chalies', die wahren Hintergründe aufzudecken. Da es dabei auch um eine Erbschaft in Millionenhöhe geht, rüstet Chalies Verlobte sogar eine Expedition aus, um über den Tod der Vermißten Gewißheit zu erlangen. Aber auch dieses Unternehmen erweist sich als nicht erfolgreich. Zwar findet man die Skelette einiger Männer, aber die Gesuchten waren

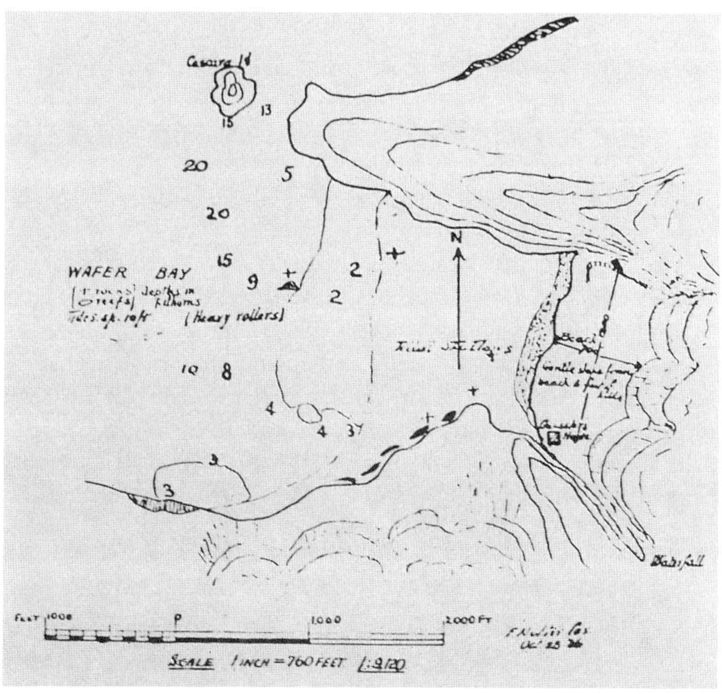

Viele solcher Skizzen und Hinweise existieren – bisher hat aber noch keine zu den Schätzen geführt. Der Ausschnitt aus dieser Karte weist aber eindeutig auf die Wafer-Bay hin.

nicht darunter. Dies festzustellen ist nicht weiter schwierig, da Chalies eine sehr auffällige Zahnbrükke trug.
In den siebziger Jahren - mittlerweile ist längst Gras über die Geschichte gewachsen - taucht ein Mann in Costa Rica auf, der die „verfluchte Insel nie wieder sehen wollte." Es ist tatsächlich Vergnes. Ohne irgendwelches Interesse bei den Behörden zu erwecken, unternimmt er eine Reise zur Schatzinsel. Diesmal allerdings in Begleitung eines costaricanischen Journalisten, in welchem der Franzose allem Anschein nach den richtigen Partner gefunden hat. In den darauffolgenden Jahren wiederholt er zusammen mit dem Reporter diese Reise insgesamt noch zweimal. Nichts ist auffällig daran und allmählich gerät die Sache in Vergessenheit.

Das Vergessen geht schnell in einem Staat, in dem die Bevölkerung zusehen muß, wie sie selbst einigermaßen über die Runden kommt. Vielleicht liegt hierin auch der Grund, weshalb niemand Notiz davon nahm, daß der ehemals unbedeutende und arme Reporter sozusagen über Nacht zum Besitzer der drittgrößten Zeitung Costa Ricas aufstiegen war.

Kokos-Expedition Nr. 81

Der frische Fahrtwind des Patrouillenbootes „Isla del Cocos", das uns in Richtung der untergehenden Sonne aus dem Golf von Nicoya hinaus auf den Pazifik trug, machte die tropische-feuchte Hitze vergessen: Unsere aufgeheizten Schädel wurden langsam wieder klar. Die Mannschaft schwieg. Der Ausdruck ihrer Gesichter sprach dagegen Bände: „Fünf irre Alemanos, freiwillig unterwegs zu einer Insel, 600 km vom Festland entfernt, nicht mehr als ein Mückenschiß inmitten der Weiten des Ozeans." Wer läßt sich schon freiwillig in einen Dschungel karren, der außer angefaulten Kokosnüssen, ein paar hundert Wildschweinen und Unmengen an Ungeziefer nichts hergibt? Da hatten diese Ticos schon recht, aber sonst? Sonst hatten sie wirklich keine Ahnung. Oder doch?

Während das monotone Stampfen des 1500 PS-Diesels die Glieder vibrieren machte, ließ ich die letzten Monate Revue passieren. Fast sechs Jahre war es nun her, seit ich den Artikel über die Schätze der Cocosinsel in dieser Illustrierten gelesen hatte. Alle meine Bekannten und Freunde erklärten mich kurzerhand für verrückt, als ich verkündete, in den nächsten Jahren dorthinzufahren, um nach den Schätzen zu suchen. Fast fünf Jahre dauerte es, bis ich alles erreichbare Material über die Insel und ihre Geschichte durchgearbeitet hatte - fünf Jahre, in denen ich manchmal glaubte, der Geist August Gissler habe von mir bereits Besitz ergriffen. Dann jener Tag, als auf den Genehmigungsantrag die ablehnende Mitteilung kam, es dürfe niemand mehr auf der Insel nach Schätzen suchen, weil sie inzwischen zum Nationalpark erklärt worden war. Nachdem aber im Kampf Abenteuerlust gegen Gesetz bei Schatzsuchern allemal noch die Abenteuerlust obsiegt, begannen im November 1980 die endgültigen Vorbereitungen für die Kokos-Expedition Nr. 81. „Die bisher wohl bestausgerüstete Expedition", nannte die Presse dieses Unternehmen, wobei sie sicher nicht unrecht hatte ...

Rund eineinhalb Tonnen wog schon unsere Ausrüstung, vom Zahnarztbesteck bis hin zum Treibstoff für Generator, Außenborder und Kocher, ganz zu schweigen von der kompletten Film- und Tonausrüstung, die wir komplett mit Filmteam gemietet hatten. Nach nervenaufreibenden Laufereien, deren Ziel es war, die Ausrüstung aus den Händen des korrupten Zollchefs freizubekommen, legte dann am 15. Januar 1981 das Patrouillenboot „Isla del Cocos", mit uns an Bord im Hafen von Puntarenas ab.

Die Überfahrt war für uns Landratten ein Ereignis, die Seekrankheit machte uns allen schwer zu schaffen. Nocheinmal schwenkten meine Gedanken zurück zu jenem Zeitpunkt, als ich die erste Vorberrei-

Unser Lager in der Wafer Bay.

tungsreise nach Costa Rica unternommen hatte und mit Peter Disch, einem in Costa Rica lebenden Deutschen, nächtelang über Karten der Insel gesessen war und wir gemeinsam Theorien durchgespielt hatten. Peter hatten wir es letztlich zu verdanken, daß die Expedition klappte.

In jenen Tagen war ich nach Puntarenas gefahren, um Erkundigungen über die beste Möglichkeit der Überfahrt einzuholen. Bei dieser Gelegenheit hatte ich jenem alten Kapitän einen Besuch abgestattet, der unter anderem auch die ominöse Expedition der drei Franzosen zur Insel gebracht hatte. Ein Mann wie ein Bär, stahlblaue Augen und hellblondes Haar, trotz seiner 70 Jahre, war mir gegenübergestanden. In zwei langen Tagen und Nächten hatte der Käpt'n mir vieles erzählt - über die Insel, über all die Verrückten, die es immer wieder auf dieses menschenfeindliche Eiland zieht, aber auch die Fortsetzung einer Geschichte, von der ich bisher erst den Anfang gekannt hatte. Das nachfolgende Gedankenprotokoll stammt aus der Schilderung des alten Seebären:

„Etwa ein Jahr nach der Geschichte, bei der zwei Franzosen auf mysteriöse Weise verschwanden, fuhr ich wieder rüber zur Insel, um einen guten Fang zu machen. (Er lebte damals überwiegend vom Haifang.) *Eines Tages ankerte ich wie schon so oft in der Bahia Wafer und ruderte an Land, um ein Wildschwein oder eine Ziege zu schießen. Auf dem Rücken der Punta Presidio gelang es mir tatsächlich, einen guten Schuss auf eine Ziege anzubringen. Allerdings hatte ich das Tier nur angeschossen und es konnte flüchten. Ich verfolgte das waidwunde Tier durch das Dickicht und sah die Ziege plötzlich hinter einem Gestrüpp am Fuße einer steilen Klippe verschwinden. Als ich genauer nachsuchte, entdeckte ich hinter einem dichten Lianenvorhang einen Höhleneingang. Ich schlüpfte hinein und erkannte zu meinem Erstaunen, daß sie voll war mit Ziegen, also eine Art natürlicher Stall. Es stank fürchterlich und alles war übersät mit Exkrementen. Was mich aber am meisten schaudern machte, war die verfaulte und verweste Leiche eines Menschen, die zwischen den Ziegen und dem Dreck lag. Ich scheuchte die Ziegen aus der Höhle und entdeckte zu meinem Schreck etwa drei Meter tiefer eine zweite Leiche.*

In diesem Moment vergaß ich die Ziege, deretwegen ich hier war. Nachdem ich meinen Abscheu und Ekel halbwegs überwunden hatte, zerrte ich die sterblichen Überreste aus der Höhle, um sie zu begraben. Nun, im Licht der gleißenden tropischen Sonne sah ich auch die Todesursache. Beide waren von hinten durch den Kopf geschossen und die Schädel waren teilweise zerrissen. Beim Durchsuchen der zerfetzten Kleiderreste fand ich in den Taschen von beiden alte Gold- und Silbermünzen. Weitaus interessanter aber war die Tatsache, daß einer der Toten eine goldene Zahnbrücke trug, die wegen ihrer Form und Größe außergewöhnlich war! Die Münzen und die Brücke nahm ich an mich und stieg dann hinunter zu meinem Schiff, um einen Spaten zu holen."

Soweit die Geschichte des alten Kapitäns. Als ich am nächsten Tag Zweifel an dieser Geschichte geäußert hatte, hatte er eine kleine Holzschatulle hervorgekramt und sie vor mir auf den wackeligen Tisch gestellt. „Sieh selbst nach, Freund, ob ich dich belogen habe." Ich hatte den Deckel hochgeklappt – die Geschichte war glaubwürdig. Das Kästchen war voll mit Gold- und Silbermünzen, darunter unübersehbar eine auffällig geformte goldene Zahnbrücke. Nun war ich sicher gewesen, den Schlüssel zum Geheimnis der Cocosinsel in Händen zu halten.

Ein kräftiger Windstoß riß mich aus meinen Gedanken. Meine Begleiter hatten sich bereits in die winzige Kabine im Vorschiff zurückgezogen, da der Seegang von Minute zu Minute zunahm. Bald suchte jeder krampfhaft nach irgendeinem Halt. Flaco war der erste, den es erwischte: Mit dicken Backen stürzte er auf die schmale Türe zu, hinter der sich eine winzige Toilettenschüssel verbarg. Minuten später drängelten wir uns zu fünft in diese Ecke. Irgendwann erwachte ich wie gerädert. Der Kapitän riß an meinem Arm: „Auf die Brücke!"
Eine große Wolkenbank lag vor uns, in die das Boot hineintauchte wie ein Finger in Watte. Mit einem Schlag hatten wir wieder klare Sicht. Da lag sie vor uns. Groß und massig erhoben sich direkt aus der See mit grünem Regenwald bewachsene Berge. Als wir in die Wafer Bay einliefen, war sie leer, und kein weiteres Schiff störte unseren Frieden. Tausenderlei Gedanken schossen mir plötzlich durch den Kopf: „Die Insel der Piraten"; ich versuchte mir vorzustellen, welch hektische Aktivitäten damals hier geherrscht haben mußten, als Bootsladung um Bootsladung der Schatz an Land gebracht wurde. Wir dagegen hatten nur eine lächerliche 1500 kg-Ladung zu löschen.

Als ich den ersten Fuß auf den Boden dieser Insel setzte, war mir, als wäre ich hier zuhause. Weniger erfreulich war der gießbachartige Regen, der sich über uns ergoß. In einer notdürftigen Hütte, die nach zwei Seiten hin offen war, schlugen wir vorerst ein provisorisches Lager auf und das große Mehler-Zelt fungierte als Vorrats- und Küchenzelt.

Das monotone Trommeln des Regens geleitete uns in einen ohnmachtsähnlichen Schlaf in dieser ersten Nacht auf der Schatzinsel.

Die Insel

Beim Aufstehen herrschte drückende Hitze. Die Luftfeuchtigkeit beträgt im Durchschnitt 95 Prozent – wobei es bereits ab sechs Uhr morgens ca. 40 bis 45 Grad heiß ist. Der düstere Eindruck, den die Insel bei unserer gestrigen Ankunft noch geboten hatte, war verflogen. Ein Juwel zeigte sich uns. Unzählige Wasserfälle stürzten sich ins Meer, in den kleinen zahlreichen Buchten wiegten sich Kokospalmen im Wind, denen die Insel ihren Namen verdankt. Wild und steil ragen fast überall die zerklüfteten Ufer empor, dicht bewachsen mit Moos und Farnen - kaum eine Gelegenheit bietend, gefahrlos an Land gehen zu können. Die Insel selbst ist vulkanischen Ursprungs; sie liegt auf dem berüchtigten Cocos Ridge, das sich von Mittelamerika bis fast zu den Galapagos Inseln hinzieht und ständig See- und Erdbeben verursacht. Auf der 24 km² großen Insel dominieren Hügel und Berge, die zu besteigen eine reine Schinderei ist, da überaus dichter Bewuchs und faulendes Laub das Vorwärtskommen erschwerten und zum Teil unmöglich machten. Jeder Meter Boden muß hier regelrecht erkämpft und dem Dschungel abgerungen werden - ein Vorwärtskommen ohne Machete ist aussichtslos. Die allgemeine Behauptung, daß die Insel mit Spalten und Höhlen übersät sei, ist schlichtweg übertrieben. Zwar gibt es Höhlen, aber diese sind meist von geringem Ausmaß und bis auf einige wenige für Schatzsucher nicht interessant. Der Spruch Sir Malcolm Campbells: *„Dies ist der Platz, den der Teufel im Zorn zu seinem Spielplatz gemacht hat“* - trifft den sprichwörtlichen Nagel auf den Kopf. Überall lauern die vielfältigsten Gefahren, so daß man sich schon sehr vorsehen muß, will man wieder heil nach Hause kommen und daneben noch einen Schatz suchen bzw. finden.

Wildschweine sorgen für Frischfleisch.

Zu den Hauptgefahren gehören die Löcher, die allerorten anzutreffen sind. Gegraben von Schatzsuchern und inzwischen teilweise von trügerischem Grünzeug überwachsen, läuft man Gefahr, in diese Gruben zu fallen, die vereinzelt bis zu sieben Meter tief sind. Eine nicht minder große Gefahr stellen die mehr als 5000 Wildschweine dar, die den Boden umwühlen. Nachts treiben sie sich in den Palmenhainen herum, um die herabgefallenen Kokosnüsse zu knacken und die gärende Milch herauszuschlürfen. Dies versetzt sie in einen rauschähnlichen Zustand, so daß diese verwilderten Nachfahren ehemaliger Hausschweine äußerst agressiv sind und schon mehr als einen Schatzsucher mit ihren Hauern getötet haben. Weitaus weniger gefährlich, dafür aber tausendmal unangenehmer, sind die Myriaden Moskitos, die sich wie Vampire auf jedes Lebewesen stürzen, das den Fehler begeht, auch nur einen Zentimeter Haut zu zeigen.

Auch die Feuerameisen, jene berüchtigte Sorte der „Kokosameisen“, verbreiten Schrecken und Schmerzen. Sie lassen sich von Ästen und Blättern fallen, kriechen in Nacken und Ärmel, um mit scharfem Biß regelrecht Haut- und Fleischstücke aus einem zu reißen. Diese Bisse sind äußerst schmerzhaft und die betroffenen Körperteile schwellen an. Den Rest erledigen die winzig kleinen Ameisen, die sich in jede Hautfalte verbeißen und eine ätzende Säure dabei einsetzen. Gottseidank gibt es keine Schlangen auf der Insel, dafür allerdings Skorpione, die sich überwiegend unter vermodernden Baumresten und Felsen aufhalten. Ansonsten gibt es an lästigem Viehzeug noch Unmengen Ratten und riesengroße Cougarachas - jene Sorte von Küchenschaben, die überall in Mittel- und Südamerika anzutreffen ist – außerdem wilde Katzen, degenerierte Rehe und gelegentlich Ziegen. Sich von dem zu ernähren, was die Insel bietet, wird einem leichtgemacht; in den Bächen sind ausreichend Süßwasserfische vorhanden. Große Erdkrabben im feuchten Sandboden der Buchten sowie Muscheln bereichern den Speisezettel ebenso wie die köstlichen Kokosnüsse, die man nur einzusammeln braucht. Im Wasser der Buchten wimmelt es geradezu von Riesenlangusten, die man mit Hilfe eines Speers erlegen kann. Allerdings ist dies nicht ungefährlich, da es in den Gewässern um die Insel von Haien sämtlicher Arten wimmelt. Wir erlebten oft Attacken von Weißspitzen- und Zitronenhaien. Daneben tummelten sich Makos, Blauhaie, Tigerhaie, Hammerhaie und sogar Hundshaie. Allein zu tauchen ist also nicht ratsam.

Die Suche

Als erstes beschlossen wir, uns auf die Suche nach den Schätzen Bonitos zu machen, die wir in der östlichen Ecke der Bahia Wafer vermuteten. Einer alten Skizze zufolge sollte sich am Ende einer Schlucht eine Höhle mit einigen Kisten darin befinden. Nach tagelangem Suchen stießen wir endlich auf den Felsen mit dem genannten Hinweiszeichen, der uns an die bezeichnete Stelle führte.
Als wir in die einzige Höhle weit und breit hineingekrochen waren, war uns klar, daß wir uns in der richtigen Höhle befanden. Allerdings zu spät, denn die Höhle war bereits geräumt. Nur die Abdrücke einstmals schwerer Kisten und die Überreste von Kistenbrettern und einige verrostete Beschläge waren alles, was wir vorfanden. Wir suchten in den nächsten Wochen in allen möglichen Ecken der Insel und kämpften uns in einem zwölfstündigem Gewaltmarsch bis zum höchsten Berg, dem 680 m hohen Cerro Yglesias, durch. In unmittelbarer Nähe des Camps am Fuße des Cerros stieß Flaco am nächsten Morgen auf einige seltsame Blechteile; zusammengelegt ergaben sie den Namen „Fury". Je höher wir den steilen Hang des Berges hinaufstiegen, umso häufiger trafen wir solche Teile an. Dann, plötzlich, als wir um eine Felsecke bogen, prallten wir zurück. Das explodierte und ausgebrannte Wrack eines viermotorigen US Bombers lag vor uns. Im Umkreis von ungefähr 300 m waren die Wrackteile verstreut. Zwischendrin lagen Knochenteile - höchstwahrscheinlich Reste der Besatzung. Die Lage der Wrackteile gestattete es uns, das Geschehnis zu rekonstruieren. Sehr wahrscheinlich geriet das Flugzeug in die tiefhängenden Wolken, wobei der Höhenmesser nicht richtig angezeigt haben mußte. Mit der linken Tragfläche streifte dann die Maschine den Berg unterhalb des Gipfels und wurde in den Berg hineingedreht. Beim Aufprall explodierten die Treibstofftanks und der viermotorige Bomber brannte vollständig aus. Zusätzlich ging die Bordmunition in die Luft, die zum Teil aus Leuchtspurladungen bestand. Wie wir später erfuhren, wurde bis zum Fund der Maschine allgemein angenommen, das seit 1948 vermißte Flugzeug sei irgendwo in den Pazifik gestürzt.

Theorien

Selbst mit noch so gutem Kartenmaterial und detaillierten Plänen gestaltet sich jede Suche nach Schätzen auf dieser Insel wie die berühmte Suche nach der Stecknadel im Heuhaufen. Die einzig systematische Suche ist die, alle Theorien und bekannten Fakten gegeneinander abzuwägen. Sämtliche Beschreibungen von Vergrabungen und Versteckplätzen - ganz egal ob unsinnig oder nicht - müssen geprüft werden.
Da es davon dutzende gibt, die durchaus der Realität entsprechen könnten, hilft wirklich nur systematisches Vorgehen. Deshalb empfiehlt es sich darüber nachzudenken, welche Gedankenzüge dem Verbergen vorausgegangen seien könnten. Wenn auch ausreichend Zeit vorhanden war, ist nicht anzunehmen, dass man die mühselige Arbeit in Kauf genommen hat, die schweren Truhen und Kisten weit ins Innere der Insel zu schleppen. Zumal es bereits wenige Meter inseleinwärts steil bergan geht,

Die Bahia Esperanza oder auch Bahia Yglesias im Süden eignet sich hervorragend als Schatzversteck.

und ein Vorwärtskommen auch schon ohne Last mühselig genug ist. Zusätzlich kommt hinzu, daß die Piraten nicht unbedingt die schwere Arbeit liebten. Im Fall des Kirchenschatzes von Lima ist auch zu berücksichtigen, daß die „Dear Mary" lediglich 15 Mann Besatzung hatte, den Kapitän eingeschlossen. Zudem mußten mindestens zwei Mann als Schwellwachen an Bord zurückbleiben um beim Abfieren und Einholen Hilfe zu leisten. Bonitos Bande war zwar zahlenmäßig groß genug, aber Faulheit und Undiszipliniertheit müssen hier vorausgesetzt werden. Zu der Zeit genügte es, das wertvolle Gut durch einfaches Verbergen dem allgemeinen Zugriff zu entziehen. Mit dem nötigen Wissen über die Umstände und Örtlichkeiten war ein Auffinden möglich. Die sicher nicht geringen Mengen teilte man wahrscheinlich auf verschiedene Plätze auf. Die Insel diente seit Jahrhunderten den Piraten als Anlaufplatz zum Verbergen ihrer erbeuteten Schätze. Es darf daher durchaus angenommen werden, daß sich die Verstecke nicht allzuweit im Inselinneren befinden.

Der Grund, daß hunderte Expeditionen erfolglos wieder abgefahren sind, liegt vielleicht darin, daß entweder die Verstecke meterhoch mit Erde oder Geröll bedeckt sind, die von zahlreichen Erdbeben herrühren, oder man erklärt es mit der „Duplizität der Örtlichkeit". Dieses Phänomen habe ich in meinem „Handbuch für Schatzsucher" bereits eingehend geschildert. So wäre es durchaus erklärbar, daß sowohl die „Dear Mary" als auch Bonitos Schiff, die „Relampago", weder in der Bahia Chatham noch in der Wafer Bay geankert haben, sondern daß sich beide für die kleine Bucht im Süden der Insel, die Bahia Esperanza, entschieden haben könnten. Nach überlieferten Angaben ankerten beide Schiffe in der Nähe eines kleinen konischen Felsens, der in etwa die Form eines Heuhaufens haben soll. Solche markanten Inselchen gibt es in der Chatham Bay ebenso wie in der Wafer Bay. Aber auch der Bahia Esperanza ist ein solcher Felsen vorgelagert.

Hinzu kommt, daß man vor unliebsamen Überraschungen im Süden wesentlich sicherer war, da die meisten Schiffe die Insel aus nordöstlicher Richtung anliefen und auch heute noch anlaufen. Für die-

„CZ" und ein Pfeil – was diese geheimnisvolle Inschrift zu bedeuten hat, weiß niemand.

se Annahme spricht der lapidare Vermerk in Chabrals Bericht, der wörtlich lautet: *„Wir lichteten schließlich den Anker, setzten Segel und umrundeten die südliche Spitze der Insel. Dann nahmen wir Kurs auf Acapulco."* Dieser eine Satz sagt alles. Die „südliche Spitze" kann nur dann umrundet werden, wenn das Schiff im Süden liegt. Die kleine Bucht mit Beibooten anzulaufen, war erfahrenen Seeleuten eine Leichtigkeit. Ein weiterer Umstand spricht ebenfalls für die Bahia Esperanza. Chabral berichtet von einem hohen Wasserfall mit hohen Bergen zu beiden Seiten. Später erwähnt er, daß sie den Wasserfall nicht mehr sehen konnten. Erst danach - etwa eine halbe Meile im Inselinneren sahen sie, wie das Wasser aus etwa 100 m herunterfiel. Tatsächlich ist der einzige Wasserfall, der schon von weitem sichtbar ist, jener in der südlichen Bucht. Ungefähr 600 bis 800 m im Inneren der Insel fällt er über eine ca. 100 m hohe Wand in zwei Stufen in ein natürliches Becken. Außer dem Wasserfall des Quebrada Pittier gibt es nur noch einen Wasserfall, der aber kaum 30 m hoch und von See aus nicht sichtbar ist, da die Schlucht, in welcher er sich befindet, eine scharfe Biegung macht. Um zu diesem Katarakt zu gelangen, ist ein Fußmarsch von etwa einer Stunde nötig. Beschreibungen wie jene mit den besagten 70 Schritten usw. hören sich interessant an, sind aber meines Erachtens nichts als überlieferte Hirngespinste. Solche dubiosen Beschreibungen gibt es viele. So gehört beispielsweise die nachfolgende zu den schönsten, aber auch zu den absurdesten Beschreibungen sämtlicher Schatzgeschichten:

„Wenn du dem Meer den Rücken gekehrt hast, mußt du nach dem Gebirge wandern, das sich im Norden der Insel erhebt. Am Abhang des Berges wirst du nach Westen hin einen Bach erblicken. Überschreite ihn und gehe dann noch 20 Schritte nach Westen zu. Dann gehe weiter 50 Schritte nach der Mitte der Insel hin, bis das Meer ganz durch das Gebirge verdeckt wird. An der Stelle, wo der Boden plötzlich jäh abfällt, wirst du auf dem Felsgestein ein weißes Zeichen sehen. Hier ist der Schatz vergraben."

Jeder, der die Insel und die Örtlichkeit kennt, weiß, daß solche Legenden von Leuten in die Welt gesetzt wurden, die noch niemals einen Fuß auf die Schatzinsel gesetzt haben. Gleiches gilt auch für diese Beschreibung:

„In der untergehenden Sonne sieht man einen Schatten, der aussieht wie ein Adler mit ausgebreiteten Flügeln. An der Grenze zwischen Licht und Schatten ist der Schatz vergraben."
Um den immensen Schätzen der Cocosinsel beizukommen, bedarf es also weitaus logischerer Methoden als romantischer Sprüche. Ganz egal von welchen Gruppen welche Schätze auch immer verborgen wurden - dies haben alle gemeinsam:
Erstens handelte es sich um große Mengen schweren Metalls. Zweitens sollte das Versteck kein dauerhaftes Depot darstellen, sondern nur vorübergehend die Schätze sicher aufnehmen. Drittens wollte man schnell und ohne allzu große Mühen den Schatz wieder auffinden. Unter Berücksichtigung dieser Aspekte kommen nur einige Variationen in Betracht: Große Mengen bei Ebbe am Strand zu vergraben, scheidet automatisch aus, weil sich ein großes Loch nicht in der kurzen Zeitspanne zwischen zwei Tidenhüben graben läßt. Solche Erdbewegungen zu dicht am Strand durchzuführen, wäre unklug gewesen; die Spuren wären selbst noch nach Wochen sichtbar gewesen. Die Ladung weit ins Inselinnere zu transportieren, kam für Piraten nicht infrage, genausowenig, wie das Raubgut einfach im Wasser zu versenken. Seeleute haßten Meer und Wasser, sobald sie darin baden oder schwimmen mußten. Somit verbleiben nur noch wenige Möglichkeiten. Entweder gab es genügend große natürliche Höhlen oder man mußte künstliche Höhlen graben. Natürliche Höhlen hatten den Nachteil, daß sie auch von unliebsamen und ungebetenen Schnüfflern gefunden werden konnten. Eine Möglichkeit wäre gewesen, im Höhlenboden das Loch auszuheben und die Wertsachen darin zu vergraben. Eine andere könnte gewesen sein, einen Stollen in einen Berghang zu treiben und die Schätze darin zu verbergen. Oder aber man entschied sich dafür, die Menge aufzuteilen und an mehreren Plätzen innerhalb eines begrenzten Gebietes zu vergraben. Ansonsten blieb noch, ein Flußbett umzuleiten und das Versteck im Flußgrund anzulegen, um anschließend den Fluss wieder rückzuleiten. Schließlich bliebe nur noch eines - nämlich an einem der unzähligen kleinen Strände zu landen, denen gefährliche Riffe vorgelagert sind. Hier hätte man all die Mengen an Gold und Silber beinahe offen herumliegen lassen können, da niemand auf die Idee käme, dort an Land zu gehen oder gar einen Schatz zu vermuten.

Ein weiterer interessanter Punkt sind die Steine und Felsen, die mit Hinweiszeichen und Inschriften versehen sind. Vieles davon ist sicherlich Humbug, jedoch kann es sich durchaus lohnen, manche dieser Inschriften bei der Suche zu berücksichtigen, wie es im Falle Bonitos angebracht ist. Auch Keating hat einen Felsen beschriftet - diesen fand August Gissler in der Chatham Bay. Keatings Beschriftung bestand aus drei Pfeilen sowie einem Paar Stiefel. Was dies zu bedeuten hatte, ist ungewiß, zumal dieser Stein dann in den fünfziger Jahren von Schatzsuchern gesprengt wurde. Ebensfall in der Bahia Chatham existiert eine äußerst seltsame Inschrift die lautet: *„Look Y. as you goe for ye S. Coco."* Der Sinn dieser Worte ist nicht bekannt.
In der Wafer Bay befindet sich der Felsen mit den Hinweiszeichen eines Kapitän Smith. Der Felsen ist mit einem langen Pfeil versehen und den Initialen C.Z.

Sicher am interessantesten wären die Felsen, die Bonito beschriften ließ. Trotz intensivster Suche konnte jedoch bisher keiner gefunden werden. Auch dürften die Inschriften inzwischen verwittert oder mittlerweile mit Moos bedeckt sein; oder überreifrige Schatzsucher haben diese in die Luft gejagt.

Ein weiteres Phänomen gerade die Cocosinsel betreffend, sind die unzähligen vorhandenen Schatzkarten und Pläne. Es darf ernsthaft bezweifelt werden, ob sich überhaupt eine authentische Karte darunter befindet. Jahrzehntelang hatten „Teerjacken" in sämtlichen Häfen von Bristol bis Port-au-Prince Dummen und Gutgläubigen mit solchen angeblich „echten Schatzkarten" das Geld aus der Tasche zu ziehen versucht, um sich den nächsten Becher Rum damit zu finanzieren. Für all diese Karten und

Pläne gilt auch die Frage, warum jemand eine solche überhaupt anfertigen sollte, wenn er seine Beute selbst versteckt hat. Die Gefahr, daß Unbefugte mit einer solchen Karte Schätze auffinden könnten, wäre viel zu groß gewesen; außer die Eintragungen waren chiffriert und nur für Eingeweihte lesbar.

Befallen vom Virus

Sieben Wochen war die Schatzinsel unser Zuhause. Ein Zuhause, von dem es kein Entrinnen gab. Wohin einer auch lief, irgendwann traf er wieder auf einen von uns - in diesem begrenzten Bereich, in dem ein Lagerleben halbwegs möglich war. Wir suchten mit den Metalldetektoren alle nach unserer Ansicht erfolgversprechenden Örtlichkeiten ab. Zugegeben, mit der Zeit wird man immer seltsamer und verschrobener. Welche Auswüchse das auch immer annahm - wir waren inzwischen alle befallen von einem Virus, von dem es keine Rettung mehr gab und den schon viele Expeditionen vor uns beschrieben haben. Wir waren befallen vom „Schatzvirus", einer schleichenden Krankheit, die den Befallenen irgendwann dahinrafft. Jeder Felsspalt wird zur vermeintlichen Schatzhöhle, jedes Blitzen des Gesteins im Sonnenlicht als Gold gedeutet. Man hat nur noch das Verlangen, von der Insel fortzukommen, um dann den noch stärkeren Drang zu verspüren, dorthin zurückzukehren.

Eines Tages stiegen wir über den steilen Gissler-Trail auf, um auf dem Landweg in die Bahia Chatham zu gelangen. Der beschwerliche Weg, der jedoch eine herrliche Aussicht über den nördlichen Teil der Insel gewährt, führt über steile Bergrücken und durch schattige Täler in die Bucht, die den Kirchenschatz beherbergen soll. Beim Abstieg über einen dicht mit Farnen bewachsenen Hang wurden wir von Fregattvögeln angegriffen, die ihre Gelege in Gefahr glaubten. Wieder und wieder versuchten sie im Sturzflug mit ihren großen scharfgebogenen Schnäbeln nach uns zu hacken. Erst ein Schuß aus dem Revolver vertrieb sie. Wir schlugen unser Camp an dem schmalen Uferstreifen auf, den der Pazifik hier gestattet.

Das steinerne „Gästebuch" in der Chatham Bay dürfte wohl einmalig auf der Welt sein: Der Stein der Brigg „Mount Le Genie" vom 1.November 1846 ist der älteste entzifferte Eintrag.

Der Felsbrocken mit der schönsten und kunstvollsten Bearbeitung dürfte hingegen der von Jaques Cousteaus Calypso aus dem Jahre 1987 sein.

Diese Bucht ist übersät mit hunderten von Steinen und Felsen, alle mit eingemeißelten Inschriften versehen, von denen die älteste aus dem 16. Jahrhundert stammt. Inzwischen ist dies ein einzigartiges steinernes Gästebuch, in das sich jeder einträgt, der die Insel besucht: Thor Heyerdahl, Graf Luckner, Hans Hass, Kapitän Cousteau und Rollo Gebhard, um nur einige zu nennen. Wir aber hatten kaum einen Blick dafür. Zu sehr waren wir schon davon besessen, endlich die lebensgroße Madonnenstatue aufzuspüren.

Der einzige Fluß, auf den die seltsame Beschreibung mit den 70 Schritten angewendet werden konnte, war der Quebrada Lievre, zumindest was die Hochwassermarke betraf. Im Flußbett jedoch auch nur ein paar Schritte zu tun, war so gut wie unmöglich. Riesengroße Felsen türmen sich hier und das Bett steigt sehr steil an. Wer immer diese Beschreibung erfunden hatte, war entweder ein Scharlatan oder noch nie hier gewesen. Wir durchsuchten alle zugänglichen Ecken der Bahia Chatham und hatten tatsächlich eine gewaltige Anzeige von Metall. Allerdings lagen Tonnen Gestein darüber, so daß jeder Grabungsversuch unsinnig gewesen wäre. Ich neige zu der Annahme, daß es sich um irgendwelche Relikte und Überreste früherer Expeditionen handelte. Inzwischen ging unser Wahn bereits so weit, daß wir keinen Schritt mehr ohne Suchgeräte taten, immer in der Hoffnung, zufällig auf einen Fund zu stoßen. Doch alles, was wir ausgruben, waren Teile eines Bulldozers, August Gisslers Fensterstöcke seines ehemaligen Gouverneurspalastes und mengenweise alte Grabungswerkzeuge.
Wir sahen inzwischen selbst aus wie die Piraten, die die Insel so oft angelaufen hatten – ausgemergelte Gestalten mit wilden Bärten und in teilweise zerfetzten Klamotten, physisch total zermürbt angesichts des Dauerregens und der Erfolglosigkeit. Unsere Vorräte gingen allmählich zur Neige und so beschlossen wir, die Base Naval in Puntarenas über Funk zu informieren, uns wieder abzuholen.

Die Reste von August Gisslers Küchenherd funktionierten wir zu einem Grill um.

Am übernächsten Tag war es dann soweit: Durch die Wolkenbänke tauchte geisterhaft das Schemen eines Schiffes auf. Es war die „Cabo Blanco", eines der kleinen Patrouillenboote, das kam, um uns in die Zivilisation des Zwanzigsten Jahrhunderts zurückzuholen. In eine Zivilisation, die keinen Platz hat für Schätze, Träume und Abenteurer. Bis zur Brust im aufgewühlten Wasser der Wafer Bay stehend, verluden wir unsere Kisten – umkreist von Haien – in den Ohren das Tosen der gischtenden Brandung, die sich an den Felsen brach. Stumm standen wir am Heck und blickten zurück auf die Insel, die sieben Wochen unser Zuhause gewesen war. Wehmütig hing jeder seinen Gedanken nach und die Insel verabschiedete uns so, wie sie uns empfangen hatte: Sie weinte strömende Tränen. Unausgesprochen blieb, was jeder von uns dachte:
Eines Tages komme ich hierher zurück um dieser Insel endgültig ihr Geheimnis zu entlocken. Bis dahin bleibt sie das, als was sie in die Geschichte einging und als was sie weltberühmt wurde:
Die Schatzinsel !

Rückkehr zur Schatzinsel

Jahre vergingen, die Erinnerungen an die Expedition zur Schatzinsel verblaßten allmählich, gerieten aber nicht in Vergessenheit. Viele andere Schatzgeschichten gingen über meinen Schreibtisch - Geschichten von verschollenem Gold, von versunkenem Silber und Juwelen, von Kunstgegenständen und Gerätschaften. Geschichten, die in Peru spielten, in Nicaragua ihren Ursprung hatten oder einfach ganz profan in Deutschland sozusagen „vor der Haustüre" lagen.
Keine dieser Geschichten über verschollene und verborgene Schätze jedoch konnte einem Vergleich mit dem verzauberten Flair, den die Schatzinsel bot, standhalten.

Allmählich wuchs die Zahl meiner Bücher zu einer ansehnlichen Bibliothek an Fachlitertur heran. Das Archiv wuchs ebenfalls in einer Geschwindigkeit, die mir manchmal geradezu Angst machen wollte.

Natürlich wuchs mit meinen weiteren Nachforschungen nach weltweiten Schätzen auch wieder die Akte, auf welcher „Kokosinsel“ stand.

Viele meiner Freunde wußten um meine Leidenschaft und brachten mir auch von Ihren Reisen immer neue Schatzgeschichten und Berichte mit, so daß im Laufe der Zeit ein privates Korrespondentennetz entstand, das zusätzlich durch viele Kontakte in den unterschiedlichsten Ländern der Erde erweitert wurde. Durch diese Kontakte gelangte ich auch in den Besitz von Kopien alter Urkunden und Protokolle, von denen sich eines später als der tatsächliche Schlüssel zu einem der Schätze herrausstellen sollte.
Besonders wertvoll waren die Kontakte zu „Kokosinsel-Forschern“ in aller Herren Länder, die oftmals fruchtbare Diskussionen zur Folge hatten.

Es erreichten mich auch immer wieder Briefe von Personen, die irgenwie von meiner Cocosinsel-Expedition erfahren hatten. Die meisten planten selbst irgendwann eine Reise dorthin, aber in den seltensten Fällen gingen die Aktivitäten über die geträumte Planung hinaus.
An einem Samstag, es war der 22. September 1985, sprang mir eine Kleinanzeige in der „Süddeutschen Zeitung“ unter der Rubrik „Verschiedenes“ regelrecht ins Auge:

„EXPEDITION
Teilnehmer gesucht für 8wöchig. Aufenthalt auf unbewohnter, tropischer Regeninsel. Bedingung: Gesund, zäh, ausgeglichen, tolerant. Ziele: Bergerstbesteigung, Auffinden von Inkaspuren und -schätzen.
Kosten: ca. 10TDM, AS914231“

Der Inserent war ein vierundvierzigjähriger Fotograf, dessen Kindheitstraum es war, die Schätze der Cocosinsel zu suchen. In der Folgezeit trafen wir uns regelmäßig und mit der Zeit wurde Hans-Gerd Brandes ein guter Freund.
Er hatte sich in den Kopf gesetzt, so schnell wie möglich zur Insel zu fahren. Mir blieb lediglich übrig, ihn auf seinen einsamen und nicht ungefährlichen Trip vorzubereiten, zumal er ohne erforderliche Genehmigung dorthin wollte.

Hans-Gerd schaffte es tatsächlich: Mit zwei Hartschalenkoffern, die seine Expeditionsausrüstung enthielten, sprang er nach einer mühevollen Reise per Flugzeug, Bus und Fischerboot vor der Bahia Esperanza im Süden der Insel über Bord und schwamm an Land.
Mehr als drei Wochen schlug sich Hans-Gerd durch den Dschungel, die meiste Zeit völlig durchnäßt vom Dauerregen, bis er eines Tages mit einem Koffer in der Hand nach einem Horrormarsch quer über die Insel vor den überraschten Wachposten in der Wafer Bay auftauchte und lapidar grüßte: „Hallo Jungs, ich bin der Gerd aus München - nun bin ich hier.“
Ohne große Probleme konnte er nach einigen Tagen die Insel verlassen, vereinbarungsgemäß abgeholt von dem Fischkutter, der ihn auch hingebracht hatte.
Hans-Gerd Brandes starb 1997 im Alter von 53 Jahren, ohne unsere „Insel im Sonnenlicht“ wiedergesehen zu haben.

Einen geradezu außergewöhnlichen Kontakt zu einer Familie bekam ich 1988.
Damals hatte ich kurz vorher eine Geschichte über die Schatzinsel für die Zeitschrift „TV - Hören und Sehen“ geschrieben. Daraufhin wurde mir vom Verlag die Zuschrift einer Frau aus Baden - Württemberg weitergeleitet, die ein ganz besonderes Interesse an der Schatzinsel hatte. Sie schrieb:

„Mit Ihrer Serie haben Sie meinem Vater, der schon viele Jahre Leser Ihrer Zeitschrift ist, große Freude bereitet und großes Interesse geweckt. Mein Vater wurde im Jahr 1898 dort auf dieser Insel geboren. Sein Vater ist leider schon im Jahr 1900 auf dieser Insel verstorben, sodaß seine Mutter mit ihren zwei Kleinkindern wieder nach Deutschland zurückkehren mußte. Sie hat uns auch von den angeblich dort versteckten Schätzen erzählt. Sie werden verstehen, daß mein Vater sich über weitere Informationen, natürlich auch über Bilder sehr freuen würde. Deshalb meine Anfrage und Bitte an Sie: Könnten Sie mir irgendwie weiterhelfen, weitere Informationen oder Literatur über die Insel zu erhalten? Ich wäre Ihnen sehr dankbar dafür.
Mit freundlichen Grüßen, Lydia H."

Ich nahm mit Frau H. Kontakt auf und übersandte ihr diverse Kopien von Büchern über die Insel, sowie ein Exemplar meines Buches „Verborgenen Schätzen auf der Spur", mit einem Gruß an ihren Vater.
Am 21. November erreichte mich daraufhin ein Brief von Frau H., über den ich mich besonders gefreut habe. Sie schrieb:

„Sehr geehrter Herr Ostler,
ganz herzlich möchte ich mich für Ihr Buch bedanken. Genau am 90. Geburtstag meines Vaters (17.11.) ist es bei uns angekommen, und wir haben uns alle darüber sehr gefreut. Es ist ja höchst interessant darin zu lesen. Heute bedauere ich es sehr, daß ich mir von den Erzählungen meiner Großmutter keine Notizen gemacht habe. Aber leider muß ich gestehen, daß bei den Verwandten ihre Erzählungen über den verborgenen Schatz, die sich sehr phantastisch anhörten, nicht ganz ernst genommen wurden. Vielleicht hat sich auch im Alter alles etwas verwischt - sie ist 1954 84jährig verstorben... Meine Großeltern haben in einer New Yorker Zeitung gelesen, daß Siedler für die Cocosinsel gesucht werden, von Schatzsuche war ihnen nichts bekannt. Sie haben sich beworben, mußten aber zuerst heiraten, da nur Verheiratete berücksichtigt wurden. Von dem, was sie auf der Insel erwartete, war ihnen nichts bekannt. Nach Ihren Berichten aus dem Buch können wir nun ermessen, was für eine harte Zeit unsere Großeltern auf der Insel verbrachten.
Ich möchte Ihnen nochmals dafür danken. Sie haben uns eine große Freude damit gemacht.
Es grüßt Sie herzlich,
Lydia Häberle mit Vater"

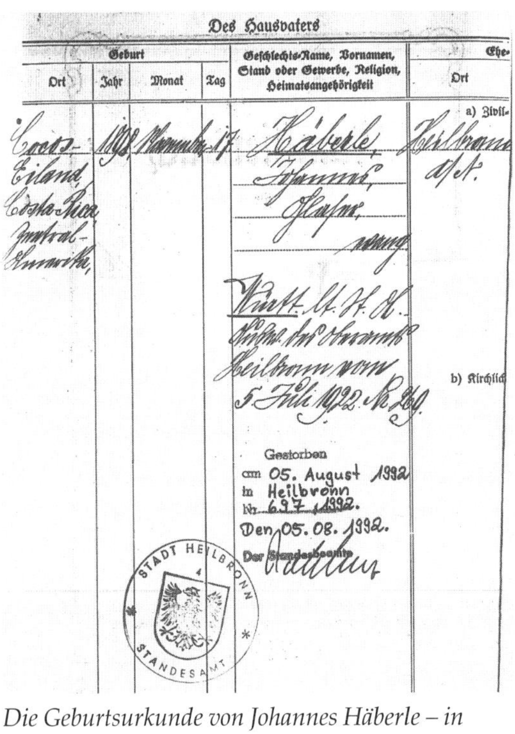
Des Hausvaters
Geburt: Ort | Jahr | Monat | Tag
Geschlechts-Name, Vornamen, Stand oder Gewerbe, Religion, Heimatsangehörigkeit
Ehe-: Ort — a) Zivil- b) Kirchlich
Cocos-Eiland, Costa-Rica, Zentral-Amerika | 1898 | November | 17
Häberle, Johannes, Hafner, evang.
Heilbronn a/N.
Gestorben am 05. August 1992 in Heilbronn Nr. 697/1992.
Den 05.08.1992. Der Standesbeamte
STADT HEILBRONN STANDESAMT

Die Geburtsurkunde von Johannes Häberle – in der Spalte „Ort" ist eingetragen: „Cocos-Eiland, Costa Rica, Zentral-Amerika".

Immer wieder haben solche unerwartete Kontakte zu interessanten Informationen und Details geführt. Oft spielte der Zufall Schicksal, und ich gelangte an Informationen und Unterlagen, die allesamt Stücke eines großen Puzzles waren, die irgendwann hoffentlich zu einem brauchbaren Ergebnis führen werden.
So lernte ich im Frühjahr 1991 in England zufällig eine Frau kennen, die mit ihrer Familie in Australien lebte und nun in England zu Besuch bei Verwandten war, ihrem zweiten Besuch auf der Insel, wie sie erwähnte. Das erstemal war sie hier, als sie 1954 ihren

Großonkel in einem Seemannsheim in Schottland besucht hatte, der damals dort seinen 100. Geburtstag feierte. Bei dieser Gelegenheit übergab er ihr seine Seemannskiste, die er bereits von seinem Vater erhalten hatte. Die Kiste enthielt verschiedene Erinnerungsstücke, die der alte Mann auf seinen Reisen gesammelt hatte: Unter anderem einige zerfledderte Seekarten, ein Bündel Briefe und Papiere. Ungefähr ein halbes Jahr, nachdem sie wieder zurück in Australien war, setzte sich die Familie an den Tisch, um die Papiere gründlich zu sichten. Das meiste waren Briefe des jüngeren Bruders an den Seemann, der mit einem eigenen Schiff einen Kartoffelhandel betrieben hatte. Andere Briefe waren von seiner Frau, aber es waren auch verschiedene Schriftstücke aus dem Besitz seines Vaters dabei. Eines der Dokumente, das aus insgesamt vier Blättern bestand, erregte ihre besondere Aufmerksamkeit. Darin war die Rede von einem Goldtransport auf zwei Schiffen, die überfallen und ausgeraubt wurden. Darauf folgte eine Art Schilderung einer Ankeraktion an einer Insel, bei welcher die wertvolle Fracht an Land gebracht wurde. Um welche Insel es sich handelte, ging aus dem Dokument jedoch nicht hervor. Auch eine dazugehörige Skizze gab darüber keinen Aufschluß. Ich sagte Martha Jane, daß mich solche Geschichten interessieren würden, da ich diese für meine Bücher brauchen könne und bat sie um eine Kopie der Schriftstücke. Spontan versprach sie, mir diese zu schicken, sobald sie wieder zu Hause sein würde.
Nachdem einige Monate vergangen waren, dachte ich nicht mehr an Martha Jane und ihre Papiere. Um so erfreuter war ich, als ich im Herbst Post aus Melbourne bekam. Martha Jane hatte ihr Versprechen gehalten und mir die Kopien geschickt.

Als ich nach einigen Tagen mühsamen Entzifferns den Text übersetzt hatte, war mir schlagartig klar, daß es sich hierbei nur um einen der Raubzüge des Piraten Bonito und bei der Insel um die Cocosinsel handeln konnte. Dessen war ich mir absolut sicher, da darin der Name „Relampago" auftauchte.Hier der Bericht:
„Wir haben reiche Prise gemacht. Zwei spanische Schiffe, die angesichts unserer Übermacht die Segel strichen. In harter Arbeit haben wir die Beute umgeladen. Der Kapitän befahl Kurs auf unsere Insel zu nehmen, wo wir drei Tage später ankamen.
Wir ankern wieder in der Halbmondbucht zwischen den Felsen, wo wir die ‚Relampago' mit Tauen festzurren. Unsere zwei anderen Schiffe liegen jeweils links und rechts vor den Felsen. Dies bietet einen guten Schutz gegen Überraschungen. Der Kapitän hat ein Boot mit sechs Männern an Land geschickt, um das Tau zu legen. 20 weitere Männer hieven den Baum(?) über die Klippe in das Loch. Sieben Stunden dauert es bis allein die Fässer mit dem Silber angelandet sind. Danach werden die Anker eingeholt und Segel gesetzt weil (?) Hochwasser einsetzt.
Am nächsten Morgen liegen wir wieder zwischen den Felsen und setzen unsere Arbeit fort. Wieder dauert es mehrere Stunden, bis wir mehr als 2000 Goldbarren mit unserem Baum (?) in die Bucht verbracht haben. Danach dürfen wir alle an Land gehen und man gibt uns frei. Wir laben uns an Kokosnüssen, die hier, wie auch sonst überall, im Überfluss vorhanden sind. Während einige Männer den Baum (?) auf unser Schiff zurückbringen und das Tau wieder einholen, bringen wir die Fässer aus gediegenem Holz und die Säcke mit dem Gold in die Höhle, die sich am Fuß der Klippe öffnet. Diese bietet soviel Raum, daß leicht noch einmal soviel darin Platz hätte.
Der Kapitän hat einige Fässer Schießpulver an Land bringen lassen, und nun legen wir am Ende der Galerie an der Felswand einige Ladungen, um Felsstücke herauszusprengen, mit welchen die Höhle verschlossen werden soll, was auch dem Wort des Kapitäns nach geschieht. Am Abend hat der Kapitän einige Fässer Rum an Land bringen lassen, und alle Kameraden bis auf die Ankerwachen frönen dem Trunk.
Ich selbst habe mich in einer kleinen Höhle in der Felswand zur Ruhe begeben. Spät in der Nacht wurde ich von Schüssen und lauten Schreien geweckt. Nun gibt uns die Krone das Eisen - waren meine ersten Gedanken, und so verhielt ich mich still in meinem Schlafgemach.

Als ich am Morgen vorsichtig herauskam, sah ich nur unsere Schiffe - keines der Krone. Aber überall lagen tote Kameraden und in ihrem Blut liegende Verwundete. Der Kapitän war außer sich vor Zorn und erst langsam begriff ich, was geschehen war. Der unselige Geist des Rums hatt ihren Kampfesmut gelöst und so sind einige aneinander geraten. Ihre Händel trugen sie aus mit Pistolen und Cutlass, wobei insgesamt 34 Kameraden zu Tode kamen und 17 schwer verletzt nun im Sand lagen. Der Kapitän befiehlt, die Toten der See zu übergeben und die Verletzten auf die Schiffe zu bringen. Bei hohem Stand der Sonne setzen wir Segel und nehmen Kurs auf See."

Dieser Bericht hatte mich geradezu elektrisiert, gleichzeitig aber war ich enttäuscht, weil es nirgends Hinweise auf eine genauere Örtlichkeit gab. Die Skizze erwies sich als unbrauchbar, weil sie lediglich begrenzt grobe örtliche topografische Details enthielt, dagegen aber keinerlei Richtungs- oder Kompaßangaben. Somit konnte dies überall und nirgends auf der Insel sein, falls es sich um die Cocosinsel handelte, woran ich aber keine Zweifel hatte. Vergleiche mit der Küstenlinie auf der topographischen Satellitenkarte ergaben gleich mehrere mögliche Stellen. So oft ich auch über der Skizze brütete, so sehr ich mir auch den Kopf darüber zerbrach - eine exakte Bestimmung war beim besten Willen nicht möglich.
Somit ist das lediglich ein weiteres nettes Archivstück ohne praktikablen Wert. Dachte ich jedenfalls.

In den nächsten beiden Jahren dachte ich nicht mehr an die Cocosinsel, da ich ein schwieriges Bergungsprojekt im Auftrag einer Wiener Firma übernommen hatte. Die Planung und Organisation nahm mich dabei völlig in Anspruch.
Im Laufe der Vorbereitungsarbeiten rief mich der Geschäftsführer der Firma an und fragte, ob ich mit ihm zusammen nach Norddeutschland fahren würde. Seit einigen Jahren beschäftigen sich ein paar Ingenieure aus Norddeutschland mit dem Geheimnis der Cocosinsel. Diese hätten angeblich das Geheimnis der legendären „Steinernen Türe" auf Kokos gelüftet.
Einige Tage später saßen wir in einem Klinkerbungalow einem älteren Herrn gegenüber, der eine fürchterliche Geheimniskrämerei betrieb.
„Wir haben definitiv", und dabei plusterte er sich auf wie ein Pfau, „das Geheimnis gelüftet. Wir suchen nun einen finanzstarken Partner, mit dem zusammen wir den Schatz abbergen (er sagte tatsächlich „abbergen") können. Was nun folgte, war das übliche Frage-Antwort-Spiel, wobei man sich umkreiste wie zwei alte Wölfe. Ich stellte ihm immer wieder Fangfragen, und am Ende war ich absolut sicher, daß er zumindest sehr gute örtliche Kenntnisse der Insel hatte.
Nun ging es ans „Eingemachte".

Eine Türe hatte man entdeckt, eine Türe aus Stein, in einer Felswand in einer schwer zugänglichen kleinen Bucht. Grundlage dafür: Die Bücher „Verborgenen Schätzen auf der Spur" , „Da liegt Gold", und „Verschollene Schätze der Welt". Sozusagen „umfangreiches" Recherchematerial. Die Theorie der Hanseaten, daß der Schatz nicht weit von der Küste verborgen wurde, war hingegen logisch.
„Wie soll denn die steinerne Türe aussehen?" wollte ich wissen. „Sie fücht sich in den Felsen wie ein Blatt", antwortete er mit seinem platten Dialekt. „Na, ich kann mir das nicht vorstellen, daß jemand so einen Aufwand getrieben hat", reizte ich weiter. Nun kam er langsam: „Wenn ich sache wie ein Blatt, dann meine ich auch wie ein Blatt. Nun stellen sie sich doch mal ein Blatt vor." Nun dämmerte es mir: Er meinte kein Blatt Papier, sondern ein Blatt von einem Baum! „Wie groß soll den die Blattüre sein?", hakte ich nach. „Etwa fünfzich mal vierzich Zentimeter." Na, das konnte ich mir beim besten Willen nicht vorstellen! Schätze in der bekannten Dimension durch ein solch kleines Loch - und dann mit einer blattförmigen Türe, die das menschliche Auge nicht erkennen sollte! Wir verabschiedeten uns mit dem Versprechen, uns die Sache durch den Kopf gehen zu lassen.

Zwei Tage später teilte ihm der Geschäftsführer telefonisch mit, daß die Firma kein Interesse an der Geschichte habe.

Ich hatte die Geschichte längst vergessen, und mein Bergungsprojekt war seit einigen Wochen bereits abgeschlossen, als mich der Mann von der Küste anrief: Er bekniete mich, bei der Finanzierung behilflich zu sein und schwor dabei Stein und Bein, daß die Geschichte wahr sei. Dabei verwies er mich an seinen Bruder, der in einer Kleinstadt nur 80 km von mir lebte und berechtigt sei, mir Details zu schildern.
Am darauffolgenden Sonntag saß ich dem Bruder gegenüber. Das, was ich erst einmal zu hören bekam, kannte ich zur Genüge. Blatt, Blattgröße, Felswand und so weiter.
Ich wollte mehr. „Wie haben sie denn die ‚Türe' entdeckt?", wollte ich wissen. Der selbe platte Slang: „Wir wollten mit einem Motorboot in eine Bucht, als unser Außenborder ausfiel und wir in eine andere kleine Bucht getrieben wurden. Nachdem wir schon mal da waren, sahen wir uns ein wenich um. Dabei fiel uns ein Loch in einer Felswand auf, etwa 2 cm im Durchmesser und 20 cm tief. Dabei fiel uns auf, daß sich das Loch in einer blattförmigen Platte befand. Die Form rührte von dem Spalt her, der um die Platte verlief."
„Warum sollte das eine ‚Türe' sein?", unterbrach ich ihn. Er wippte in seinem Sessel hin und her und sah mich mit einem arroganten Blick seitlich an, ehe er weiter erzählte: „Na, weil ich eine Messerklinge zwanzich Zentimeter tief in den Spalt gesteckt habe. Bis auf zwei Stellen wo die Scharniere sassen, konnte ich mit der Klinge herumfahren." Ich konnte es immer noch nicht glauben. Nun setzte er eins drauf: „Wenn Sie uns Kontakt zu einem Privatsender verschaffen, der dies exklusiv kauft, dann können Sie selbst mitfahren und dabei sein. Wir geben selbstverständlich eine eidesstattliche Versicherung ab, daß alles die Wahrheit ist." Nun war ich baff! Entweder waren das die ausgebufftesten Betrüger - oder die hatten tatsächlich den „Scoop" gemacht!
Nach und nach schilderte er mir nun, daß sie bereits neunmal auf der Cocosinsel waren. Immer illegal, mit einem Krabbenfischer. Diese Reisen hatten bereits Unsummen verschlungen. Der ältere Bruder hatte mittlerweile mehr Hypotheken auf dem Klinkerbau als Dachziegel, der jüngere hier war ebenfalls total überschuldet und der Neffe, Sproß eines alteingesessenen Kartenverlages, war ebenfalls schatzinselsüchtig!
Alfred, ein etwas betuchterer Geschäftsmann aus dem Kohlenpott, hatte die letzten Reisen finanziert. Nun war allerdings die Luft raus!

Nun gehört zu dieser Vorgeschichte noch eine weitere Person, ein äußerst cleverer amerikanischer Businessman. John Hodge, so vermeldeten im Januar 1992 die costaricanischen Gazetten, möchte dem Lima-Schatz aus der Luft mit Computern auf den goldenen Leib rücken. Ein mehrere Millionen Dollar teures Projekt, so die seriöse Zeitung „La Nacion". Manch einer in Costa Rica zweifelt mittlerweile jedoch an der Seriosität des John Hodge. Die Zweifel sind berechtigt. Immerhin geschah bisher nichts dergleichen, außer, daß der gute Mr. Hodge einige Male die Insel besuchte, und ein Vertrag zwischen ihm und der deutschen Gruppe geschlossen wurde. Die Verhandlungen der beiden Hanseaten mit RTL scheiterten an ihren überzogenen Forderungen, obwohl sie eidesstattlich die Entdeckung versicherten. Als ich einem Freund die Geschichte erzählte, meinte dieser spontan: „Ich steige mit Summe X ein. Wenn das so abgesichert ist, dann gibt es kein Risiko."
Ich persönlich war mir da nicht so sicher. Nachdem ich den Kontakt hergestellt hatte, war mein Freund noch überzeugter. Wir beschlossen, die Geschichte auf Video zu bannen und sie im Erfolgsfall zu verkaufen.
Der Bergung des Kirchenschatzes aus Lima stand nun nichts mehr im Wege. Am 20. Januar 1993 brachte uns der LTU-Flug Nr. 8401 nach Costa Rica.

Am vereinbarten Treffpunkt im Hotel „Ambassador" war weit und breit nichts von den Hanseaten zu sehen. Zu unserer Verwunderung trudelten aber immer mehr und mehr Amerikaner im Outdoor-Outfit ein. Endlich, gegen 22 Uhr, stürmten unsere „Felsentorhüter" in das Foyer und tischten unverzüglich eine wüste Geschichte auf:

Am Flughafen seien sie von ihrem US Partner, Mr. John Hodge abgeholt worden, der darauf bestanden habe, sofort zur Insel zu fahren. Angeblich hatte er bereits ein Schiff gechartert. Hodge habe von der Hamburger Gruppe 30 000 Dollar verlangt, da die Genehmigung der Regierung auf eine costaricanische Firma ausgestellt sei, und deshalb die Vereinbarung, die die wackeren Hamburger mit Hodge hatten, nicht gültig sei. Hodge müsse nun die Firmenanteile kaufen, um damit auch die Genehmigungsrechte zu erwerben. Uwe, der jüngere der beiden Brüder, zahlte tatsächlich an Hodge. Ich klärte ihn auf, wie sich die Sache mit einer Firma in Costa Rica tatsächlich verhält: Dortige Firmen basieren auf „Sociedad Anonymas" - anonyme Aktiengesellschaften, deren Nominalwert lediglich ein paar hundert Mark sind und die jeder gründen kann. Man benötigt dazu einen Einheimischen, der als „Sekretär" fungiert. Die meisten ausländischen Firmen in Costa Rica sind Scheinfirmen. Uwe wußte dies angeblich nicht, obwohl er bereits zum zehntenmal in diesem Land war und zudem eine Costaricanerin als Freundin hat.
Werner, der ältere, bekniete meinen Freund, doch mit höheren Einlagen sich zu beteiligen, da die Expedition sonst nicht durchgeführt werden könne.
Nachdem die Brüder ihm versichert hatten, daß sie im Fall des Nichterfolgs das Geld zurückzahlen würden, erklärte sich Joachim bereit, vorläufig die Kosten zu übernehmen.
Nach dem Abschluß des Vertrages war die Sache klar.

Am nächsten Morgen stellte sich heraus, daß der Businessman Hodge lediglich ein abgebrühter Zokker war, der mit den letzten 20 Dollar in der Tasche in Costa Rica gelandet war. Er hatte die Hamburger Sippschaft mit seiner Story lediglich geblufft, um an das Geld für die Charter ranzukommen! Wie sich nun herausstellte, waren all die Amerikaner, Costaricaner und zwei Russen hier, weil er ihnen eine Expedition zur Cocosinsel verkauft hatte!
Hodge versuchte alles mögliche, um zu verhindern, daß meine beiden Begleiter Henry und Gerhard und ich mit an Bord des Schiffes kamen. Joachim mußte er aber zwangsläufig mitnehmen.

Nun zahlten sich meine Kontakte aus. Über einen befreundeten Journalisten des „Diario" erreichten wir den Verkehrsminister, der wiederum mit Kapitän Yossi Nahman sprach. Am nächsten Morgen sollten wir an Bord der „Undersea Hunter" gehen, die uns zur Insel mitnehmen würde.

Früh am Morgen trafen wir am Pier in Puntarenas ein, wo das Schiff lag. Yossi Nahmann, der Kapitän, war ein sehr netter und herzlicher Mann. Auf nur einem Bein hüpfte er uns entgegen und hieß uns willkommen. Das andere Bein, so erzählte er uns später, hatte er bei einer Haiattacke verloren.

Die „Undersea Hunter" war ein Tauchschiff, das wochenweise im Wechsel mit der „Okeanos" zahlungskräftige Amerikaner zur Cocosinsel brachte, blitzsauber, technisch in bestem Zustand - kurzum ein Schiff wie aus dem Bilderbuch!
Angenehm war die Überfahrt - wir schliefen auf Deck in Liegestühlen - dies war bei der Hitze der angenehmste Platz überhaupt.
Zwei Tage waren wir bereits unterwegs, als wir Nachricht über Funk erhielten: Ein Unfall hatte sich ereignet - einer der Teilnehmer war beim Abstieg über die 36 m hohe Klippe abgestürzt und bereits mit der „Okeanos" unterwegs zum Festland ins Krankenhaus. Mich beschlich ein dunkles Gefühl, und

Die „Undersea Hunter" – ein Traumschiff.

so fragte ich nach: „Welche Person hatte den Unfall?" – „Einer aus der deutschen Gruppe, Senor Joachim." Mein Gefühl hatte nicht getrogen - ausgerechnet er, der das alles finanziert hatte. Gott sei Dank aber war die Verletzung nicht ganz so schlimm: „Nur" ein gebrochener Knöchel!
Am nächsten Morgen trafen wir in der Chatham Bay ein. Wie bei meiner ersten Expedition regnete es. Dichte Wolken hingen über der smaragdgrünen Schatzinsel, Tölpel und Fregattvögel umkreisten kreischend unser Schiff. Es war gerade Paarungszeit der Carettschildkröten und überall schlugen die schweren Tiere mit ihren Flossen auf das Wasser.
Miguel hievte mit dem 7-Tonnenkran die Tenderboote ins Wasser und nachdem wir uns von Yossi und seiner Crew verabschiedet hatten, stiegen wir um und ließen uns zur „Dulcinea" bringen, die in der Wafer Bay ankerte.
Als wir dort ankamen und auf die von Hodge gecharterte Yacht zufuhren, lief uns ein Schauer über den Rücken.

Die „Yacht" erwies sich als das, was man sich unter einem „Seelenverkäufer" vorstellt. Ursprünglich handelte es sich um eine Küstenyacht mit offenem Deck, wahrscheinlich hervorragend geeignet, um zahlungskräftige Touristen an der Küste entlang zu schippern. Hochseetauglich war sie jedenfalls nicht. Als wir an Bord gingen, lag der „Kapitän" besoffen in der Hängematte, während ein Mitglied der Crew verzweifelt mit einem Hammer auf die Ankerwinde eindrosch. Eine malerische Kulisse bildeten die leeren Bierdosen und Rumflaschen, die mit jeder Dünung von Bordwand zu Bordwand rollten. Die Klo/Duschkombination war überschwemmt, die Pumpe war verstopft. Ein beständiger Geruch von Durchfall hing über dem rostigen Kahn. Die Position wurde mit einem kleinen Hand-GPS ermittelt und dann der Kurs festgelegt. Das Schiff verfügte über ein erstklassiges Furuno-Radar, aller-

Die „Dulcinea" – ein schwimmender Mülleimer.

dings funktionierte es nicht. Bei der Überfahrt gab es einen sechsstündigen Maschinenausfall. Generatorendefekt nachts auf hoher See gehörte bei diesem schwimmenden Mülleimer zur Routine. Das Ergebnis war, daß die Kühlung ausfiel, in den Tropen mit entsprechenden Folgen für die Lebensmittel. Unmengen an Toast und Käse verschimmelten, die tiefgefrorenen Hamburger in Meterware (Hodge schien sich ausschließlich davon zu ernähren) getrauten sich nur ganz Todesmutige zu verzehren. Statt zwei Generatoren, wie es die Vorschrift verlangt, war nur einer an Bord. Nach zwei Tagen war das Wasser zu Ende. Dies war nicht weiter schlimm, denn der gute John-Boy hatte palettenweise Dosenbier und Rum gebunkert. Die Kombüse war in einem Zustand, daß wir Wetten abschlossen, wann die erste Ratte rausgetaumelt käme. Wie es sich für eine solche Yacht gehört, hatte sie unter Deck ein Leck, so daß die First Class-Gäste, die über Kabinen verfügten, im Wasser standen. Daß lediglich drei Schwimmwesten vorhanden waren, nahmen alle dagegen nur noch mit Galgenhumor zur Kenntnis. Doch wollen wir die „Dulcinea" nicht weiter verunglimpfen.

Weisungsgemäß gingen wir erst einmal an Land, um uns beim Inselhäuptling zu melden. Ich war richtig erschrocken, als ich den Strand betrat. Unsere ehemals wunderschöne Wafer Bay war verwüstet. Kaum mehr eine Palme, dort wo 1981 noch ein Palmenwald stand! Dort wo wir unser Camp aufgeschlagen hatten, stand nun ein zweistöckiges Haus in jener grauenhaften Betonbauweise, wie man sie vom mittelamerikanischen Festland her kennt. Überall standen nun Holzschilder in schreiendem Gelb: „Bien Venido". Eines wies den Weg zum „Catarata" (Wasserfall) und ein weiteres auf das von uns entdeckte Flugzeug. Die „Frösche", wie man die Parkwächter wegen ihrer Aufnäher nennt, waren dabei, einen angelegten Weg mit Kieselsteinchen zu säumen! „Correo officio" (Postamt) stand allen Ernstes auf einem Schild neben der Türe!

Joaquin Alvarado, der Inselboss, erwartete uns bereits. Er sah aus wie ein Indianer: Langes schwarzes Haar zu einem Pferdeschwanz gebunden, die dunkle診Hauttönung der Indios und ein Gebiß, mit dem er Kokosnüsse knacken konnte. Wir konnten uns von Anfang an nicht „riechen", und ich spürte beinahe körperlich, wie widerwillig er uns den Stempel in den Paß drückte. Mit einer ungeduldigen Handbewegung warf er uns beinahe raus.

Als wir auf den rostzerfressenen Kahn zurückkamen, war auch der „Kapitän" Hernando aus dem Rumkoma erwacht und aus der Gissler Bay hörten wir einen Außenborder tuckern. Bald darauf kamen Hodge und die Amerikaner an Bord. Als er uns sah, verzog er das Gesicht. Mit einem falschen Lachen umarmte er uns und brüllte immer wieder „Welcome, welcome!", obwohl er uns zum Teufel wünschte. Da der Pott bis in die letzte Ritze besetzt war, bezogen wir unser Quartier auf Deck zwischen einer Back und der Bank. Falls der Kahn absaufen sollte, konnten wir jedenfalls rechtzeitig über Bord springen.

„Kapitän" Hernando – ständig besoffen.

Nach und nach trafen auch die anderen ein; die Sonne versank wie ein glutroter Ball am Horizont im Meer.
Nach einem üppigen Mahl - ein paar Salzkekse mit einer Dose Bier - begaben wir uns unter der Back zur Ruhe, jeder mit einem Tauende festgezurrt.

Bereits um sechs Uhr morgens herrschte geschäftiges Treiben an Bord. Diejenigen, die unter Deck geschlafen hatten, hingen über der Reling und frühstückten rückwärts. Ein fürchterlicher Gestank drang aus dem Leib des Schiffes. So schnell wie möglich machten wir uns auf den Weg in die kleine Bucht, deretwegen wir hier waren.

Es erwies sich allerdings als äußerst schwierig, in die Bucht zu gelangen. Ein ständiger, bis zu drei Meter hoher Schwell machte das Anlanden zu einem Hasardspiel. Unser Arzt, ein durchaus mutiger Mann, bot an, mit einem Seil an Land zu schwimmen und das Boot ans Ufer zu ziehen. Das Resultat war, daß er dabei beinahe ertrunken wäre und es nur mit letzter Kraft schaffte, den Strand hinauf zu robben. Aus tiefen Schnitten an beiden Händen troff das Blut und der gute Doc mußte sich selbst ohne Narkose die Wunde zunähen.
Wir beschlossen den Weg zu nehmen, den die Gruppe bereits die letzten beiden Tage zuvor gegangen war. Im Kehrwasser einer Nachbarbucht gingen wir an Land, vorbei an Brutkolonien hunderter Tölpel, auf einem Grat, der die beiden Buchten trennt. Wir mußten uns in acht nehmen, denn sobald wir

36 m in die Tiefe – Gerhard beim Abstieg.

einem der Vögel zu nahe kamen, schlugen diese mit ihren messerscharfen Schnäbeln zu.

An die eigentliche Stelle gelangte man nur über eine Strickleiter, die 36 m über einer Felswand hing. Bis hier oben reichten die Palmkronen, und wenn der Wind sie herüber bog, konnte man bequem die Kokosnüsse abpflücken.
Die Hamburger meinten, daß wir ohne Probleme in Ruhe die „Felsentüre" öffnen könnten, da der Inselboss sicher nicht hinunter klettern würde. Bisher hatte er panische Angst davor gehabt. Ich schwang mich als erster über die Kante und begann vorsichtig die 36 m hinab zu klettern. Als ich nach oben sah, traute ich meinen Augen nicht. Tatsächlich kam dieser „Winnetou" hinter mir her! Na gut - sollte er doch.
Als endlich alle unten waren, schritten die Hamburger gemessenen, aber wichtigen Schrittes Richtung Strand, immer an der Felswand entlang.
Vor einer rissigen, teilweise bemoosten Stelle blieben sie stehen. „Hier ist es." Uwe deutete auf eine Stelle. Mit Hilfe eines Bohrhammers hatten sie schon vorher ein Loch in der Größe von etwa 30 mal 30 cm und ungefähr 20 cm tief gepuhlt. Weit und breit keine Spur von einer „Türe" oder wenigstens etwas, was man mit gutem Willen dafür halten konnte. Alles erstunken und erlogen.
Das einzig Ungewöhnliche war ein Loch, etwa 2 cm im Durchmesser, das sich an dieser Stelle im Felsen befand und selbst jetzt noch erkennbar war.

Während diese Spinner weiter versuchten, der Felswand mit dem Abbruchhammer zu Leibe zu rükken, beschlossen Gerhard und ich, die Bucht etwas näher zu inspizieren. Anfangs machte der Indianer Anstalten uns zu folgen, dann ließ er es aber sein und beobachtete lieber interessiert die Bohrarbeiten.
Während wir zur Strickleiter zurückgingen, fiel mir auf, daß wir uns in einer Art „halbem Tunnel" befanden. Auf eine Länge von etwa 20 m führte dieser ungefähr eineinhalb Meter tiefe Gang in die Klippe. Ich betrachtete die Wand genauer - da fiel es mir wie Schuppen von den Augen: Dieser war nicht natürlich, sondern war irgendwann einmal herausgesprengt worden, deutlich erkennbar an den Bruchflecken! Die Klippe endete an einer 150 m hohen senkrechten Wand. Direkt in diesem Winkel befand sich ein Haufen Felsbrocken mit einer beinahe kubischen Form von etwa drei Meter Kantenlänge. Es lagen sonst nirgends Felsen herum, da bei dem steilen Hang jeder Felsbrocken ins Meer springen und dort verschwinden würde.

Wir wanderten nun an dieser halbmondförmigen Felswand entlang bis auf die andere Seite der Bucht. Im ersten Drittel entdeckten wir in drei Meter Höhe eine kleine Höhle, die wir bequem über einen davor gewachsenen Baum erreichten. Wie erwartet, war sie leer. Vom Strand der anderen Buchtseite aus stachen uns ein paar unnatürliche Merkmal ins Auge. Alles Punkte, die man vom Ankerplatz der „Dulcinea" nicht sehen konnte. Lediglich von der Buchtseite aus waren sie erkennbar. Am vorgelagerten Felsen zeichneten sich die Umrisse eines Vorsprungs ab, der irgendwann einmal abgebrochen und ins Wasser gestürzt war. Direkt darüber befand sich ein Loch mit etwa 25 cm Durchmesser. Interessanterweise war zur Seeseite hin eine Halbschale gemauert, sodaß dieses Loch von See aus nicht erkennbar war. Gleich neben der ehemaligen Klippe waren im Abstand von drei Metern zwei absolut quadratische Löcher in den Fels gehauen - jedes mit einer Kantenlänge von ebenfalls zirka 20 cm. Und das alles in einer Bucht, in der das Anlanden russischem Roulette ähnelt!
Wir gingen zurück zur Strickleiter auf der anderen Buchtseite, wo die Hamburger und ihr Neffe immer noch wie die Irrsinnigen bohrten.

Die amerikanische Gruppe hatte mittlerweile einen anderen Punkt untersucht und ebenfalls eine interessante Entdeckung in der Nachbarbucht gemacht: Einen Gang, der in einem Höhlensystem endete, das eindeutig menschliche Bearbeitungsspuren aufwies. Versuche, in das Innere zu gelangen, schlugen fehl, da der Zugang zum weiteren System mit Felsblöcken versperrt war. Hodge interessierte das kaum; er hatte es sich in einer Hängematte zwischen zwei Palmen gemütlich gemacht und pennte. Der Inselhäuptling machte ebenfalls ein Nickerchen.

Wir beschlossen, die Geschichte in den nächsten Tagen weiter zu verfolgen und unsere Entdeckungen für uns zu behalten.
Es folgte wieder einer jener üblichen Abende, an denen der Kapitän mit einem Handtuch um den Bauch ständig um den Decksaufbau lief und sich bei jeder Runde eine neue Dose Bier griff. Acht Runden später schlief er in seinem Verschlag hinter dem Ruderhaus seinen Rausch aus.

Am nächsten Morgen entwickelten die Amerikaner erstaunliche Aktivitäten: Unter dem Kommando von Dans Frau Ethel machten sich Putzkommandos dran, wenigstens den gröbsten Saustall zu beseitigen. Eine Truppe kratzte in der

Die angebliche „Türe" in der Felswand.

Die deutsche Expeditionsgruppe: der Autor (mit Hut), Henry (Mitte) und Gerhard.

Kombüse den Dreck von Wänden, Kühlschrank und Herd, die andere sammelte an Deck allen Unrat und Abfall ein. Am Ende stapelten sich am Heck der „Dulcinea" zwölf blaue Müllsäcke! Die Säuberungsaktion gipfelte darin, daß die Amis, denen der gute Hodge zehntausende Bucks für den Trip abgeknöpft hatte, auf Knien über das Deck rutschten und dieses schrubbten!

Kapitän Hernando teilte mit, daß wir unbedingt Frischwasser bunkern müssten. Zu diesem Zweck liefen wir in die Chatham Bay, wo an der östlichen Wand eine Quelle entsprang, deren Wasser in eine Vorrichtung lief, die es gestattete, einen Wasserschlauch anzuschließen.
Während die Crew einen Gartenschlauch zur Quelle brachte, gingen Henry, Gerhard und ich in der Bucht an Land, um in der Poza des Lievre ein Bad zu nehmen. Ein Felsbecken, in das ein kleiner Wasserfall stürzte, bildete unseren Badeplatz.

Unten am Strand lagen hunderte große Felsblöcke mit Inschriften von verschiedenen Besuchern. Als wir dort angekommen waren, wartete unser Freund, der Indianer, schon neben dem Willkommensschild. In seiner überheblichen Art versuchte er, uns die Zusammenhänge mit den Felsinschriften zu erklären. Außerdem, so meinte er, dürften keine Felsen mehr beschriftet werden und überhaupt, mit einem Seitenhieb auf meine Zigarette, würden demnächst überall Schilder aufgestellt, die das Rauchen auf der Insel generell verbieten! Kopfschüttelnd fuhren wir zurück zur „Dulcinea", deren Crew immer noch verzweifelt versuchte, ein paar Liter Wasser in die Tanks zu füllen.

Inzwischen war es Nachmittag geworden, und die Sonne stand hoch am Himmel. Rings um das Schiff verteilte sich ein immer größer werdender Ölteppich, der in der Sonne in allen Farben schillerte. Joaquin, den Inselboss, der an der Reling lehnte, schien das alles nicht sonderlich zu interessieren. Als ich eine Angel auspackte und Anstalten machte zu fischen, wurde er allerdings aktiv. Mit erhobenem Zei-

gefinger kam er auf mich zu und bedeutete mir, das Angelzeug wieder wegzuräumen. Allen Ernstes erklärte er uns, daß im Umkreis von drei Meilen um die Insel nicht gefischt werden dürfe! Man stelle sich vor: „Angeln verboten" in einem der fischreichsten Gewässer der Welt!
Kaum eine halbe Stunde später erhielten wir die Bestätigung, daß der Kerl nicht sauber war. Joaquin und Hodge lehnten an der Reling und unterhielten sich in Spanisch. Keiner der beiden bemerkte, daß wir über ihnen auf dem Oberdeck ebenfalls an der Reling standen und ihr Gespräch mitanhören konnten.
Johnnyboy legte ihm den Arm um die Schultern und fragte ihn: „Wie hoch müßte denn eine ‚Spende' an die Parkverwaltung sein, damit er im August nochmal mit einem großen Schiff mit etwa 100 Personen herkommen könnte?" Der Indianer dachte kurz nach und antwortete ihm: „Drei Millionen Colones" (damals etwa 3000 Mark). Damit war einiges erklärt. Der Kerl ließ sich schmieren. Wir wußten nun, daß wir auf der Hut sein mußten.

Gegen Abend hatte die Crew es geschafft, tatsächlich etwa 400 Liter Wasser in den Tank zu füllen.
Am nächsten Tag kletterten wir wieder über die Leiter hinab. Das „Boschhammer-Team" nahm seine Arbeit auf, bald dröhnte wieder das Rattern des Abbruchhammers durch die kleine Bucht.
Henry war diesmal auf dem Schiff geblieben; Gerhard und ich fertigten eine Skizze mit allen Auffälligkeiten an. Als die Zeichnung fertig war, traf mich beinahe der Schlag: „Das ist es!" rief ich. Gerhard sah mich erstaunt an: „Was meinst du damit?" Ich erzählte ihm von der Geschichte mit Martha Jane und der Skizze, die ich nirgends zuordnen konnte. Nun bekam alles ein Gesicht. Die kleine halbmondförmige Bucht, die beiden Felsen, zwischen denen man ohne Schwierigkeiten ein Schiff festmachen konnte. Das Loch über der abgebrochenen Klippe war groß genug, um einen Mast bzw. Ladebaum hineinstecken zu können. Wenn man in die beiden quadratischen Löcher Balken schob, konnte man Planken darüber legen und bequem jede Ladung anlanden. Ein Bolzen mit Ring in dem Loch, das die Hohlköpfe gerade mit dem Bohrhammer vernichteten, konnte das andere Ende eines Taues festhalten und mit Hilfe von Rollenblöcken ließ sich jede noch so schwere Fracht in die Bucht schaffen; da das Tau abwärts gespannt war, lief die Ladung von allein an Land! Genau - das war es!
Nun bekam auch dieser halbe Tunnel eine andere Bedeutung. Dies war die „Galerie", die in dem Bericht erwähnt war, und hinter dem Geröllhaufen befand sich die Höhle.
Ich sah mich unauffällig um, ob mir jemand Beachtung schenkte. Niemand kümmerte sich um mich, und so ging ich ans Ende der Galerie zu den Steinblöcken. Ich kletterte hinauf und versuchte zwischen der Felswand und den Blöcken durchzuschauen. Zumindest von hier ließ sich nichts erkennen. Ich zwängte meine Hand mit meinem Feuerzeug zwischen zwei Blöcke und die Wand. Obwohl es hier absolut windstill war, gelang es mir nicht das Feuerzeug anzuzünden. Ein Luftzug, der zwischen den Felsen herhaufkam, blies es immer wieder aus. Nun hatte ich den Beweis dafür, daß hinter den Felsen eine Höhle sein mußte - sogar mit einem weiteren Zugang oder zumindest Spalt nach außen.
Wir setzten uns am Strand auf einen Felsen und beratschlagten. „Es ist klar, daß wir über diese Entdeckung die Klappe halten müssen", stellte ich fest. Ich hatte keine Lust, dem guten John und seinem Indianerkumpel Bonitos Schatz auf dem Präsentierteller zu liefern. Gerhard war derselben Meinung.
Lässig schlenderten wir zu der „Bohrergruppe", die mittlerweile ein ordentliches Loch in den unschuldigen Felsen gestemmt hatte. Einige der US-Boys saßen herum und amüsierten sich über die deutsche Baustelle. Tom, der mit seinem Bart aussah wie eine Reinkarnation August Gisslers, schüttelte nur immer wieder den Kopf. Dans Sohn hatte zwei Detektoren mit herunter gebracht, mit denen die Hamburger immer wieder am Bohrloch nach Metall fahndeten.
Ich schnappte mir eines der Geräte und lief recht auffällig zwischen den Sitzenden herum. Anfangs beäugte mich der Indianer mißtrauisch, aber allmählich verlor er sein Interesse. Langsam entfernte ich mich in den Palmenhain, wo der Boden aus Sand bestand. Ich war schon fast unterhalb der kleinen

Tom Berenger – wie eine Reinkarnation August Gisslers.

Höhle, als der Detektor plötzlich ein Signal gab. Mit den Händen grub ich im Sand und in 30 cm Tiefe fand ich das Objekt. Ein Bleiprojektil, flachgeschlagen, wahrscheinlich von einer Palme abgeprallt. Etwa zehn Meter weiter - plötzlich wieder ein Signal. Diesmal war es keine Bleikugel. Es handelte sich um eine mindestens 150 Jahre alte Gürtelschließe.

Als ich zur Gruppe zurückkehrte, war diese bereits im Aufbruch begriffen. Auf der „Dulcinea" hatte sich die Situation weiter verschlechtert. Das Wasser unter Deck stand mittlerweile etwa 20 cm hoch, und die Kabinen waren nicht mehr benutzbar. Alles hatte sich in dem großen Deckssalon eingenistet, und es herrschte quälende Enge.
Nachdem wir wieder an unserem angestammten Ankerplatz lagen, begann die übliche Zeremonie des Kapitäns. Handtuch um den Leib und los ging die Wanderung um den Deckaufbau - diesmal mit der Rumflasche. Morgens um fünf brüllte jemand im Salon und schrie, daß es einem kalt über den Rücken lief. Kurz darauf kam der Doc mit Juan, einem jungen Costaricaner, heraus. In kurzen Abständen schrie er immer wieder wie ein verwundetes Tier. Auf unsere fragenden Blicke meinte der Arzt: „Nierenkoliken, vermutlich hat er Nierensteine." Nachdem er ihm eine Spritze gegeben hatte, flauten seine Schmerzen ab. Wir beratschlagten, was wir tun sollten. Die Mehrheit war dafür, unsere für heute geplanten Nachforschungen im Süden der Insel durchzuführen. Der Arzt aber vertrat die Meinung, daß wir in Anbetracht der Situation zurück nach Puntarenas fahren sollten. Nach einigem Hin und Her einigten wir uns, zurückzukehren, sollte sich die Situation verschlimmern.

Diese Situation trat schneller ein als wir dachten. Am frühen Nachmittag, als wir gerade vor der Bahia Esperanza Anker warfen, ging die Schreierei wieder los. Lauter und durchdringender als zuvor. Nun war klar - es blieb nur noch die Rückkehr. Hernando ließ uns wissen, daß er nochmals in die Chatham Bay zurückkehren wolle und wir Abends Kurs auf Puntarenas nehmen würden. In der Chatham Bay erfuhren wir den Grund für Hernandos Zwischenstation: Der Wetterdienst hatte schwere See und Sturm gemeldet und in Anbetracht der defekten Pumpe der „Dulcinea" getraute sich der Kapitän nicht zurück. Hernando funkte zur „Undersea Hunter", die in Sichtweite neben der Insel Nuez ankerte. Kapitän Yossi Nahman kam Minuten später in einem Tenderboot längsseits. Nachdem ihm Hernando seine Befürchtungen mitgeteilt hatte, fuhr Yossi zu seinem Schiff zurück und kam 20 Minuten später mit einer seiner Reservepumpen wieder an Bord. Nach einer kurzen Diskussion mit Hernando kam Yossi zu uns und drückte uns die Hände. „Good luck, boys and a safe step to land!" Na das machte richtig Mut! „Thanks, Yossi, I hope we see again", verabschiedeten auch wir uns.

Nachdem er uns verlassen hatte, kletterte Hernando hinunter in den Maschinenraum. Er umkreiste den Tank und klopfte immer und immer wieder mit den Knöcheln dagegen. Dabei legte er die Stirn in Falten und verzog das Gesicht. „Problemos, Problemos", murmelte er dabei. Es war offensichtlich, daß er zu wenig Diesel vor der Abfahrt gebunkert hatte und nun befürchtete, der Sprit ginge aus. Ich deutete auf die Pumpe und fragte ihn, ob er nicht wenigstens erst diese einbauen wolle. „Yo no un Ingeniero", antwortete er. Hodge meinte drauf hin, wir hätten ja zwei Ingenieure - nämlich die Hamburger. Diese flüchteten sich jedoch in Ausreden und so blieb die Pumpe einfach an Deck liegen.
Gegen 23 Uhr lichtete Hernando Anker, nicht jedoch ohne sein abendliches Lauf- und Saufzeremoniell abgehalten zu haben.
Das Beiboot nahm er an einem fingerdicken Windenseil ins Schlepp. Gerhard meinte: „Diese Idioten schleppen das Boot mit. Das kostet doch zusätzlich wertvollen Sprit." Wir banden uns wieder unter der Back fest, nicht ohne vorsorglich noch eine „Stutgeron" gegen Seekrankheit eingenommen zu haben.

Gegen drei Uhr morgens wurde ich von einem kreischenden Geräusch wach. Ich mußte mich erst einmal orientieren, denn mittlerweile befanden wir uns tatsächlich in richtig schwerer See. Die „Dulcinea" bäumte sich steil auf und fiel dann wieder in ein tiefes Wellental. Gleichzeitig rollte der Kahn und krängte furchterregend. Die Wellen schlugen fünf Meter hoch und in dem Tohuwabohu kniete Manoel, ein Crewmitglied, vor der Heckwinde und versuchte mit einer Eisensäge das Stahlseil des Beibootes durchzusägen. Im Schein der Heckscheinwerfer erkannten wir, daß das Beiboot umgeschlagen war und sich quer zu Fahrtroute gelegt hatte.

Henry und Gerhard waren ebenfalls wach und wir beobachteten geschützt durch Back und Bank das Drama. Mit einem häßlichen Geräusch fraß sich die Säge durch die letzten Fasern und mit einem pfeifenden Peitschen flog das Seil davon. Nachdem das Anhängsel weg war, tobte das Schiff erst richtig im Sturm. Das querstehende Boot hatte wie eine Art Treibanker gewirkt und die Richtung stabilisiert. Nun wurde der Mülleimer ein Spielball der Elemente. Brecher um Brecher jagte nun über das Deck und wir waren längst naß bis auf die Haut. Henry brüllte mir ins Ohr, wir sollten versuchen, in den Salon zu kommen. „Keine Chance", brüllte ich zurück, „wenn wir uns losbinden und rauskriechen, dann spült es uns sofort vom Deck." Wir verkeilten uns richtig unter dem kleinen Tisch und der Bank. Wir harrten einfach aus. Trotz des Sturms und dem Krachen der Brecher drangen Fetzen von Schmerzensschreien aus dem Salon zu uns heraus. Die Spritzen die der Doc Juan gegeben hatte, schienen nicht mehr zu wirken.
Stunde um Stunde lagen wir da unten und lediglich das Vibrieren des Schiffsdiesels gab uns die Gewißheit, daß der Motor noch lief und wir nicht hilflos trieben. Gegen acht Uhr morgens ließen die Rollbewegungen etwas nach, und die Krängung nahm ab. Auch die Wellentäler und Berge waren längst nicht mehr so tief bzw. hoch. Zwei Stunden später waren wir aus dem Sturmtief heraus und allmählich gerieten wir in ruhigere See. Schon seit Stunden waren keine Schreie mehr zu hören und wir rätselten über die Ursache.
Der Regen hatte nun auch aufgehört, und zwischen Wolkenlöchern blitzte immer wieder die Sonne heraus. Die Maschine stoppte - mit einem Mal war es ganz ruhig, beinahe gespenstisch. Tümpelnd trieb die „Dulcinea" in den Weiten des Pazifiks. Wir krochen aus unserem sicheren Lager; nun öffnete sich auch die Türe des Salons. Drinnen sah es fürchterlich aus! Zwischen Gepäckstücken schwam-

men Klamotten und über allem hing ein fürchterlicher säuerlicher Gestank von Erbrochenem. Torkelnd kam einer nach dem anderen heraus. Der Doktor hatte Juan unter die Arme gefaßt. Der Junge sah plötzlich richtig erleichtert aus. Er machte uns Zeichen, die bedeuteten, daß wohl der Nierenstein auf natürlichem Weg den Körper verlassen hatte. Unter Deck stand das Wasser nun bereits fast einen halben Meter.
Hernando war auf das Oberdeck gestiegen und schrie irgendwas. In der Ferne war ein dunkler Fleck zu sehen, und ich hatte das Gefühl, daß wir darauf zutrieben. Mit einem Beben startete der Motor, und unsere „Yacht" nahm Kurs auf den Fleck. Bald erkannten wir, daß es unser Beiboot war, das kieloben trieb.
Nachdem es gelungen war, das Boot festzumachen, nahmen wir unseren Kurs wieder auf.
Ohne weitere Zwischenfälle, bis auf einen Generatorenausfall und das noch zweimalige Verlieren des Beiboots, erreichten wir nach 48 Stunden Puntarenas.

Nachtrag

Die Amerikaner waren alle sauer auf John Hodge. Er hatte jedem ein erkleckliches Sümmchen abgeknöpft für diese „Expedition". Die deutsche Gruppe war ebenfalls nicht gut auf ihn zu sprechen. Denn mit ihr verfuhr er ebenso. Zudem durften sie die beträchtliche Charter für den schwimmenden Schrotthaufen berappen. Neunte Expedition, und nichts dazugelernt:
Kapitän Hernando wurde sofort nach der Rückkehr festgenommen (er hatte kein Hochseepatent und gegen sämtliche Schiffahrtssicherheitsbestimmungen verstoßen), ebenso der Chartervermittler, ein Anwalt aus Costa Rica, sowie der Eigner, ein Amerikaner aus Boston, der bereits wartete, um die Chartersumme abzukassieren.
Die „Dulcinea"? Das Schiff hatte keine Hochseezulassung. Sie dürfte wohl kurz darauf mit einem Schneidbrenner Bekanntschaft gemacht haben.

Also Pech für alle? Sicher nicht. John Hodge war hochzufrieden. Die Abzocke seiner Landsleute hatte ihm immerhin rund 200 000 Dollar beschert. Carlos, der Kutterbesitzer, ist Unternehmer geworden, er hat seinen Kutter verpachtet, Haus und Eigentumswohnung erworben, viel Gold um Hals und Handgelenk.

Und wir? Waren ebenfalls zufrieden. Wir haben nämlich eine sensationelle Entdeckung gemacht. Und nicht mal Johnnyboy weiß davon.
Die nächste Rückkehr ist gewiß.

Geschichten von geheimnisvollen Schätzen in schwer zugänglichen Berghöhlen mit stapelweise Goldbarren darin, geben durchaus Anlaß zum Zweifel. Gerade für skeptische Zeitgenossen, die sowieso die Existenz von verborgenen Schätzen als Spinnerei abtun, sind solche Storys Wasser auf ihre Mühlen. Die nachfolgende Geschichte eines riesigen Goldschatzes - tief im Inneren eines Berges in New Mexico – ist nicht nur fundiert belegt, sondern bewiesen. Anders als viele andere Schatzgeschichten liegt die Entdeckung dieses Hortes nicht hunderte Jahre zurück, sondern erfolgte im 20. Jahrhundert.

Der Goldschatz im Victorio Peak

Die Geschichte begann im November 1937 in einer öden Region in New Mexico. Eine Region, die neben dieser Geschichte später noch einmal Schlagzeilen machen sollte. Dann aber nicht wegen eines Goldschatzes, sondern wegen eines geheimnisvollen Vorfalls, der als „Roswell-Fall" in die Annalen einging.
An einem Novembertag brach eine kleine Jagdgesellschaft in Hot Springs auf, um im Hembrillo Basin in den San Andres Bergen Hirsche zu jagen.
Initiator der Gesellschaft war Milton E. Noss, genannt „Doc", der zusammen mit seiner Frau Ova in dem kleinen Nest eine Art Fußklinik betrieb. Hot Springs war bereits damals ein Kurort mit Warmwasserquellen, der aus den gesamten USA regen Besuch fand.

Die kleine Jagdgesellschaft – Doc Noss, seine Frau Ova und vier Freunde - errichteten ihr Camp in der Wüste am Fuß des 120 m hohen „Victorio Peak". Während die anderen Jäger in einem Tal nach Rotwild spürten, stieg Doc Noss dem schmalen Felsgipfel zu. Auf dem Weg nach oben überraschte ihn ein kalter, schneidender Regenschauer. Knapp unterhalb des Gipfels entdeckte Noss einen großen überhängenden Felsen. Kurzerhand schlüpfte er darunter, um dort das Ende des Schauers abzuwarten. Noss bemerkte uralte Felszeichnungen an den Wänden. Sein Blick fiel auf einen seltsam geformten Felsen, der sich direkt vor ihm auf dem Boden befand. Nachdem der Brocken seine Aufmerksamkeit erregt hatte, begann er diesen näher zu inspizieren. Als er mit dem Messer ein Stück unter den Fels hinein gegraben hatte, gelang es ihm, eine Hand darunter zu zwängen und den Gesteinsbrocken wegzukippen. Erstaunt stand er vor einem Loch, das in den Berg hinein führte und von dem Stein verdeckt worden war. An einer Seite führte ein halb verrotteter Holzbalken nach unten, an den in Abständen Querstreben genagelt waren und der einmal als eine Art Leiter gedient hatte.
Doc Noss war überzeugt, daß es sich um einen alten aufgegebenen Minenschacht handelte. Bald darauf ließ der Regen nach und Milton Noss kehrte zum Camp zurück, wo er seiner Frau von seiner Entdeckung erzählte. Gleichzeitig schärfte er ihr ein, den anderen gegenüber den Mund zu halten.
Einige Tage nach der Entdeckung belud er seinen alten Pickup mit Seilen, Lampen und Werkzeugen und machte sich mit Ova auf den Weg, um den geheimnisvollen Schacht näher zu erkunden.
Damit begann eine der unglaublichsten Entdeckungen in der Geschichte verborgener Schätze.

Die Noss' schleppten ihre Ausrüstung hoch zum Gipfel des Victorio Peak. Doc Noss testete vorsichtig die provisorische Leiter. Schnell stellte er fest, daß dies ein lebensgefährliches Unterfangen war, da die

Milton „Doc" Noss

morschen Holzprügel sein Gewicht nicht trugen. Also seilte er sich in den Schacht hinab, der knapp 20 m in die Tiefe führte. Als er fast unten war, mußte er sich durch eine Verengung zwängen. Der enge Schacht endete in einer Felskammer. Auch hier bemerkte Noss überall Felszeichnungen. Der Schacht mußte also schon uralt sein; womöglich bereits in frühgeschichtlicher Zeit von Ureinwohnern angelegt. Manche der Zeichnungen waren gemalt, andere wiederum eingemeißelt.
Am Ende der Felskammer führte der Schacht weiter schräg nach unten. Nach etwa 40 m ging er dann in die Horizontale über. Hier mündete der Stollen in eine natürliche Höhle – „groß genug, daß ein Eisenbahnwaggon darin Platz gefunden hätte", notierte Doc Noss in seinen Unterlagen. Von diesem Felsendom zweigten mehrere künstlich herausgemeißelte Kammern ab. Als er sich im Schein der Lampe umsah, erschrak er fürchterlich: Auf dem Boden vor ihm kniete ein Skelett, die Arme, oder was noch davon übrig war, hinter dem Rücken gefesselt. Der Strick war an einem Pflock festgebunden. Als er sich weiter umsah, entdeckte er immer mehr dieser Skelette – fast alle auf dieselbe Art und Weise ermordet. Docs Notizen zufolge waren es insgesamt 27 Gerippe. Nun begann er, die seitlichen Kammern zu erkunden. Als er die erste Kammer betrat, prallte er regelrecht zurück: Allerdings waren es diesmal keine Toten, die sein Herz beinahe stillstehen ließen, sondern Gold, Juwelen, Schwerter, Satteltaschen und Kisten mit der Aufschrift „Wells Fargo & Cie". Als er eine weitere Kammer betrat, war sein Erstaunen grenzenlos. Eine regelrechte Mauer aus Gold türmte sich vor ihm auf; Barren auf Barren waren hier gestapelt – wie eine Wand!
Doc Noss versuchte, einen dieser Barren hochzuheben, was ihm nur mit Mühe gelang. Nachdem er seine erste Überraschung überwunden hatte, begann er grob zu überschlagen, welche Menge hier unten gelagert war. Er kam auf annähernd 16 000 Goldbarren, jeder mit einem Gewicht von mehr als 40 Pfund! Hier unten lag ein Goldschatz im Wert von einigen Milliarden Dollar!

Milton Noss füllte sich die Taschen mit Goldmünzen, nahm ein paar mit Juwelen besetzte Schwerter und machte sich auf den Rückweg.
Am Eingang des Schachtes wartete Ova bereits voller Angst. Zwei Stunden saß sie hier – zwei Stunden, in denen Milton Noss einen der größten Goldschätze der Welt entdeckt hatte. Nachdem er seiner verblüfften Frau Ova vom Schatz erzählt und seine Taschen geleert hatte, verschwand er sofort wieder im Schacht. Er suchte nochmals die Kammer mit den Barren auf, wo er sich einen der größten pakkte und unter Aufbietung aller Kräfte zum Ausgang schleppte. Nur unter größten Mühen gelang es ihm, sich mit dem goldenen Laib durch die Engstelle zu quetschen. „Das ist der erste und letzte der großen Klötze", keuchte er, als er wieder aus dem Loch kam. Mit einem dumpfen Geräusch ließ er den schweren Barren fallen. „Es ist zu eng am Boden des Schachtes für die ganz großen." Ova schlug immer wider die Hände vors Gesicht und stammelte: „Ich kann es nicht glauben, ich kann es nicht glauben – wir sind reich."
Von diesem Tag an drehten sich ihre Gedanken und Handlungen nur noch um die Schatzhöhle. Doc und Ova richteten am Fuß des Victorio Peak ein Camp ein, um nicht täglich den Weg nach Hot Springs machen zu müssen.
Von früh bis spät erkundeten sie das geheimnisvolle Stollen- und Tunnelsystem unter dem Victorio Peak. Von jeder Exkursion im Berg kehrte Doc Noss mit mindestens zwei Goldbarren und diversen Gegenständen zurück.

„Einmal“, so erzählte Ova später, „hörte ich ihn aus dem Schacht rufen: ‚Babe! Now you are the Queen of New Mexico!‘ und als er über den Rand des Schachtes stieg, hielt er eine goldene, mit Steinen besetzte Krone in Händen, die er mir aufsetzte.“ Ova erinnerte sich, daß diese Krone mit 243 Diamanten und einem blutroten Rubin besetzt war.
Unermüdlich schaffte Milton Noss Schätze aus dem Berg. Ova fotografierte Doc einige Male, als er mit Goldbarren aus dem Schacht kam. Einer dieser Barren trägt deutlich sichtbar die Prägung „La Rue“. Ein anderes Mal brachte er einen bizarr geformten Goldklumpen, einen Schmelzkuchen aus purem Gold!
Nun förderten Ova und Milton Noss monatelang Millionen aus dem Berg, waren reich – und trotzdem arm. Dummerweise hatte der amerikanische Kongreß bereits drei Jahre vor der Entdeckung des Schatzes angesichts der Weltwirtschaftskrise den Goldreserve-Akt in Kraft gesetzt; mit Gültigkeit ab 1.1.1934 war es Privatpersonen bei Strafe verboten, Gold zu besitzen, zu horten, zu kaufen und zu verkaufen. Milton Noss hoffte, daß dieses Gesetz irgendwann wieder aufgehoben werden würde. Sämtliche Goldbarren, Edelmetallgegenstände und Juwelen vergrub Doc an geheimen Plätzen, die nur ihm bekannt waren. Selbst seiner Ehefrau verriet er niemals auch nur ein Sterbenswörtchen.

Im Frühjahr 1938 kam Doc Noss die Idee, den Goldschatz zu legalisieren, falls der Gold Act wieder fallen sollte. Zu diesem Zweck reisten die beiden nach Santa Fé, schlossen mit der Regierung von New Mexiko einen Pachtvertrag und ließen sich Mining-Claims rund um den Victorio Peak zuweisen. Somit hatten die Noss' ab sofort das Recht, auf ihrem gepachteten Grund nach Bodenschätzen zu schürfen. Gleichzeitig erwarben sie damit das Recht zur Aneignung jedes auf ihrem Grund gehorteten Schatzes. Dieser clevere Schachzug gestattete ihnen nun jede beliebige Vorgehensweise.

Von nun an arbeiteten sie nicht mehr heimlich, sondern völlig offen und legal. Weiterhin schafften sie Unmengen Gold aus dem Berg.
Zwei Jahre waren seit der Entdeckung des Goldes vergangen, in denen sie einige hundert Barren, Juwelen und Artefakte aus den Kammern holten, ohne daß sie den Schatzvorrat merklich schwinden sahen.

In dieser Zeit wurden beide immer seltsamer. Sowohl Ova als auch Milton Noss waren überzeugt, daß die Nachbarn, ihre Freunde und Bekannte längst Bescheid wußten und ihnen nachspionierten. Sie waren sogar überzeugt, daß ihnen diese Leute ihr sorgsam vergrabenes Gold stehlen würden.

Es war im Jahr 1939, als Doc Noss den wohl größten Fehler seines Lebens beging. Bei jedem Einstieg in die unterirdische Anlage, besonders aber beim Verlassen derselben mit den schweren Goldbarren fluchte er jedesmal fürchterlich, wenn er die Engstelle passieren mußte. Er beschloß, den behindernden Block zu beseitigen, um besser und zügiger arbeiten zu können. Da sie ja nun die Mineneigentümer waren, stellte dies kein Problem dar. Milton Noss heuerte den Mineningenieur Montgomery an und beauftragte ihn mit der Sprengung. Bei der Besichtigung der Sprengstelle berechnete Montgomery die benötigte Menge Dynamit mit acht Stangen. Noss war entsetzt und meinte, dies sei viel zuviel. Nach einer heftigen Diskussion setzte sich der Ingenieur durch. Auf dessen Erfahrung vertrauend, gab Doc schließlich widerwillig nach. Dies aber war der zweitgrößte Fehler seines Lebens. Die Ladung war viel zu hoch dosiert. Die Sprengung zerstörte nicht nur den Felsblock, sondern verschüttete den gesamten Eingang und den Stollen. Milton und Ova Noss waren nun von ihrem Goldschatz durch hunderte Tonnen Gestein ausgeschlossen.

Wochenlang versuchte Doc Noss sich einen Weg hinein zu bahnen. Sämtliche Versuche mit herkömmlichen Mitteln waren jedoch aussichtslos. Dieser Vorfall entzweite das Ehepaar Noss endgültig. Ova

machte ihm ständig Vorhaltungen, aber anstatt sich mit dem bereits Geborgenen zufrieden zu geben, machten sie einander das Leben zur Hölle. Kurze Zeit darauf ließen sich die beiden scheiden.
Doc gab nun die Versuche auf, zu dem verschütteten Gold vordringen zu wollen. Stattdessen wollte er Teile des geborgenen Goldes auf dem Schwarzmarkt zu Bargeld machen. Einer dieser Versuche scheiterte in Arizona und er verschwand für eine Weile in einem staubigen Wüstengefängnis.

Milton Noss tauchte 1949 in der Mine Charly Ryans in Alice, Texas, auf. Er erzählte diesem von seiner verschütteten Mine. Ryan war sofort interessiert und folgte Doc Noss zum Victorio Peak. Noss erzählte ihm auch von seinem vergrabenen Gold. In den nächsten Tagen wollte er sich mit einem Käufer treffen, der für 25 000 Dollar Gold zu kaufen beabsichtigte. Doc versprach seinem neuen Partner die Hälfte davon, sollte er ihm wieder Zugang ins Innere seines Berges verschaffen.
Als sie am Peak ankamen, trafen sie eine völlig veränderte Situation vor: Ova Noss hatte in der Zwischenzeit einen gerichtlichen Gegenanspruch erwirkt, der ihr das Miteigentum sicherte. Angesichts dieser Situation hatte Doc Noss keine besondere Lust mehr, den Schacht zu öffnen und bedrängte Ryan, ihre Abmachung rückgängig zu machen.

In dieser Nacht grub Noss zusammen mit einem entfernten Verwandten einen Teil des Goldes aus, um es an einem anderen Platz wieder zu verbergen. „Wir fuhren mit dem Pickup weit hinaus in die Wüste, zu dem Platz, wo Doc das Gold vergraben hatte“, erzählte Tony Jolly später. „Insgesamt gruben wir dort 110 Barren aus, die wir auf den Lastwagen luden.“
Doc verschwand wieder alleine in der Wüste, wo er an einem geheimen Ort die Barren abermals vergrub. Auf dem Rückweg erklärte er Tony, daß ein Käufer am nächsten Tag kommen würde.
Am nächsten Morgen bedrängte Doc Ryan wiederum, ihren Deal rückgängig zu machen. Ryan wurde wütend, weil er erkannte, daß er keinen Cent sehen würde. Ihm war klar, daß Doc Noss versuchte, ihn um seinen Anteil zu bringen. Es entbrannte ein heftiger Streit, in dessen Verlauf Charly Ryan drohte, zum Sheriff zu fahren und Noss anzuzeigen.
Doc Noss schrie, dies werde er zu verhindern wissen, dafür knalle er ihn ab und lief zu seinem Pickup, um einen Revolver zu holen.
Ryan rannte hinterher und forderte ihn auf, stehen zu bleiben. Als Doc Noss sich umdrehte, zog Ryan seinen Colt und feuerte zwei Schüsse auf ihn ab. Die zweite Kugel traf Doc in den Kopf, und er brach tot zusammen.

„Treppenwitz“ am Rande der Geschichte: Der Mann, der einen Milliardenschatz gefunden und Gold im Wert von rund 100 Millionen beiseite geschafft hatte, trug genau 2,16 Dollar in der Tasche, als man seinen Leichnam fand!

Charly Ryan wurde in Las Cruces vor Gericht gestellt und des Mordes angeklagt. Sein Verteidiger plädierte auf Notwehr und die Jury sprach ihn frei.

Mittlerweile war die Entdeckung des Schatzes überall bekannt. Natürlich stellte man sich die Frage, von wem all das Gold, die Juwelen und die Schmuckstücke stammten.
Fachleute entwickelten mehrere Theorien – jede hat etwas für sich. Welche aber tatsächlich zutrifft, kann niemand genau sagen. Wahrscheinlich sind sogar mehrere zutreffend.

In einer der Kammern hatte Noss vier rätselhafte Schriftstücke aus Leder, die aus dem Jahre 1797 datieren, gefunden. Es gelang ihm, die Schriftstücke zu entschlüsseln und zu übersetzen.
Darin heißt es:

Ova Noss am Eingang zum Schacht vor dem Einsturz.

„Sieben ist eine heilige Zahl! In sieben Sprachen, sieben Zeichen und in sieben fremden Nationen halte Ausschau nach den sieben Zentren aus Gold. 70 Meilen nördlich von El Paso del Norte ist der siebente Gipfel Soledad; dieses Zentrum hat sieben versiegelte Türen, drei Siegel in Richtung der aufgehenden Sonne, drei Siegel in Richtung der untergehenden Sonne, eine tief im Inneren der Höhle des Goldes. Erhalte Gesundheit, Reichtum und Ehre."

Entdeckte Doc Noss zufällig die „Casa del Cueva Oro"? Wenn ja, dann aber sicher nicht den Haupteingang, denn der enge Schacht mit dem Hindernis dürfte kaum geeignet gewesen sein, diese gewaltige Menge an Schätzen dort hineinzuschaffen.
Die Geschichte von den Sieben Goldenen Städten ist seit mehreren hundert Jahren in der Gegend um Texas, New Mexico, Arizona und Mexiko bekannt.

Eine andere Spekulation bezieht sich auf Don Juan de Onate, der 1598 in New Mexico Indianer in seinen Gold- und Silberminen schuften ließ. Mit außergewöhnlicher Grausamkeit zwang er sie zu Höchstleistungen und es ist historisch belegt, daß er eine riesige Ausbeute machte. Als er 1607 nach Mexico City beordert wurde, nahm er nichts davon mit, sondern brachte alles an einem sicheren Versteck unter. Dies könnten durchaus die Höhlen im Victorio Peak gewesen sein.

Eine besonders heiße Spur führt zu einem katholischen Missionar. Dieser aus Frankreich stammende Felipe La Rue zog 1798 durch New Mexico von Hazienda zu Hazienda, von Dorf zu Dorf und bekehrte die Leute zum katholischen Glauben. In der Nähe von Chihuahua übernahm er eine kleine Missionsstation, die langsam zu einem Dorf heranwuchs. Dort freundete er sich mit einem alten Mann an, einem ehemaligen spanischen Soldaten, der sehr krank war und den er täglich besuchte.
Dieser erzählte ihm von einem reichen Goldvorkommen hoch oben in den Bergen, nur zwei Tagesreisen von El Paso del Norte, dem heutigen El Paso, entfernt. Er fügte nachfolgende Wegbeschreibung hinzu:

Padre La Rue – auf einem der Barren ist sein Namen gestempelt.

„Nach einer Tagesreise von El Paso del Norte kommst du an drei kleine Berggipfel. Nach dem ersten Blick auf diese Gipfel wende dich nach Osten und durchkreuze die Wüste in Richtung der Berge. In den Bergen findest du ein Bassin mit einer Quelle am Fuß eines einzelnen Gipfels. Auf diesem Gipfel findest du Gold."

Padre La Rue dachte daran, wie etwas Geld das Leben der Gemeinde verbessern könnte. Er rief die Bewohner zusammen, und es fanden sich einige, die La Rue auf seiner Suche nach dem Gold begleiteten.
Sie folgten der Beschreibung, passierten El Paso, folgten dem Rio Grande und stießen auf die drei Gipfel. Sie durchquerten die Wüste und gelangten endlich in die San Andres Berge. Mehrere Tage dauerte es, bis sie endlich das Bassin mit der Quelle entdeckten. Hier ragte auch ein einzelner Berg mit einem Felsgipfel empor.
Fachleute glauben, daß es sich dabei um das Hembrillo Becken handelt und bei dem Berg um den Soledad Peak. Dies war der frühere Name, bis nach einer Schlacht im Jahre 1880 zwischen der US Army und dem Apachenhäuptling Victorio der Berg nach dem kriegerischen Indianer benannt wurde.

Hier am Fuße des Berges errichtete La Rue das Camp und sie erkundeten den Berg. Bald fanden sie nahe dem Gipfel eine reiche Ader, die jahrelang reiche Ausbeute versprach. Sie trieben Stollen und Schächte und folgten dem Verlauf der Goldader. Die Ader erwies sich als ausgesprochen ergiebig - je tiefer sie vordrangen, umso mächtiger wurde sie. La Rue erkannte, daß er mehr Leute benötigte. Ein paar Dutzend Mönche und Indianer kamen, um die Mannschaft zu verstärken. Das gewonnene Erz wurde in Barren gegossen und in einer großen natürlichen Höhle im Inneren des Berges zwischengelagert.

Inzwischen war bei einer Inspektion durch die Kirchenleitung die Mission verlassen und leer vorgefunden worden. Lediglich ein paar alte Frauen wurden angetroffen, die erzählten, daß der Priester und die meisten Bewohner in die Berge zur Goldsuche aufgebrochen seien.
Daraufhin wurde ein Suchtrupp losgeschickt, um die Dorfbewohner zu suchen.

Als sich der Suchtrupp dem Gebiet näherte, befand sich gerade eine Gruppe der Goldsucher in La Mesilla, um Lebensmittel zu besorgen. Schnell kehrten sie ins Camp zurück und berichteten Padre La Rue

von ihrer Beobachtung. Daß er ohne Genehmigung der Kirchenführung seine Mission verlassen hatte, kümmerte ihn wenig. Dies ließ sich erklären. Weitaus problematischer war, daß er die „Quinta" nicht deklarierte – das königliche Fünftel, das jeder abzuliefern hatte. Der Pater ließ alles Erz und Gold in den Berg schaffen, alle Zugänge sorgfältig tarnen und schickte die Leute weg.
Als die Soldaten kamen, wollten sie wissen, woher das Gold stamme, mit dem in La Mesilla die Einkäufe bezahlt wurden. La Rue schwieg eisern. Da außer ihm niemand vorgefunden wurde, den man hätte befragen können, begann man ihn zu foltern. Immer wieder wollte man von ihm wissen, woher er das Gold habe. Aber La Rue verriet nichts; er starb unter der Folter.
Die Soldaten begannen rings um den Berg nach Gold zu suchen. Die Zugänge aber waren teilweise zugeschüttet und gut getarnt. Ohne Ergebnis zog der Suchtrupp am nächsten Tag wieder ab.

Der Schatz des Pater La Rue ging als „Lost Padre Mine" in die Geschichte verschollener Schätze ein. Diese Theorie scheint eine der schlüssigsten zu sein – zumindest was die Goldbarren betrifft. Auf einem der alten Fotos von Ova Noss ist, wie schon erwähnt, ein Barren mit der Prägung „La Rue" zu sehen. Was allerdings unglaublich klingt, ist die Menge, von der Doc Noss berichtet hat: 16 000 Goldbarren würden bedeuten, daß dies eine der reichsten Goldminen überhaupt gewesen sein müßte. Interessant, daß bislang kein Körnchen Naturgold in der Umgebung des Berges gefunden wurde!
Die Spekulationen hielten weiter an. So hatte angeblich Kaiser Maximilian von Mexiko – ein Bruder Kaiser Franz Josephs I. – 1867 eine ungeheure Ladung an Gold und Juwelen in die USA geliefert. Dieser Transport soll von Banditen überfallen worden sein, die die Eskorte ermordeten. Von dem Gold hat man nie wieder etwas gehört. Diese Spekulation gehört jedoch eher in die Gerüchteküche.

Eine andere realistischere Vermutung betrifft Häuptling Victorio. Lange Zeit nämlich beherrschte der Apache das gesamte Hembrillo Becken. Während die meisten seines Volkes längst ins Reservat San Carlos in Arizona umgesiedelt worden waren, weigerte er sich hartnäckig, seinem Stamm dorthin zu fogen. Seit eh und je war New Mexico das Land der Apachen. Ein Vertrag mit der US-Regierung sicherte ihnen das Aufenthaltsrecht in New Mexico zu, „solange die Berge existieren und das Wasser im Fluß fließt." Mit dem Goldrausch 1878 in New Mexico wurde der Vertrag gebrochen und Victorio grub das Kriegsbeil aus.
Victorio war ein äußerst kluger und raffinierter Krieger, der wußte, wo man den weißen Mann am ehesten treffen konnte, nämlich durch einen Angriff auf dessen Geldbeutel. Er und seine Bande begannen Goldtransporte zu überfallen und auszurauben. Als die Goldtransporte ausblieben, überfielen sie Ortschaften, raubten Kirchen aus und brannten sie nieder. Für die Entwicklung des Staates war fataler, daß sie ständig Kutschen von Wells Fargo ausraubten sowie Reisenden und Geldtransporten auflauerten. Zahlreiche Soldtransporte der Army fielen ihnen in die Hände. Sämtliche Postkutschenstationen zwischen Texas und New Mexico wurden von ihnen geplündert und vernichtet. Dies zerstörte die komplette Infrastruktur und brachte praktisch jegliche Entwicklung zum Erliegen.
Als letzten Schritt gingen die Apachen dazu über, jeden, dessen sie habhaft wurden, gefangen zu nehmen und zu verschleppen.
Damit war der Bogen sprichwörtlich überspannt. Die Army zog gegen den Häuptling Victorio und seine Horde in den Krieg. Unmittelbar am Fuß des Soledad Peak entbrannte eine mörderische Schlacht zwischen der 9. Kavallerie und den Rothäuten. Beide Seiten erlitten fürchterliche Verluste. Nach zähem Ringen entschied die Army die Schlacht zu ihren Gunsten und beendete den Spuk.
In Erinnerung daran erhielt der Berg den Namen des zähen Häuptlings.

Historiker erklären den erbitterten Widerstand damit, daß der Häuptling seine Beute im Berg verteidigen wollte. Das ist kaum glaubwürdig. Die Indianer machten sich nie etwas aus Geld und Gold. Sie

kämpften deshalb so erbittert, weil es um ihr Leben ging, und sie wußten, daß eine Niederlage das Ende bedeuten würde.
Nicht von der Hand zu weisen, ist jedoch die Vermutung, daß die Höhlen im Berg das Versteck der Beute gewesen sein könnten. Dafür sprächen zumindest die Satteltaschen mit Geld und Münzen, die Wells Fargo-Kisten und manche sakralen Gegenstände sowie Säbel und Revolver der US Kavallerie, die Noss gefunden hatte. Stärkstes Argument dafür sind aber die an Pflöcke gefesselten Skelette, die an Rachemorde der Apachen gemahnen. Die primitive Leiter, die den Zugang zu den Schatzkammern ermöglichte, erinnert an die indianischen Steigehilfen in ihren Pueblos.

Wie immer man die Herkunft der Schätze erklären will, sicher ist, daß Doc Noss durch Zufall auf sie gestoßen ist.

Nach Docs Tod war der Weg frei für seine Ex-Frau Ova. Sie war fest entschlossen, wieder Zugang zu der Mine zu schaffen. Sie heuerte Arbeiter an und begann, den Schacht frei zu legen. Als die Arbeiten bereits zügig im Gange waren, kam die nächste Überraschung: Am 14. November 1951 erging die Land Order Nr. 703: das gesamte Gelände solle in das Pachteigentum der US Army übergehen. Die amerikanische Regierung beabsichtigte, ausgerechnet hier die White Sands Missile Range – ein Raketentestgelände – zu errichten.
Der Beschluß besagte, daß die Armee ausschließlich das Nutzungsrecht der Oberfläche des gesamten Gebietes erhalten solle. Die Nutzung schloß dabei jegliche Rechte auf den Untergrund aus. Gleichzeitig legte die Kommission fest, daß weder Ova Noss noch sonst jemand einen Anspruch auf im Boden befindliche Erze oder Schätze habe, da Nachforschungen im Bergbauarchiv keinen Beleg erbrachten, daß Doc Noss tatsächlich dort einen Claim registriert hatte. Dies bedeutete, daß zwar der Eigentümer des Landes, Roy Henderson, einen Anspruch auf etwaiges Gold oder Schätze hätte, nicht aber die Noss. Ova arbeitete trotzdem unbeirrt jahrelang weiter an ihrem Stollen, bis man ihr 1955 dies untersagte. Die Armeeführung befürchtete einen Präzedenzfall. Falls Ova Noss weiterhin ungestört hätte schürfen können, hätte jeder andere ebenfalls das Recht auf einen Claim im Militärgelände beanspruchen können.
Ab sofort wurde ihr der Aufenthalt auf dem Gelände und jegliche weitere Tätigkeit dort verboten. Ova Noss nahm dies nicht so hin: Sie wandte sich an den Senator von New Mexico um Hilfe. Es entwickelte sich ein reger Briefwechsel zwischen Ova Noss, der Regierung und der Armee. General G. Eddy beharrte auf dem Standpunkt, daß niemand das Recht habe oder bekomme, auf dem Militärgelände irgendwelche Minenarbeiten durchzuführen. Dies gälte auch für Ova Noss. Was ihr nun blieb, war nur noch, die Gerichte zu bemühen.

In der Zwischenzeit breitete sich die Army immer weiter auf dem Gelände aus. Jegliche Nutzung für Privatpersonen war verboten. Armeeangehörige hingegen hatten auf dem Areal sämtliche Freiheiten und diese führten abermals zur Entdeckung eines Goldschatzes.
Drei Angehörige der Air Base, Thomas Berclett, Leonard Fiege und Jack Wessel, befanden sich 1958 auf einem Jagdausflug am Victorio Peak, als sie auf ein Loch im Berg stießen. Fiege und Berclett krochen hinein und landeten in einem kleinen Raum, der mit Goldbarren aufgefüllt war. Sie ließen alles, wie es war und verschlossen den Stolleneingang sorgfältig. Lediglich Berclett ritzte in einen der Barren seine Initialien. Zwei Jahre später, im Mai 1961, meldete Fiege die Entdeckung dem Kommandeur der Air Base, General Shinkle. Zusammen mit 14 Militärpolizisten fuhren sie zum Peak. Dummerweise war Fiege nicht mehr imstande, die Stelle zu finden. General Shinkle war wütend und der Meinung, Fiege wolle sich wichtig machen und ihn zum Narren halten. Er ordnete die Festnahme Fieges und ein Verhör mit Lügendetektor an.

Ova Noss mit Gegenständen, die aus der Höhle geborgen wurden. Prägnantestes Stück ist ein großer Gußkuchen aus Gold.

Das Ergebnis muß wohl überraschend positiv gewesen sein, denn General Shinkle beorderte Fiege unverzüglich zum Stützpunkt zurück. Nun begann eine militärische Suche nach allen Regeln der Kunst, obwohl dieses Vorhaben gegen den Pachtvertrag verstieß.
Ova Noss hatte nicht vor, aufzugeben. Sie beauftragte vier Freunde, die Situation auf dem Gelände zu erkunden. Trotz Betretungsverbots schlichen die vier in das Sperrgebiet. Obwohl man sie bald aufgriff und des Geländes verwies, hatten sie genug gesehen. Einer von ihnen, Richter Moreland aus Texas, berichtete von einem Jeep, einem Panzerwagen und einer großen Menge Telegrafenstangen, die man zum Peak geschafft hatte. Ova Noss beschwerte sich bei Oscar Jordan im New Mexico Land Office. Jordan rief sofort beim Rechtsbüro der White Sands Base an und untersagte sämtliche Aktivitäten. Zähneknirschend mußte General Shinkle seine private Schatzsuche abbrechen.

Einen Monat danach schlichen sich Moreland und seine Freunde im Schutz der Dunkelheit abermals zum Victorio Peak. Sie trafen auf eine vollkommen verwüstete Landschaft. Überall waren Löcher und Schächte gegraben, eine Straße war zum Gipfel hinauf angelegt und Tunnels in den Berg geschlagen. Nur: vom Gold keine Spur!
All dies half Ova Noss nicht weiter. Die Armee weigerte sich weiter beharrlich, ihr eine Erlaubnis zum Graben zu erteilen.

Anders die Gaddis Mining Company aus Denver. Unter dem Mäntelchen des Museums von Santa Fé durfte die Company 1963 mit staatlicher Förderung nach angeblichen archäologischen Spuren forschen und graben. 30 Tage lang wurden Vermessungsarbeiten und Probebohrungen durchgeführt,

Tonnen von Gestein und Erde bewegt und ein 70 m langer Tunnel vorgetrieben. Nach Ablauf der 30 Tage wurde zwar kein Gold gefunden, aber der Staat war nun immerhin um 250 000 Dollar ärmer!

In dieser Zeit trat die Armee an Ova Noss heran und versuchte, sie zur Unterzeichnung eines Dokuments, das die Army bevollmächtigt hätte, nach dem Gold zu suchen, zu bewegen. Sie lehnte auf Anraten ihres Anwalts ab. Was wußte die Armee oder welche Beweggründe steckten dahinter? Ova Noss kam zu der Annahme, die Armee habe längst das Gold gestohlen und versuche nun im Nachhinein, den Diebstahl zu legalisieren. Für Ova Noss spielte es kein Rolle, ob das Gold in Fort Knox oder unerreichbar im Berg lag. So oder so hatte sie keinen Zugriff.
Ova Noss sollte keine Chance mehr bekommen, ihr Gold zu sehen: Sie starb 1979 nach langem Kampf um ihre Mine. So erlebte sie nicht mehr, daß eine spezielle Resolution im Kongreß 1989 das White Sands Base Areal für ihre Nachkommen öffnete.

Der Rest ist schnell erzählt:
Mittlerweile sind mehrere Gruppen und Syndikate in die Geschichte involviert, die alle ein Stück vom Kuchen haben wollen.

Daß der Kuchen existiert, ist mittlerweile auch wissenschaftlich gesichert. Einer der wenigen Goldbarren, die aufgefunden werden konnten, wurde auf Veranlassung des Anwalts F. Lee Bailey labortechnisch und metallurgisch untersucht.

Hauptgruppe ist mittlerweile die „Ova Noss Family Partnership“, deren Initiatoren die Nachkommen von Milton und Ova Noss sind: Letha Guthrie und Dorothy Delonas, die beiden Töchter von Ova Noss und deren beide Söhne Terry und Jim Delonas.

In den Neunziger Jahren fanden einige Untersuchungen mittels Bodenradar statt, die ein großes unterirdisches System nachwiesen.

Auch Norman Scott, hierzulande bekannt durch seine Suche nach dem Bernsteinzimmer, bei der er mit seiner Bohrleidenschaft Weimars Straßen und Plätze erfolglos perforierte, hat sich an der Gruppe festgebissen und bohrt seine Löcher in den Boden von New Mexico.
Bislang allerdings mit demselben Erfolg wie in Weimar.

Doc Noss' legendärer Schatz wird wohl eines Tages geborgen werden. Was wahrscheinlich für immer im Sand der Wüste verschollen bleibt, sind jene 219 Goldbarren die er eigenhändig wieder vergrub. Jeder im Gewicht von 80 Pfund.

Eine burgartige Villa, erbaut von einer mehr als zwielichtigen Figur während des Dritten Reichs auf der Kanareninsel Fuerteventura und ein geheimer U-Bootstützpunkt im Berg sind die Schauplätze einer mysteriösen Geschichte. Sie erzählt von Mord und Totschlag und, wie die Vergangenheit gezeigt hat, ist es durchaus gefährlich, ihr Geheimnis lüften zu wollen.

Das Geheimnis der „Villa Winter“

Alles begann während des Zweiten Weltkriegs mit Admiral Dönitz' ehrgeizigen Plänen, den Aktionsradius der „Seewölfe“ vor allem im Atlantik vor Afrika festigen und ausbauen zu wollen. Die spanische Regierung verhielt sich zwar nach außen hin neutral, aber mit deren heimlicher Billigung fanden die NS-Strategen Mittel und Wege, die Neutralität zu umgehen. Vor allem deshalb, weil die Grundlage für eine ständige und versorgungsunabhängige Präsenz deutscher U-Boote in diesen Gewässern eine solide Basis war. Eine solche Operationsbasis mußte jedoch sämtliche technischen Vorteile bieten, die für ein Projekt in dieser Größenordnung erforderlich waren. Um die Kriterien für einen geheimen U-Bootstützpunkt zu erfüllen, eigneten sich nur wenige Örtlichkeiten. Das Festland Spaniens kam nicht in Frage, da dies den Aktionsradius wieder zu sehr eingeschränkt und zum anderen Spanien kompromittiert hätte. Teneriffa und Gran Canaria schieden aus, weil diese zu stark bevölkert waren. Hierro war zu klein, und Lanzarote eignete sich wegen seiner flachen Küsten nicht. Als optimal bot sich lediglich Fuerteventura an, allein schon wegen der geringen Entfernung zur afrikanischen Küste.

Das Hauptproblem bestand darin, daß offizielles Vorgehen auf Grund Spaniens „Neutralität“ nicht ohne weiteres möglich war. Dies wurde dadurch umgangen, daß ein Großteil der Insel, die Halbinsel Jandia im Süden Fuerteventuras, von einem privat gegründeten Unternehmen, der Dehesa Jandia S.A., erst gepachtet, später an den Geschäftsträger des Unternehmens, den deutschen Ingenieur Gustav Winter, verkauft wurde. Winter, der seit 1938 mit dem Chef der deutschen Abwehr, Wilhelm Canaris, in Verbindung stand, und auch nachweislich Kontakte zu Reichsmarschall Göring pflegte, übernahm die Leitung des Aufbaus des deutschen Stützpunktes auf Fuerteventura.

Nachdem man die Bewohner der Halbinsel umgesiedelt hatte, wurde das Gebiet zum Sperrgebiet erklärt.

Eigens aus Deutschland herangeschaffte Spezialtrupps bohrten Brunnen und schufen die logistischen Voraussetzungen. Es wurden Schienen für Loren verlegt, was auf eine Stollenbautätigkeit schließen läßt.

Ein Zeitzeuge erzählte mir von der Existenz eines geheimen U-Bootbunkers im Süden Fuerteventuras, in den Jahren 1938/39. Auch ein Flugfeld soll damals angelegt worden sein, was auf größere Bewegungen schließen läßt. (Möglicherweise war Winter im Dienst der ODESSA – „Organisation der ehemaligen oder entlassenen SS-Angehörigen“ - tätig, und man plante bereits vorausschauend den stillschweigenden Abgang „danach“. Einiges würde dafür sprechen.)

Dieser Zeuge, Friedrich N., schilderte mir auch einen Vorfall, der sich vier Jahre zuvor in den Gewässern um Fuerteventura zugetragen hatte:

Beim Bau des eigentlichen Bunkers sollen die Baumeister den Umstand genutzt haben, daß sich an vielen Stellen durch vulkanische Tätigkeit riesige Luftblasen gebildet hatten. Diese natürlichen Dome waren meist nur von See aus erreichbar und somit prädestiniert für einen U-Boothafen. Im Süden der Insel errichtete man eine luxuriöse Villa mit einem Turm, dessen Funktion umstritten ist. Am ehesten ist anzunehmen, daß er als Bezugspunkt den einlaufenden U-Booten als Peilhilfe diente.

In der heißen Phase der Bauarbeiten wurde der größte Teil der Bevölkerung evakuiert.
Dies ist wahrscheinlich auch ein Grund, weshalb niemand die genaue Lage des Bunkers kennt. Die Arbeiten müssen jedoch rasch beendet gewesen sein, denn bald schon liefen große Frachtschiffe die Insel an. Einmalig war, daß dieser Bunker unter Wasser angefahren werden mußte. U-Booten der 7er Klasse war es durchaus möglich, in Sehrohrtiefe eine Peilung vorzunehmen und sich dem Punkt dann in Schleichfahrt zu nähern. Nun mag der eigentliche Zweck des Bunkers vorerst offen bleiben; möglicherweise diente er dem Wolframschmuggel, der in dieser Region abgewickelt wurde.
Welchen Stellenwert die Basis auch immer eingenommen haben mag, eines ist sicher: Jeglicher autonome Stützpunkt mußte finanziell absolut unabhängig sein. Nur das Vorhandensein einer entsprechend bestückten Kasse konnte dies garantieren. Das einzige Zahlungsmittel, das in einem solchen Krieg dafür in Frage kam, war Gold. Nach ziemlich gleich lautenden Aussagen soll es sich dabei um eine Reserve von etwa sieben Tonnen gehandelt haben! Der Stützpunkt war also aktionsbereit, für welche Aktionen auch immer.
Daß es sich aber um Dinge von ungeheurer Tragweite gehandelt haben muß, beweist ein Vorfall, der sich 35 Jahre später ereignete.

Fuerteventura 1974

Bereits seit mehreren Tagen bewegt sich eine große Yacht in den Gewässern um die Insel. Die Mannschaft besteht aus zwei spanischen Journalisten und einem österreichischen Fotografen. Wo immer sie auftauchen, spielen sie die reichen Touristen, die großzügig Drinks ausgeben und über viel Freizeit verfügen. Allerdings fällt auf: Immer wieder bringen sie das Gespräch geschickt auf den Zweiten Weltkrieg und den seither verschollenen U-Bootbunker. Tagsüber kreuzt die Yacht immer öfter in den südlichen Gewässern Fuerteventuras. Eines Tages werfen sie an einer Stelle Anker, und während ein Mann auf dem Boot zurückbleibt, gleiten zwei Taucher ins Wasser und nähern sich zielstrebig der Küste, wo in sechs Metern Tiefe ein großes dunkles Loch gähnt: die Einfahrt zum U-Bootbunker! Der Meeresgrund ist im Laufe der Zeit stark versandet, aber trotzdem ist das Loch immer noch fast fünf Meter hoch. Die vorherrschende starke Strömung macht den beiden Tauchern schwer zu schaffen, die Sicht am Grund des Tunnels beträgt allerhöchstens zwei bis drei Meter. Allmählich wird das Wasser flacher und einige Meter weiter stoßen sie auf eine Betonmauer. Über eine eiserne Leiter gelangen sie ins Trokkene und legen erst einmal ihre Tauchgeräte ab. Als sie die Lichtkegel der Unterwasserscheinwerfer über das Innere der riesigen Höhle streichen lassen, rieseln ihnen Schauer über den Rücken.
Was sie sehen, ist zu unglaublich. Im diffusen Schein der Lampen erkennen sie die Silhouetten zweier dunkler, bedrohlicher Ungetüme. Die Lichtkegel wandern über zwei U-Boote der 7C-Klasse! Als sich die beiden Taucher wieder einigermaßen gefangen haben, gehen sie daran, die stählernen Rümpfe näher zu untersuchen. Festgemacht mit Stahltrossen tümpeln die Boote in der Atlantikdünung, die selbst hier in der Höhle noch spürbar ist. Im Inneren der Boote ist nichts Ungewöhnliches zu bemerken.
Lediglich ein Stapel Karten erregt ihre Aufmerksamkeit. Besonders die Karte mit der Küste Südamerikas. Sechs Stellen sind mit dem Buchstaben „T" in einem Kreis markiert. Auch einige Zeitungsausschnitte liegen dabei, die sie ebenfalls mitnehmen. Die Strömung ist inzwischen stärker geworden, und sie haben Mühe, dagegen anzukämpfen. Mit letzter Kraft erreichen sie ihr Schiff. Auf der

Eine schloßartige Villa inmitten der öden und wüsten Südspitze von Fuerteventura.

Rückfahrt zum Hafen prüfen sie im Handbuch die Nummern der beiden U-Boote nach und erleben eine gewaltige Überraschung. Die im Bunker vorgefundenen Tauchboote gelten offiziell als versenkt! In dieser Nacht passiert auf der kleinen Kanareninsel nichts Besonderes. Nur auf einer Touristenyacht ereignet sich eine Explosion, bei der zwei Spanier ums Leben kommen und ein österreichische Passagier einen schweren Schock erleidet und zeitweise das Gedächtnis verliert.

Dieser Überlebende des Unglücks (Attentats?) vertraute sich 1976 dem oben genannten Zeitzeugen an, der mir wiederum den Vorfall schilderte. Mitte der Achtziger Jahre hatte ich dann Gelegenheit, selbst mit dem Überlebenden zu sprechen. Wir trafen uns in einer europäischen Großstadt, in welcher er bis zu seiner Pensionierung 1996 als Hotelportier tätig war. Er bestätigte die Geschichte bis auf kleine Details, an die er sich nicht mehr erinnern konnte.
Dem Vorfall zufolge muß die Villa ein Geheimnis bergen, welches selbst so viele Jahre nach Ende des Krieges irgendwelchen Kreisen wert ist, dafür zu morden.
Allerdings verwundert manches nicht: Nach Kriegsende wurde an der Villa weitergebaut, so als wäre nichts geschehen. Sogar im Jahr 1946 wurden noch politische Häftlinge eines Konzentrationslagers zu Straßenbauarbeiten gezwungen.

Gustav Winter kehrte ein Jahr später wieder nach Fuerteventura zurück, um den weiteren Ausbau der Villa zu beaufsichtigen.
Erstaunlich daran ist, daß Winter niemals dort wohnte - immerhin ist das Gebäude an sich ein architektonisches Meisterwerk. Im übrigen läßt die Gestaltung des gesamten Gebäudes sowie der Räumlichkeiten ahnen, daß der eigentliche Zweck wohl ein ganz anderer war.

Zwei österreichische Globetrotter, die sich Anfang der Achtziger Jahre in Fuerteventura aufhielten, stiegen eines Nachts heimlich in die Villa ein. Was sie schilderten, bestätigt den Verdacht, daß dort etwas höchst Geheimnisvolles vorzugehen schien.

Ihrer Beschreibung zufolge sind die meisten Räume sicher nicht zum Wohnen geeignet gewesen, da sie aufgrund ihrer geringen Größe kaum Gemütlichkeit vermitteln. Seltsam auch, daß sie verschiedene Räume zugemauert fanden, und im Untergeschoß existiert ein Korridor, von dem keinerlei Räume abgehen. Der Zweck dieses Korridors ist ein absolutes Rätsel!
Ein Rätsel stellt auch der Turm der Villa dar: Die unteren Stockwerke sind nicht zugänglich, lediglich das obere Stockwerk. Die ungemütlichen Turmräume hatten möglicherweise technische Funktionen zu erfüllen.
Die beiden erzählten von einer überdimensionalen Elektroschalttafel, die sich in einem der Räume befindet.
Auch ein großer Raum im Untergeschoß gibt Anlaß zu Spekulationen: Die Ausgestaltung läßt auf eine große Küche schließen, da auch ein Speiseaufzug vorhanden ist. Die Größe der Küche aber paßt keineswegs zu einer Villa, die nur von einer Familie bewohnt wird. Sie hat mehr den Anschein einer Mannschaftsküche. Hier befinden sich mehrere Türen, von denen einige in Nebenräume führen. Hinter einer der Türen jedoch stießen sie auf eine Treppe, die in ein weiteres Untergeschoß führt. In diesem Kellerraum befinden sich zwei Türen, von denen eine allerdings keine normale Türe sein soll, sondern dem Bericht der Österreicher zufolge ein „Schott“ in Form einer Eisen- oder Stahltüre, welche mit einem Handrad versehen ist. Sie versuchten vergebens, diese und eine weitere Tür zu öffnen.

Im nahegelegenen Ort Cofete existiert ein festungsartiges Gebäude, das die gleichen charakteristischen Merkmale aufweist wie die Villa. Es scheint, als wäre dieses Gebäude von denselben Bauherren errichtet worden.

Welchem Zweck diente die Villa tatsächlich? Dazu wollen wir die Person des Gustav Winter etwas näher unter die Lupe nehmen.

Der gebürtige Schwarzwälder Gustav Winter verstand es beizeiten, sich den Machthabern des Dritten Reiches anzudienen. Mit seinem Studium zum Ingenieur waren auch die fachlichen Voraussetzungen gegeben, um in führende Positionen zu gelangen. Tatsächlich ging es mit der Karriere steil voran, nachdem Winter Abwehrchef Canaris und etwas später sogar Göring für sich gewinnen konnte. Er wurde 1938 vom Chef der deutschen Abwehr mit wirtschaftlichen Vorhaben auf Fuerteventura betraut. Auch die Admiralität scheint Winters Fähigkeiten geschätzt zu haben, denn kurz darauf wurde er zum Leiter einer deutschen Werft in Frankreich ernannt. Die Nähe zum RSHA (Reichssicherheitshauptamt) könnte auch eine gewisse Agententätigkeit mit eingeschlossen haben.

Verrostete Eisenrelikte liegen am Strand in der Nähe der Villa: Reste eines U-Bootturms?

Nichts als Wüste – und doch gibt es hier ein Geheimnis.

Ebenfalls nicht auszuschließen ist, daß Winter von Canaris beauftragt war, die Organisation ODESSA mit aufzubauen.

Auch die Bemühungen des Dritten Reiches, den Bündnispartner Japan mit deutscher Technologie zu versorgen, paßt gut ins Bild. Vielleicht wurde im Deutschen Reich an der Entwicklung der Atombombe gearbeitet. Im österreichischen Melk existieren deutliche Hinweise darauf, daß hier „schweres“ Wasser (Deuterium) produziert wurde.
(Literaturhinweis: Markus Schmitzberger, Was die US Army in der Alpenfestung wirklich suchte, neuaufgelegt 2004 vom Knopp Verlag, Roggenberg).

Grundstoffe für die Atomwaffenproduktion wurden mit U-Booten nach Japan transportiert. Im Gegenzug dafür sollte das Dritte Reich von dort Edelmetalle und Rohstoffe bekommen. So sollte das japanische U I-52 in Bordeaux 500 kg Uranoxyd an Bord nehmen, und im Gegenzug 2,2 Tonnen Gold und 250 Tonnen Zinn hier lassen. Daraus wurde allerdings nichts mehr, da die Alliierten informiert waren, daß ein Treffen zwischen I-52 und dem deutschen U-530 im Atlantik geplant war. Ein paar Stunden nach dem nächtlichen Treffen wurde das japanische Boot mit Abwurftorpedos aus einem Flugzeug versenkt.

Die Ladung in Bordeaux, die ursprünglich für I-52 bestimmt war, wurde nun von dem deutschen Transportboot U-180 übernommen, das den Auftrag hatte, die Fracht nach Japan zu bringen. Aber diese Ladung erreichte Japan nie: U-180 ging aus unerfindlichen Gründen vor der Insel auf Grund, wo es heute noch in 80 m Tiefe mit seiner tödlichen Fracht und der Mannschaft liegt. Alle Luken geschlossen, und kein Anzeichen von Feindeinwirkung. Der Grund, weshalb der Kurs so dicht an die Südküste Fuerteventuras heranreichte, ist unbekannt, dürfte jedoch in Zusammenhang mit den Vorgängen um die Villa zu tun gehabt haben. Unweit davon ruht ein weiteres U-Boot (U-135), das bereits 1943

dort gesunken war. Ebenfalls bereits 1943 im selben Bereich gesunken ist U-167, das aber 1951 geborgen wurde.
Die Häufung von U-Bootwracks in dieser Gegend kann kaum Zufall sein. Zu offensichtlich sind die Aktivitäten rund um die Villa Winter und die regelmäßigen U-Bootbewegungen in diesen Gewässern.

Daß Fuerteventura auf dem Schnittpunkt der Transportroute lag, ist mittlerweile bewiesen. Zwar gibt es keine sicheren Beweise dafür, daß diese Transporte in einem geheimen Bunker dort Zwischenstation machten, aber es ist ebenso wenig von der Hand zu weisen. Mehr Aufschluß dürften entsprechende Berichte der CIA geben, die in Washington nach wie vor unter Verschluß liegen, wie viele Unterlagen aus dem Dritten Reich.
Daß diese eines Tages einsehbar sein und zur Lösung des Rätsels beitragen werden, ist allerdings Wunschdenken.

Die Regierungen aller Staaten allerdings täten gut daran, dafür zu sorgen, daß U-180 schnellstmöglich geborgen wird - viele Terrororganisationen verfügen durchaus über die erforderlichen Geld- und Personalmittel, sich dieser Ladung zu bemächtigen.

Seit Menschengedenken werden aus vielfältigen Gründen Schätze verborgen. Genausolange gibt es Menschen, die unermüdlich die Suche nach diesen Schätzen betreiben. Oftmals mit nicht mehr ausgestattet als ein paar dürftigen, vagen Hinweisen und Informationen, die selten einer genaueren Überprüfung standhalten würden. Einige wenige Schätze sind es nur, zu deren Versteckplätzen detaillierte und genaue Beschreibungen vorhanden sind. Für einen der größten davon existiert sogar eine Art Wegweiser, der Suchende bis in das Versteck führen soll. Dieser Beschreibung, die in die Annalen der verlorenen Schätze als „Derrotero de Juan Valverde" – „Wegweiser des Juan Valverde"- einging, folgen seit rund 350 Jahren hunderte von Expeditionen. Sie alle haben nur ein Ziel: Die sagenhafte Grotte zu finden, in der sich unermeßliche Schätze der Inkas befinden sollen.
Viele Versuche, Schätze aufzuspüren, scheiterten, weil wegen unzureichender Wegbeschreibungen die Örtlichkeiten verwechselt wurden. Die Geschichte dieses Schatzes steht stellvertretend für sie.

Der Wegweiser des Juan de Valverde

Der Beginn gleicht eher einer Liebesgeschichte, als der eines verlorenen Schatzes. Und doch kann das eine durchaus mit dem anderen zu tun haben, oder etwa nicht? Schauplatz ist das heutige Ecuador, das zur Zeit der spanischen Eroberung allerdings noch „Presidencia Quito" geheißen hatte und in das riesige Reich der Inkas eingebunden war. Seit des unglaublich unverschämten Erobererglücks Francisco Pizarros,dem es tatsächlich gelungen ist, mit nur einer Handvoll Männer das Kaiserreich in die Knie zu zwingen, unterliegt das Reich der Verwaltung des spanischen Vizekönigs. Unter dieser Herrschaft wird jede einzelne Provinz bis auf den letzten Blutstropfen ausgequetscht und das einzige, das die beutegierigen Spanier interessiert, sind die Edelmetalle, die dieses Reich im Überfluß zu besitzen scheint. Die Herrscher hat man ermordet, um jeglichen Widerstand in der Bevölkerung zu brechen, was schließlich auch gelang. Die scheinbar unerschöpflichen Schätze des Inkavolkes wurden von den Eroberern kurzerhand eingeschmolzen, zu Barren gegossen und per Schiff nach Spanien geschafft. Trotz der scheinbar nicht enden wollenden Gold- und Silberkarawananen aber fiel den Besatzern nur ein geringer Bruchteil dessen in die Hände, was dieses Herrschervolk tatsächlich an Edelmetall und Juwelen sein eigen nannte.
Zur Sicherung des besetzten Reiches schafft die Krone in Spanien Schiff um Schiff mit Soldaten in die neue Welt, aber auch um möglichst viel der kostbaren Metalle in die Hände zu bekommen. In fast allen Provinzen werden Soldaten stationiert, so auch in der kleinen Ortschaft Ambato am Fuße der Andenkordilleren. Zu den vielen Soldaten, die der Dienst hier anödet, gehört auch der junge Juan de Valverde aus Salamanca. Wie so mancher andere auch, knüft er zarte Bande zu einem der hübschen Indiomädchen aus dem benachbarten Dörfchen Pillaro. Die Zuneigung zu Eatla ist bald so groß, daß die beiden beschließen, zu heiraten. Nach anfänglichem Zögern stimmt Eatlas Vater, der Stammesfürst der Lasasaca, der Heirat zu. Drei Tage dauert das Fest, das die Lasasaca dem jungen Paar zu Ehren feiern. Dabei verspricht Eatlas Vater Valverde, ihn in naher Zeit zu einem reichen Mann zu machen. Bereits einige Tage später ist es soweit. Zusammen mit seinem Schwiegervater zieht der achtzehnjäh-

rige Juan in die Llanganatiberge, deren Gipfel weithin sichtbar sind. Mehrere Tage dauert der beschwerliche Marsch, durch unwegsames Gelände, dichten Dschungel und über reißende Flüsse führt sie der Weg, bis sie endlich das Ziel erreicht haben. Inmitten steiler Berge liegt ein kleiner smaragdgrüner See, an dessen Ufer zahlreiche Höhlen und Grotten gähnen. In eine dieser Grotten führt der Fürst seinen Schwiegersohn und dieser ist geradezu geblendet vom Glanz des vielen Goldes und der Juwelen, die gehäuft darin liegen. Sorgfältig wählen sie nur die besten Stücke aus und packen zusammen, was sie zu tragen vermögen. Zwei Wochen nach ihrem Aufbruch kehren sie nach Pillaro zurück. Diese Reise wiederholen die beiden noch einige Male, und jedesmal werden die Lasten schwerer. Nach sieben Jahren beschließt Valverde, zusammen mit seiner Frau nach Spanien zurückzukehren. Das Gold, das er zusammen mit seinem Schwiegervater aus der Grotte geholt hat, wird geschmolzen und zu Barren gegossen. Insgesamt 14 Barren mit einem Gewicht von je 60 kg bilden den wertvollsten Teil des Reisegepäcks. Da Valverde die verschlungenen Wege der spanischen Bürokratie bestens kennt, vertraut er sein Geheimnis Padre Olmedo Varado an, der verspricht, für einen sicheren Transport zu sorgen.

Atanasio Guzman

Die Barren werden verpackt und als Kirchengut deklariert, sodaß sie vor jedem Zugriff sicher sind. Zusätzlich versieht der Padre Valverde noch mit einem Kurierbrief an den Bischof von Madrid, sodaß auch in Spanien keine Gefahr für das Gold bestehen sollte. Alles ist vorbereitet für den Tag der Abreise, da ereilt Valverde ein schwerer Schicksalsschlag; seine Frau Eatla, die er über alles liebt, wird plötzlich krank und stirbt. Juan de Valverde reist allein mit seinem Kummer und seinem Gold nach Spanien. Nun ist er ein reicher Mann und kauft in Kastilien Ländereien, wo er sich niederläßt. Das Verhalten bleibt nicht unbeobachtet, und es fällt natürlich auf, daß ein zurückkehrender Soldat plötzlich zu solchem Reichtum gekommen ist. Auch wurden die königlichen Beamten angewiesen, grundsätzlich ein Auge auf Schiffsbesatzungen und die Soldaten zu haben. Allein das Wissen, daß regelmäßig 30 Prozent Mehrladungen auf jedem Schiff der Krone in Form von Gold, Silber und ähnlichen Gütern Schmuggelware waren, veranlaßte die unersättlichen spanischen Behörden zu aufmerksamer Beobachtung. Valverde wird unter Druck gesetzt und nach anfänglicher Weigerung erklärt er sich bereit, sein Geheimnis den höfischen Beamten mitzuteilen. Ein königlicher Beamter nimmt die Aussagen des ehemaligen Soldaten zu Protokoll, und es entsteht auf diese Weise ein exakter Führer zu dem kleinen See. Valverde darf als Zeichen der Anerkennung seinen Reichtum behalten, aber allein das Wissen um diesen unermeßlichen Schatz läßt König Philip II. nicht mehr ruhen. Sofort nach der Niederschrift wird der „Derrotero" nach Quito gebracht, wo auf Verlangen des Königs unverzüglich eine Expedition ins Llanganatigebirge aufbricht. Diese erste Expedition leitet der Vogt von Tacunga persönlich. Der Berichterstatter der Expedition ist Padre Longo, ein Jesuitenpater, der die Landessprache und die verschiedenen Dialekte bestens beherrscht. Sie haben beinahe ihr Ziel erreicht, als der Pater eines Abends spurlos verschwindet und nicht mehr auftaucht. Nachdem man tagelang ohne Erfolg nach Padre Longo gesucht hat, bricht der Vogt die Expedition ab, und sie kehren unverrichteter Dinge zurück nach Pillaro. Dies war der erste und letzte Versuch von Seiten der Krone, den Schatz der Inkas aufzuspüren. Erst viele Jahre später, 1790, nimmt der spanische Botaniker Atanasio Guzman die Suche nach dem Schatz wieder auf. Seine Suche aber scheint eher ziel- und planlos gewesen zu sein, da man sich mehr für die indianischen Minen interessierte als für die Grotte am Fuß des kleinen grünen Sees.

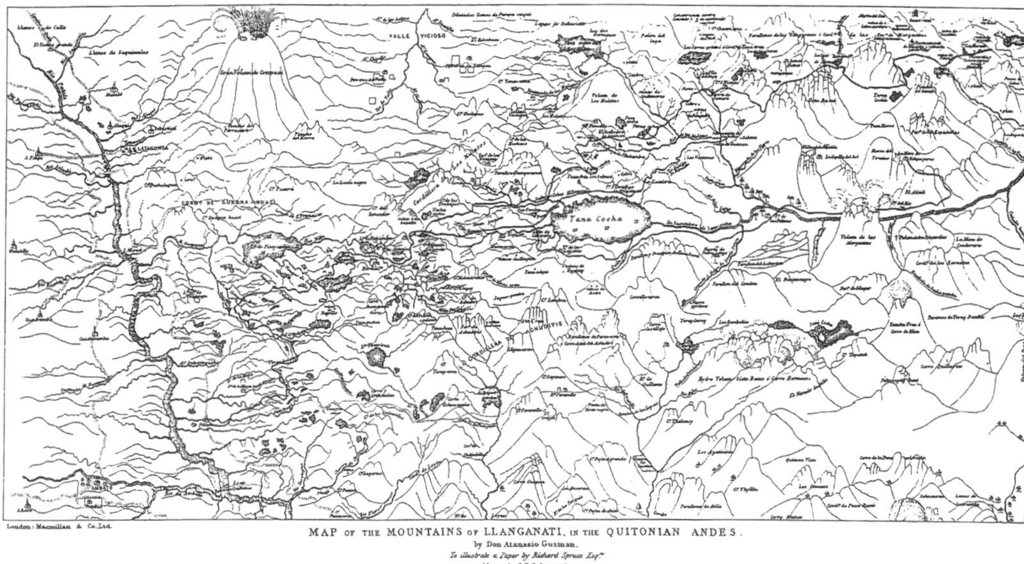

Karte der Llanganatis – gezeichnet von Atanasio Guzman.

Deshalb ist es kein Wunder, daß die Nachforschungen bald wieder aufgegeben werden. Eines jedoch muß Guzmann zugute gehalten werden; er war der Erste, der dieses unzugängliche und unwegsame Gebiet genauer kartografierte. Er schuf damit die erste annähernd topografisch getreue Karte der Llanganatis. Wichtige Geländemerkmale und Hinweiszeichen auf dieser Karte bilden heute noch die Grundlage für Expeditionen. Guzman selbst stirbt 1807 in der Nähe von Ambato, als er eines Nachts eine Felswand hinabstürzt. Die gesamte Region scheint für botanische Forschungen interessant zu sein, denn 1857 taucht hier der britische Botaniker Richard Spruce auf. Allerdings ist Spruce ein echter Wissenschaftler, der sich nicht viel aus den sagenhaften Schätzen zu machen scheint, sondern seine Forschungen auf die Flora konzentriert. Dabei aber stößt er auf die Aufzeichnungen Atanasio Guzmans, unter denen sich neben einer Pflanzensammlung auch Hinweise auf das Kartenwerk des Spaniers befinden. Neugierig geworden forscht Spruce weiter und gelangt tatsächlich in den Besitz der Karten sowie an eine Abschrift des „Derrotero". Aus einem Begleitschreiben geht heror, daß der König von Spanien den Vogt von Tacunga mit der Schatzsuche beauftragte. Das Original des „Derrotero" ist leider verschollen, lediglich mehrere Abschriften sind noch vorhanden, die in verschiedenen Archiven und Bibliotheken aufbewahrt werden.

WORTLAUT DES WEGWEISERS JUAN DE VALVERDES

„Frage in Pillaro nach der Hacienda la Moya. Schlage in guter Entfernung davon dein Lager auf und erkundige dich nach dem Berg Guapa, von dessen Gipfel du an einem schönen Tag nach Osten schauen mußt, indem du dem Ort Ambato den Rücken zukehrst. Du erkennst die drei Berge des Llanganatigebirges, an dessen Abhang sich ein See befindet, der geschaffen als Versteck wurde, in den die Alten ihr Gold warfen, das das Lösegeld für den Inka war. Von dem Berg Guapa aus erkennst du einen Wald, aus dem eine Gruppe Sangurimas ragt und eine Gruppe, die sich Flechas (Pfeile) nennt. Diese beiden Gruppen läßt du links liegen und folgst einem Pfad, den auch die Indios benutzten, als sie das Gold zu dem Versteck brachten. Wenn du in dieser Richtung weitergehst, kommst du bald an zwei kleine Seen. Gehe vom Guapa auf die genannten Zeichen zu, und nach einem guten Stück triffst du auf einen breiten Sumpf, den du überquerst. Wenn du an der anderen Seite herauskommst, siehst du zur linken Seite nicht weit einen Wald an einem Abhang. Durch diesen Wald mußt du hindurch. Danach

Der Yana Cocha.

wirst du zwei kleine Seen erkennen, die ‚die Brille' genannt werden, weil der Hügel zwischen ihnen wie eine Nase aussieht. Von dieser Stelle aus siehst du erneut den Llanganati, den du vom Gipfel des Guapa aus bereits gesehen hast. Ich ermahne dich jedoch, die Seen links liegen zu lassen. Direkt vor der Nase zwischen den Seen liegt ein Tal, das du als Lagerplatz benutzen kannst. An dieser Stelle mußt du deine Pferde zurücklassen, da es von hier aus für sie keinen Weg mehr gibt. Gehst du nun weiter in der gleichen Richtung, so triffst du einen großen düsteren See, den die Indios ‚Yana Cocha' nennen. Den Yana Cocha läßt du links liegen. Am Ende des Sees bemühe dich, den Abhang so hinunterzusteigen, daß du die Schlucht erreichst, durch die ein Wasserfall herabstürzt. Hier findest du eine Brücke aus Baumstämmen. Sollte sie nicht mehr vorhanden sein, mußt du eine neue bauen. Nach dem Überqueren der Schlucht folgst du dem Pfad weiter, bis du an eine tiefe, trockene Schlucht kommst. Auch hier mußt du eine Brücke schlagen, die du sehr vorsichtig überqueren mußt, da die Schlucht sehr tief ist. Gehe dann weiter vorwärts und halte Ausschau nach einem Nachtlager. Dies kannst du nicht verfehlen, da an der Stelle Scherben und andere Reste liegen, von Indios zurückgelassen, die hier ebenfalls oft ihr Lager aufschlagen. Folge deinem Weg weiter in gleicher Richtung, dann erkennst du einen Berg, der ganz mit Pyrit bedeckt ist. Auf der linken Seite dieses Berges liegt ein kleines Tal, in dem eine Art Stroh wächst, aus dem die Indios ihre Schuhe flechten. Diesen Berg mußt du links liegen lassen, und ich ermahne dich, wirklich nur in dieser Weise darum herumzugehen. Auf dieser Seite findest du eine kleine Alm, die in einer Ebene liegt. Nachdem du diese überquert hast, stößt du auf einen Canon zwischen zwei Hügeln. Dies ist der Weg der Inkas. Von dort aus erkennst du den Eingang eines Stollens, der in etwa aussieht wie ein Kirchensöller. Ein gutes Stück Weges jenseits des Canons siehst du einen Wasserfall, der über eine Klippe des Llanganatigipfels herabstürzt und rechterhand in einen brodelnden Sumpf mündet. Ohne daß du den Fluß überqueren mußt, gibt es bereits in diesem Sumpf soviel Gold, daß alles, was du von seinem Grund aufhebst, von edelster Reinheit ist. Verlasse den Sumpf und besteige den Berg, der direkt dahinter liegt. Dabei mußt du den Wasserfall oben passieren. Sollte der Eingang zum Stollen zufällig von Pflanzen bedeckt sein, so entferne dieselben. An der linken Seite des Berges kannst du einen alten Schmelzofen sehen, in dem die alten Indios ihre Metalle schmolzen. Nun liegt die dritte Bergkette, zu der du gelangen mußt, vor dir. Hier am Hügel, am Fuß der Berge liegt der See, der das Geheimnis der Indios birgt. Um zum dritten Berg zu gelangen, kannst du auch hinten herumgehen, falls du an dem Stollen nicht vorbeikommst. Wenn du dich verirrst, suche immer wieder den Fluß und folge seinem rechten Ufer. Ein Stück weiter findest du eine Schlucht, die du entweder durchqueren musst, oder weiter am Flußufer entlang die Möglichkeit findest, die Berge an der rechten Seite hochzuklettern. Danach stößt du auf den kleinen grünen See in einem kleinen schönen Tal und in dem Wasser findest du den goldenen Schatz, den ich dir beschrieben habe."

Los Antejochos, die Brillenseen.

Die beschriebenen Gipfel der Llanganatis sind noch zu erkennen, wie der Guapa und der Berg aus Pyrit, der Margasitas. Die Brillenseen, der Yana Cocha und selbst die „Hacienda de Moya" dienen immer noch als Anhaltspunkte für alle diejenigen, die sich jedes Jahr aufmachen, den Schatz der Inkas zu suchen. Daß es kein leichter Weg ist, mußten schon viele erfahren; messerscharfe Gräser und Schilfarten,reißende Flüsse, tropischer Dschungel und blutgierige Insekten machen das Leben zur Qual. Diese Tatsachen jedoch hinderten bisher noch keinen entschlossenen Schatzsucher. Wie es scheint, beginnt sich der Botaniker Spruce allmählich für Valverdes Schatz zu interessieren. Immerhin leitet er die Aufzeichnungen an die beiden Marineoffiziere Adam Blake und George Chapman weiter, die in seinem Auftrag dem „Derrotero" folgen und die Grotte finden sollten. Bei ihrer Expedition stellen die beiden fest, daß das Papier tatsächlich eine erstklssige Wegbeschreibung darstellt, die lediglich zwei nicht ganz sichere Anweisungen enthält. Durch diese beiden Offiziere wird auch ein weiteres markantes Merkmal bekannt, das sich in unmittelbarer Nähe der Grotte befindet. *„Wenn man den Margasitas der Beschreibung nach richtig umgeht"*, berichten Blake und Chapman, *„dann stößt man auf einen Berg, dessen Gipfel das Profil einer ruhenden Frau hat."* In ihrem Bericht erwähnen sie, daß dort ein kleiner See mit einer Grotte ist, in der *„soviel Gold und Edelsteine liegen, daß nicht einmal 100 Mann ausreichen, um alles wegzutragen." „Wenn du die ruhende Frau findest, haben alle deine Sorgen ein Ende"*, teilt Blake in einem Brief an Richard Spruce mit. Daß sie die Wahrheit sagen, beweisen Gegenstände, die sie aus der Grotte mitgenommen haben. Mittlerweile bemühen sich Schatzsucher aus aller Herren Länder um die unermeßlichen Reichtümer, die in der Grotte liegen.

Ab Beginn des Zwanzigsten Jahrhunderts vergeht kaum ein Monat, in dem sich nicht mindestens eine Expeditionsgruppe durch das unwegsame Gelände kämpft. Mitunter müssen Expeditionen im Ausgangsort Pillaro regelrecht in Wartestellung gehen, da nicht genug Tragtiere oder Führer verfügbar sind. Die meisten von ihnen kehren erfolglos wieder zurück; entweder weil sie nicht gründlich genug recherchiert haben, weil sie den „Derrotero" falsch interpretieren oder ganz einfach weil ihnen Geld und Proviant ausgegangen sind. Einer, der sich ebenfalls intensiv mit Valverdes Geschichte beschäftigt, ist Thour de Koos, ein junger Holländer. Im Frühjahr 1918 liest er in einer Zeitung von dem sagenhaften Schatz im Llanganatimassiv. Die Geschichte fasziniert ihn, er beginnt Nachforschungen anzustellen. De Koos beginnt die Forschung gründlich, er sucht nach der ältesten Abschrift des Wegweisers. Diese findet er in der Nationalbibliothek in Madrid. De Koos weiß, daß es wichtig ist, die Ört-

Thour de Koos

Der Eingang zum „Socabon".

lichkeit aus eigener Anschauung zu kennen. Deshalb unternimmt er kurz hintereinander zwei Expeditionen, die weniger den Zweck haben, den Schatz zu finden, als die Merkmale des „Derrotero" zu überprüfen. Erst 1910 startet Thour de Koos die eigentliche Schatzexpedition. Nun zeigt sich, daß das geplante und überlegte Vorgehen Sinn gehabt hat und Früchte trägt. Er stößt bis an die Ufer des stillen Bergsees vor, und genau wie Juan de Valverde in seinem Wegweiser beschreibt, findet der Holländer in dem Sumpf in der Nähe große Mengen an Artefakten und Gegenständen aus purem Gold und Silber. Er nimmt eine repräsentative Kollektion davon mit und reist vorerst nach Europa zurück, um nun mit diesen Beweisstücken eine entsprechend große und aufwendige Expedition zu planen. De Koos' Funde erregen wie erwartet Aufsehen, und ohne große Schwierigkeiten bekommt er die erforderliche finanzielle Unterstützung. Es scheint nur noch eine Frage der Zeit, bis das Geheimnis um den grünen See gelüftet ist. Zwei Tage vor dem Auslaufen des Schiffes erkrankt Thour de Koos an einer Lungenentzündung und stirbt.

Die unermüdlichen Schatzsucher jedoch schrecken solche Schicksale nicht ab, ihren, vielleicht letzten, Weg, zu gehen. Wer nun denkt, im Zeitalter der modernen Technologie sei es eine Leichtigkeit, das Geheimnis zu lüften, der irrt. Klimatische Verhältnisse lassen kaum eine Lufterkundung zu, und vor den Naturgewalten dieser unwirtlichen Region kapituliert selbst robustestes Gerät. Hinzu kommt, daß das Überspringen oder gänzliche Auslassen von Etappen zu Fehlschlüssen führen kann, die ein Auffinden von Anfang an unmöglich machen. Auch die exakte Einhaltung des beschriebenen Weges ist ein wichtiger Faktor. Jedes noch so minimale Abweichen vom „Derrotero" bedeutet, in die Irre zu gehen. Dies dürfte auch ein Grund sein, daß fast alle Expeditionen ohne Erfolg geblieben sind. Die Gefahr, eigenen Intuitionen zu folgen, ist auf manchen Abschnitten sehr verlockend, und der Versuch, bestimmte Wegabschnitte auf eigene Weise interpretieren zu wollen, führt unweigerlich zum Mißerfolg. Ein Mann, der weniger dem „Derrotero" glaubte als eigenen Theorien, war der Deutsche Eugen Brunner, der bis 1982 in Quito lebte und viele Wochen im Llanganati verbrachte. Brunner vermutete den See in der Nähe des Cerro Hermoso, eines Berges, der 1939 von dem amerikanischen Schatzsucher Richard d'Orsay entdeckt wurde. Der Cerro Hermoso, der zusammen mit zwei benachbarten Bergen einen Triangel bildet, ist bei schönem Wetter von Pillaro aus zu sehen. Das Problem der Bestimmung der richtigen Örtlichkeit liegt darin, daß es insgesamt drei dieser Triangelformationen in dem Gebiet gibt, von denen jede

Segundo Rodrigues (mit Hut) und Diego Arias.

für sich in Frage kommt, den See einzuschließen. Brunner war der Meinung, daß ein kleiner Wasserfall, der in einen dieser zahlreichen Seen stürzt, im „Derrotero" beschrieben sein müßte. Eugen Brunner sah viele Expeditionen kommen und auch wieder gehen, so auch die des Ecuadorianers Carlo de Zalade. Dieser Mann hatte den Wegweiser sehr eingehend studiert und dabei festgestellt, daß dem klassischen „Derrotero", also der ursprünglichen Wegbeschreibung, die Valverde angegeben hatte, bis auf die von König Phillip entsandte Expedition niemand konsequent und ernsthaft gefolgt war.
Zalade trifft im Oktober 1969 in Pillaro ein, von wo aus er mit Pedro, einem einheimischen Führer und einigen Indianern als Träger ins Llanganatigebirge aufbricht. Es herrscht herrliches Wetter, die Berggipfel sind klar in der Ferne sichtbar. Sich genau an die Anweisung haltend folgen sie dem Weg und gelangen über die Brillenseen, wo die Maultiere von den Lasten befreit werden müssen. Von nun an müssen sie auf dem menschlichen Rücken weiterbefördert werden. Jeder Träger schleppt nun eine Last von annähernd 50 kg, und das für einen Tageslohn von etwa fünf Mark. Je weiter sie kommen, desto erstaunter stellt Zalade fest, daß der „Derrotero" nichts von seiner Gültigkeit, das Gelände betreffend, eingebüßt hat. Die Landschaft wechselt von steilen Schluchten zu dampfendem Urwald und im Nu sind sie naßgeschwitzt. Nach tagelangem mühsamen Marsch erreichen sie ein Plateau inmitten dreier hochaufragender Berge, an deren Fuß der lang ersehnte grüne See schimmert. Da es schon zu dunkeln beginnt, schlagen sie hier ihr Lager auf. Gleich am nächsten Morgen will Zalade die Grotte suchen. In der Nacht wird er plötzlich von Pedro geweckt. Es regnet in Strömen und im Zelt steigt das Wasser. Nachdem sie sich auf einen rettenden Bergrücken zurückgezogen haben, ist ihnen klar, daß so schnell keine Chance besteht, zum See zurückzukehren. Enttäuscht bricht Zalade die Expedition ab; sie kehren zurück nach Pillaro.

Je intensiver man die Versuche der zahlreichen Expeditionen betrachtet und analysiert, desto eher gelangt man zu dem Schluß, daß die meisten Opfer einer Örtlichkeitsverwechslung wurden. Mangelhafte Detailkenntnisse und falsche Interpretation des „Derrotero" tragen ebenfalls eine große Schuld.

Zwei der besten Kenner der Llanganatis sind Segundo Rodriguez, der in vielen Jahren zahllose Expeditionen als Führer in die Berge begleitet hat und Diego Arias, ein Architekt, der in Quito sein Büro hat und daneben Präsident der „Llanganati Foundation" ist. Segundo Rodriguez ist davon überzeugt, daß der Cerro Hermoso der falsche Berg ist. Er glaubt, daß Padre Longo den ursprünglichen „Derrotero" gefälscht hat, damit sonst niemand den Weg zum Inkagold findet. Außerdem gibt es nach seinen Kenntnissen am Hermoso nirgends eine Felsformation, die einer liegenden Frau ähnelt – hingegen in den tiefer in den Llanganatis liegenden Cerro del Torres erkannte er eine solche. In dieser Umgebung fand Segundo bereits einmal ein altes Inka-Amulett aus Gold. Auch Diego Arias ist fest davon über-

Tiefe Schluchten und reißende Bäche – der Weg in die Llanganatis ist äußerst gefährlich.

zeugt, daß der Schatz sich im Gebiet der „Torres" befindet. Arias ist mittlerweile im Besitz der Originalkarte von Blake, und diese weist eindeutig in diese Berge.

Ein Faktor allerdings ist unberechenbar: In dieser Region ist die Erde ständig in Bewegung; welche ungeheuren Vernichtungskräfte darin stecken, zeigen die immerwiederkehrenden Erdbeben mit grauenhaften Auswirkungen. So wurde Pillaro im Herbst 1949 bei einem dieser Erdstöße beinahe dem Erdboden gleichgemacht. Sicher ist auch das eine oder andere Geländemerkmal von diesen Naturkatastrophen nicht unverschont geblieben. Geht man davon aus, daß zur Zeit Valverdes das Erreichen des Schatzes jederzeit möglich gewesen sein muß, gibt es keinen Grund, weshalb dies plötzlich anders sein sollte. Immerhin unternahmen Valverde und sein Schwiegervater mehrere Reisen zum kleinen See. Es ist kaum anzunehmen, daß der Spanier bei der Niederschrift des Protokolls wesentliche und wichtige Informationen ausgelassen oder gar die Unwahrheit gesagt haben könnte.

Gegen eine solche Annahme spricht das Auffinden des Sees durch Blake und Chapman sowie de Koos. Der Weg von Pillaro zum See kann außerdem keine überdurchschnittlichen Strapazen bedeutet haben, denn der „Derrotero" verzeichnet genau die Anzahl der Lagerplätze und Übernachtungen. Geht man davon aus, daß ein mit Gepäck beladener Mensch in diesem Gelände nicht sehr schnell vorwärtskommt, dann könnte man für die Distanz insgesamt ca. 25 bis 30 km veranschlagen. Die insgesamt vier Nachtlager bedeuten auch, daß der Weg in fünf Tagen zu bewältigen ist, was ebenfalls für eine solche ungefähre Distanz spricht. Da aber der Weg nicht schnurgeradeaus führt, sondern sich durch unwegsames Gelände ständig auf und ab windet, dürfte die Wegstrecke eher kürzer sein. Sich auf einen See zu kaprizieren, auf den die Beschreibung zutrifft, wäre allerdings gefährlich. Diese Region ist übersät mit unzähligen kleinen Seen, die alle dem betreffenden See stark ähneln.

Unbestritten ist, daß sich der gewaltige Schatz noch irgendwo in einer Grotte am Fuß des Sees befinden muß. Hätte ihn jemand entdeckt, wäre es mit Sicherheit bekanntgeworden. Eines Tages werden wieder Menschen vor den gehäuften Reichtümern stehen und ihre Chance zu nutzen wissen.
Wer weiß, vielleicht sogar Leser dieses Buches.

Auf unserer Erde warten immer noch große Geheimnisse auf ihre Entdeckung. Besonders in Afrika, das nach wie vor eines der rätselhaftesten Erdteile ist. Gerade die nachfolgende Geschichte des alten Schlangenfängers Vic zeigt deutlich, welch mythische Geheimnisse hier noch verborgen liegen.

Der Goldtempel des Schlangenmannes

Eigentlich hieß er ja Victor, aber alle Einheimischen und alle Urlaubsgäste nannten ihn nur den „alten Vic". Hier unter der sengenden Sonne Kenias, in Diani, lebte Vic in seinem Schlangencamp, das er selbstironisch „meine Schlangengrube" nannte, mit Maria, dem jungfräulichen Pavianweibchen, das männliche Besucher gerne mit Steinen bewarf, und mit seiner Tochter Koki. Das heißt: Einem seiner vielen, über den Kontinent verstreuten Kinder, denn als Victor nach Afrika kam, war er noch jung und voller Kraft.
Wenn er von seiner Heimat, dem Sudetenland, erzählte, dann blitzten seine Augen hinter der runden Brille.
Als junger Mann war er Einkäufer von Häuten und Fellen für eine Schuhfabrik und bereiste dafür ganz Europa. Während er im Ausland weilte, übernahmen die Nationalsozialisten die Macht. Schnell merkte der junge Victor, daß sich etwas zusammenbraute. Daß dies nichts besonders Gutes sein konnte, war ihm ebenfalls schnell klar. Er nahm den Ratschlag seines Vaters an, der ihm empfahl: „Höre auf meinen Rat, Sohn! Wann immer sich ein Krieg zusammenbraut, lauf! Sei kein Narr, sondern lauf! Sei kein Patriot und kämpfe nicht für irgendeinen Kaiser oder Politiker! Lauf, lauf, lauf soweit du kannst!"

Victor begann zu laufen. Er rannte so schnell und weit bis er in Ostafrika ankam und so dem mörderischen Krieg in Europa entflohen war.
Die nächsten Jahre waren alles andere als bequem. Victor schlug sich kreuz und quer durch den schwarzen Kontinent und lebte das Leben eines Abenteurers. Er versuchte sich als Händler, Pflanzer, Landwirt und Jäger. Dann erinnerte er sich daran, daß es in Afrika schon immer Gold und edle Steine gegeben hatte. Also wurde er Goldgräber, Diamantenschürfer – zwischendrin sogar Schmuggler und landete am Ende als Schlangenfänger.

„Weißt du, ich könnte Millionär sein, statt dessen bin ich ein elender Schlangenfänger", ein kehliges Lachen kam aus der Brust der hageren weißhaarigen Gestalt, die selbst schon irgendwie an eine Schlange erinnerte.
„Diamanten… Leute, Diamanten, sooo groß und lupenrein! Schätze, Leute! Ich habe Schätze gesehen – soviel, daß ihr alle zusammen sie nicht wegtragen könnt. - Aber was soll ich euch erzählen, ihr würdet es ja doch nicht glauben." Mit diesen Worten drehte sich Vic um und stieg vorsichtig in die Grube mit den Schlangen.
„Er spricht nicht allzu gerne darüber", erklärte Koki. „Mehr als einmal hat er erlebt, daß man seine Geschichte nicht ernst genommen hat. Man hat ihn ausgelacht und als Lügner, Spinner und Phantasten bezeichnet. Wartet ab, bis er von selbst darüber zu reden bereit ist."
Tage später trafen wir Vic wieder.

Während eines Besuches bei einem alten Freund in einem Vorort von Mombasa erklärte dieser: „Wir bekommen heute noch einen Gast, einen alten Bekannten. Der Mann ist eine äußerst interessante Figur; er hat sich jahrelang im Busch aufgehalten und eine Menge abenteuerliche Erlebnisse überstanden."
Die Überraschung war groß, als etwa eine Stunde später der alte Schlangenjäger durch die Türe trat. „Darf ich vorstellen, das ist -" - „Laß es gut sein, Kai, wir kennen uns bereits", unterbrach Vic die Höflichkeiten. „Die hier", er deutete mit dem Kinn auf uns, „die waren schon bei mir in der Grube."
Vic klopfte jedem auf die Schulter, und sein Ton klang nun ganz anders als noch vor ein paar Tagen. Keine Spur mehr von dem Sarkasmus, den er in seiner „Schlangengrube" an den Tag legte.
„Laßt uns etwas trinken, und dann erzählt ihr mir ein bißchen aus der alten Heimat." Unser Gastgeber brachte kaltes Bier und eine Flasche Gin. Wir setzten uns auf die Veranda und beantworteten geduldig Vics Fragen. Auch er gab bereitwillig Auskunft über sein Leben hier in Afrika und seine Schlangenfarm. „Du führst tatsächlich ein abenteuerliches Leben", bemerkte einer aus unserer Gruppe.
„Das ist alles recht und schön, aber bei weitem nichts besonders Abenteuerliches hier in Afrika, das ist sozusagen der Alltag", warf Kai ein. „Na los Vic, erzähl unseren Freunden einmal von deinem wirklich großen Abenteuer!" - „Ich weiß nicht, was du meinst", wehrte Vic ab. „Na los, du wirst dich doch noch an die Geschichte erinnern, die du uns damals bei Ted und Naomi erzählt hast.Ted und seine Frau Naomi sind alte Freunde, und Vic hat uns mehr als einmal eine ungeheuerliche Entdeckung geschildert, die er im Dschungel des Kongo gemacht hat, als er eine Weile bei einem Pygmäenstamm lebte."

Noch einmal machte Vic den Versuch, sich der Aufforderung zu entziehen: „Ach, das habe ich doch schon mehr als einmal erzählt. Außerdem glaube ich nicht, daß der Stamm noch existiert."
„Na los doch", Kai ließ nicht locker, „jetzt erzähl schon", drängte er weiter.
Vic schloß die Augen, als müsse er sich angestrengt an etwas erinnern. Als er sie wieder öffnete, ging ein Ruck durch seinen Körper, so als hätte er ein unsichtbares Hindernis überwunden. In seinen Augen glänzte ein Feuer, und es schien, als würde er alles noch einmal erleben.

„Das war vor vielen Jahren im Kongo, als es den belgischen Kolonialisten gelungen war, selbst in die entlegensten Ecken des Landes vorzudringen, um den Eingeborenen ihre wilden Sitten auszutreiben. Stattdessen drängten sie ihnen den Glauben des Kreuzes auf. Diese verfluchten Missionare", er spuckte die Worte förmlich aus und, wie um seinen Ekel zu demonstrieren, schüttete er das halbe Glas Gin in einem Zug hinunter. „Ich lebte damals bei einem Stamm der kleinwüchsigen Eingeborenen, um von ihnen die Kunst des Schlangenfangs zu erlernen. Es gibt keine besseren Schlangenfänger als Pygmäen. Auch was die Kunst der ekstatischen Tänze betrifft, gibt es keine besseren als sie. Diese Tänze sind Fruchtbarkeitsrituale und dauern stundenlang. Stundenlang tanzten sie im Kreis um ein Feuer herum. Auf dem Höhepunkt fielen sie in wilder Lust übereinander her und trieben es kreuz und quer." Vic schien in der Erinnerung die Erregung noch einmal nachzuerleben. „Wißt ihr, daß die Dschungelzwerge richtige Kulttempel errichten, in denen sie phallische Götzen anbeten? Durch Zufall fand ich selbst einen ihrer Tempel und was ich dort sah, läßt sich kaum beschreiben. Das ist der Grund, weshalb ich diese Geschichte nicht gerne erzähle. Alles klingt zu phantastisch, zu unglaubhaft, als daß es jemand der es nicht mit eigenen Augen gesehen hat, glauben würde."
„Erzähl, was hast du da gesehen?", wurde er bestürmt. „Na ja, was man sich in solch einem Tempel vorstellt. Holzgeschnitzte, lebensgroße Darstellungen der 67 Beischlafpositionen, Phallusdarstellungen, alles vergoldet und verziert mit Elfenbein und Edelsteinen. Alles, was einem der Arzt verschreiben würde", scherzte Vic in einem Anflug von Humor.
„Seit ich hier in Afrika bin, träume ich von Gold, Diamanten und Reichtum. Zwar bin ich nicht deswegen eigens hierher gekommen, sondern lediglich um dem Krieg zuhause zu entfliehen, aber man wird zwangsläufig damit konfrontiert."

Der alte Vic und seine Tochter Koki.

„Zuerst dachte ich nicht an Abenteuer, sondern wollte lediglich ein ganz normales Leben führen. Ich heiratete, gründete eine Familie und bald hatten wir zwei Töchter. Ich mußte hart arbeiten, um meine Familie ernähren zu können, und die einzige Arbeit, die gutes Geld brachte, gab es im Hafen. Während ich schuftete, begann meine Frau ein Verhältnis mit meinem besten Freund und eines Tages ließ sie mich und die beiden Mädchen sitzen." Vics Augen blickten bei dieser Erinnerung traurig in die Ferne. Nach einem abermaligen Schluck aus dem Ginglas fuhr er fort:
„Während einer längeren Safari durch Tanganyika, Uganda und den östlichen Kongo, dem heutigen Zaire, trafen wir auf einen Stamm dieser kleinwüchsigen Eingeborenen. Sie nahmen uns freundlich auf und hatten offenbar noch keine unangenehmen Erfahrungen mit den Weißen, insbesondere mit den Missionaren, gemacht. Wir schlugen unser Lager auf – mitten im Busch, ohne Angst vor wilden Tieren oder Menschen. Damals war der belgische Kongo noch eine friedfertige Region. Doch der Frieden war trügerisch. Die Kultur der Ureinwohner war vom Aussterben bedroht, die Zivilisationsversuche der Missionare hatten ihnen Krankheiten gebracht, die sie früher nie gekannt hatten. Ihre Kinder wurden zum Besuch der Missionsschulen gezwungen, und schnell nahmen sie die schlechten Angewohnheiten der Weißen an.
Lediglich die Pygmäen waren bemüht, ihr ursprüngliches Leben zu führen und wehrten sich gegen jegliche Einflüsse. Sie zogen sich immer tiefer in unwegsame Dschungelregionen zurück, um der Zwangszivilisation und den Missionaren zu entgehen. Diese waren darauf aus, jegliche heidnischen Gebräuche zu unterbinden und die Tempel der Eingeborenen zu zerstören. Besonders der Sexualkult, dem die Zwergmenschen huldigten, war den Brüdern ein Dorn im Auge." Versonnen hob Vic sein leeres Glas und schaute hindurch. Er stand auf und verschwand im Haus, um kurz darauf mit einer neuen Flasche zurückzukommen.
„Sie waren schon immer hier", fuhr er fort, „schon zur Zeit Christi bevölkerten sie die Tansania-, Uganda- und die Ruwenzori-Berge. Bereits Herodot schrieb über diese Länder und selbst König Salomon und die Königin von Saba kannten sie. Das sagenhafte Goldland Ophir nannte man dieses Gebiet, und hier lagen die Quellen des Reichtums von König Salomon."
„Dort im Ostkongo war es, wo ich damals mit meinen beiden Töchtern die ersten Hinweise auf diesen 2000 Jahre alten Tempel erhielt." Hier hielt er nochmals inne: „Soll ich euch die Geschichte wirklich weiter erzählen? Sie klingt unglaublich, ist aber hundertprozentig wahr, ich schwöre es." „Keine Sorge Vic, niemand wird dich einen Lügner nennen oder darüber lachen", versicherte ihm Kai.
„Okay – dann sollt ihr es hören."

Nun schilderte Vic sein größtes Abenteuer, und gestenreich unterstrich er seine Worte. Gebannt hingen wir an seinen Lippen und die Zeit verstrich wie im Flug.

Nächtelang saß er mit den alten Jägern um das Lagerfeuer und ließ sich von ihren Sitten und Gebräuchen erzählen. Viele Abenteuer aus ihren Leben erfuhr er auf diese Weise. Sobald er aber die Sprache auf ihren Sexualkult und ihre Kultstätten brachte, verschlossen sich ihre Münder und sie schwiegen. Nur einmal entfuhr einem von ihnen aus Unachtsamkeit eine Bemerkung, die ihn elektrisierte: die Bemerkung, daß heutzutage kaum mehr Steine im Fluß gefunden würden. Nur ein alter Mann oben in den Bergen weiß, wo sie zu finden sind.

„Lebt dieser Mann am Semlikifluß unterhalb der weißen Berge? „ wollte Vic wissen. Ja, er lebt bei einem Pygmäenstamm, aber er wird wohl längst tot sein, denn er war schon sehr alt."

Am nächsten Morgen packte er alles zusammen, und sie brachen auf zum Semlikital. Die Gegend ist bekannt für ihre zahlreichen Krokodile; sich dort aufzuhalten ist nicht ungefährlich.

Von Fischern erfuhr er, wo sich der Stamm gerade aufhielt. Zur Zeit waren sie gerade oben in den Mondbergen, um im Wald Honig zu suchen.

Vic und seine Töchter machten sich mit einem Führer auf den Weg, sie zu suchen.

Drei Tage stiegen sie hinauf in die tropischen Bergwälder, durch Sümpfe, überquerten Flüsse und schlugen sich durch den Dschungel, bis sie endlich das Lager der Pygmäen erreichten.

Die kleinen Menschen nahmen keine Notiz von den Ankömmlingen. Lediglich die Frauen und Kinder umringten sofort die beiden Mädchen, betasteten ihre Haare und strichen ihnen immer wieder über die weiße Haut.

Dichte Nebel senkten sich herab von den Gipfeln der Risberge und gaben der Situation eine gespenstische Atmosphäre.

Die Pygmäen hatten ihr provisorisches Lager hier auf einer größeren Lichtung aufgebaut. Ihre primitiven Hütten waren aus Bananenblättern und Ästen zusammengebaut. Vic palaverte mit dem Ältesten, der ihm schließlich die Erlaubnis gab, das Zelt hier aufzubauen.

Mittlerweile war es kalt geworden, und die Feuchtigkeit kroch in die Kleider. Die Pygmäen hatten gute Jagdbeute gemacht – es brannten mehrere Feuer und darüber brieten auf Spießen große Fleischstücke. Die Frauen luden Vic und seine Töchter ein, sich zu bedienen. Dazu gab es fermentiertes Honigbier, mit dem sich die Waldzwerge nur allzu gerne betrinken.

Es war spät und allmählich zogen sich die Pygmäen in ihre Hütten zurück. Auch Vics Töchter verschwanden im Zelt. Vic beobachtete noch eine Weile die alten Männer, die um das Feuer saßen. Einer von ihnen fiel Vic besonders auf: ein alter hagerer Mann mit einem Bart. Er war wesentlich größer als die anderen, auch seine Gesichtszüge unterschieden sich deutlich von denen der anderen. „Das könnte der Mann sein, den wir suchen", dachte Vic bei sich, als er ins Zelt kroch.

Während der nächsten Tage hatten sie kaum Kontakt zu den Pygmäen. Diese streiften durch die Wälder auf der Suche nach Honig. Vic und seine Töchter unternahmen unterdessen Streifzüge und erkundeten die nähere Umgebung des Camps. Vics Gedanken kreisten dabei immer wieder um den Alten, und er stellte Überlegungen an, wie es sich anstellen ließe, herauszufinden, ob er der Richtige war.

Abends saßen alle um die zahlreichen Lagerfeuer. Der alte hagere Mann saß etwas abseits allein an einem Feuer. Er hockte auf den Fersen und schlürfte wie in Trance Honigbier aus einer Schale. Vic holte eine Flasche Gin und seine Tasse aus dem Zelt und setzte sich dem Alten gegenüber. Die Ginflasche stellte er gut sichtbar vor sich auf den Boden. Langsam und genüßlich schlürfte Vic das scharfe Gebräu. Mit einem Ruck erhob sich der Mann und ging in seine Hütte. Kurz darauf kam er mit einer Straußeneischale wieder zurück. Wortlos streckte der hagere Alte Vic die Schale entgegen. Genau das war es, was Vic erhofft hatte. Er füllte die Schale halbvoll. Mit einem großen Zug schüttete der Alte den Gin in sich hinein und streckte sein Gefäß sofort wieder hin. Abermals füllte Vic Gin hinein. „Kennst du das Getränk?" wollte Vic von ihm wissen. Er nickte nur und wollte noch mehr vom Gin haben.

Nachdem er die Flasche ausgetrunken hatte, kippte er wie vom Blitz getroffen besinnungslos nach hinten.
„Das hatte ich mir eigentlich anders vorgestellt“, murmelte Vic und erhob sich, um ins Zelt zu gehen. Immer wieder spähte Vic durch einen Spalt im Zelteingang. Der Alte lag unverändert am Feuer. Irgendwann nachts trugen ihn die Pygmäen aber dann in seine Hütte.
Am nächsten Morgen waren alle bereits in den Wäldern verschwunden. Nur ein paar Frauen, Kinder und einige alte Männer waren im Lager geblieben. Darunter auch der Ginliebhaber.
Vics Töchter bereiteten am Feuer mit anderen Kindern das Frühstück, während er zu einem Bach ging, um sich zu waschen.
Plötzlich hörte Vic Schritte und als er hochsah, stand plötzlich der dünne Alte neben ihm. Zu seiner großen Überraschung sprach er Vic an: „Sag deinen Töchtern, sie sollen im Lager bleiben. Dann komm zurück und folge mir.“
Vic tat, wie der Alte ihm geheißen hatte. Der seltsame Mann schritt zügig voraus und folgte dem Bach, der in ein schmales, felsiges Tal strömte. Das alte Gerippe legte einen solchen Schritt vor, daß Vic beinahe laufen mußte, um ihm folgen zu können.

Der verborgene Tempel

Die Landschaft wechselte nun: Überall lagen große Felsbrocken – heruntergestürzt von den steilen Wänden, welche beiderseits emporragten. Nach etwa einer Stunde gelangten sie an eine hoch aufragende Felswand, welche das Ende der Schlucht bildete. Hier an einem großen Felsen blieb der Alte stehen. Er packte Vic am Arm und zog ihn mit sich zu einer Felsspalte, die in der Wand war. „Grabe!“ – Dabei deutete er auf den Boden. „Womit?“, wollte Vic wissen. Der Alte deutete auf das Jagdmesser, das in Vics Gürtel steckte. Vic begann, mit dem Messer im Boden zu wühlen. Bereits nach ein paar Zentimetern stieß er auf Metall. Was da am Fuß der Wand versteckt war, waren nicht Gold, nicht Edelsteine, sondern eine Eisenstange, ähnlich einem Brecheisen. Der Alte bedeutete Vic, zur Felswand zu gehen. Hier beugte er sich und steckte die Spitze der Stange in eine Öffnung. Während er sich mühte, sah Vic ihn sich genauer an. Erst jetzt bemerkte er den Lederschlauch, den der Alte um die Hüfte gewickelt hatte. Vic wußte, daß es sich um einen der üblichen Behälter für Giftpfeile handelte. Außerdem trug das Gerippe einen seltsamen Beutel an einem Riemen über die Schulter. Dieser ähnelte stark einer Frauenbrust – allerdings runzelig, wie Leder. Plötzlich schauderte Vic.
Der Alte schien nicht weiter zu kommen. Er machte Vic verstehen, ihm zu helfen. Gemeinsam zogen und drehten sie mit aller Kraft. Die Adern am Hals schwollen an, und Vics Kopf glühte feuerrot.
Dann plötzlich bewegte sich etwas. Eine etwa 1,50 m hohe Felsplatte drehte sich. Mit aller Kraft stemmte sich Vic dagegen; der Stein begann sich um seine Mittelachse zu drehen. Vic kam sich vor wie im Märchen von Ali Baba und seinen vierzig Räubern. Der Alte schob Vic beiseite und ging gebückt in den gähnenden schwarzen Tunnel. Nach ein paar Metern drehte er sich mit einer Öllampe in der Hand um und deutete auf Vics linke Hosentasche, wo er die Streichhölzer wußte. Der Schein der Lampe erhellte den Gang, und der Alte wirkte in diesem Moment wie ein Gespenst.
Das Gespenst versperrte Vic in diesem engen Gang die Sicht nach vorne. So folgte er ihm einfach. Nach kurzer Zeit mündete der Stollen in eine Art Halle; auf der anderen Seite ging es schon wieder in einen Tunnel.
„Ich hatte fürchterliche Angst in diesem Moment, aber gleichzeitig war mir klar, daß dies einer der Kulttempel der Pygmäen sein musste“, flocht er in seine Erzählung ein.
Mittlerweile waren sie wieder an einer Mauer angelangt, die ihnen den Weg versperrte. Glatt wie Marmor und nirgends der geringste Spalt oder ein Loch. Das Gespenst wies auf eine Seite der Wand und dann auf Vics Schulter. Wieder dasselbe System: eine Felsplatte, die sich um ihre Mittelachse drehen

ließ. Der Alte nahm sich den Vortritt. Der Schein der Öllampe war zwar schwach – trotzdem konnte Vic lebensgroße Holzfiguren erkennen. Die Verzierungen aus Gold und Edelsteinen funkelten im schwachen Schein der Funzel. Das alles schien den Klappermann nicht sonderlich zu interessieren – er eilte weiter zu einer weiteren Drehtüre, die Vic ebenfalls wieder öffnen mußte. Was nun der Schein der Lampe erhellte, ließ Vic an seinem Verstand zweifeln: Ein Meer aus funkelnden Farben und goldenem Glanz reflektierte den Lichtschein. Überall lagen Edelsteine und Gold aufgehäuft. Der Alte kniete bereits auf dem Boden und füllte Steine in seine umgehängte Ledertasche. Auch Vic begann in den Steinen und dem Gold zu wühlen und versuchte einen klaren Gedanken zu fassen. Inzwischen hatte der Pygmäe seinen Beutel zugeschnürt und zückte plötzlich aus seinem Behälter einen Giftpfeil, den er auf Vic richtete. Er befahl ihm, die Lampe zu nehmen und voraus zu gehen. In einem ersten Gedanken war Vic versucht, dem Alten die Lampe ins Gesicht zu schleudern. Seine Vernunft aber sagte ihm, daß dieser dann den Pfeil auf ihn werfen würde. Was immer er auch versuchen würde – es würde tödlich enden. Sie verließen die Schatzkammer, und Vic mußte die Türe wieder schließen. Als sie in die erste Halle kamen, hatte Vic Gelegenheit, die Figuren näher zu betrachten. Nun erkannte er, dass es sich um lauter Paare beim Geschlechtsakt handelte. In allen Stellungen trieben es die stummen Darsteller. Sämtliche Figuren waren über und über mit Schmuck und Gold behängt – eine gigantische Gruppensexorgie in allen Farben des Spektrums!

Pygmäen jagen mit Netzen und Giftpfeilen.

Auf einer Art Podest stand ein thronähnliches Sitzmöbel – ebenfalls mit Gold und Steinen geschmückt. Auf dem Thron saß eine hoch gewachsene mumifizierte Gestalt mit einer Kopfbedeckung wie sie die Pharaonen trugen. Ein langer weißer Bart reichte bis zur Taille der Mumie hinab. Hinter dem Thron hing ein riesiger Bronzegong, und ihm gegenüber ein riesiger goldener Phallus. Nun war Vic klar, daß es sich keineswegs um eine Stätte der Pygmäen handelte, zumindest waren sie nicht die Errichter. Dies war ein jahrtausendealter Tempel der nubischen Kultur.

Ein derber Stoß in den Rücken riß Vic aus seiner Betrachtung. „Los, geh weiter!", kreischte der Alte und fuchtelte mit dem Giftpfeil. Vor Zorn bebend setzte sich Vic in Bewegung. Am liebsten hätte er sich auf den Alten gestürzt und ihn ermordet, jedoch wußte er nur zu gut, daß er dann mit ihm sterben würde. Als sie aus dem Tunnel ans Tageslicht traten, atmete Vic auf. Zumindest hatte er es bis hierher geschafft. Auch die Felsentüre, die den Verschluß zum Eingang bildete, mußte er auf Geheiß des Alten wieder schließen. Vic wußte nun, weshalb ihn das Gerippe mitgenommen hatte: Er selbst war viel zu schwach und hätte niemals die Kraft besessen, in das Heiligtum vorzudringen!

Nachdem er das Brecheisen wieder vergraben hatte, wies ihn das Gerippe in Richtung des Pygmäenlagers. Vic bekam es nun richtig mit der Angst. Was würde nun geschehen? Würde er ihn umbringen? Der Alte folgte Vic dicht auf den Fersen – mit einer Hand hielt er Vics Mantel, mit der anderen den Pfeil. Vic wußte, daß er nichts riskieren durfte. Erstens war er unbewaffnet, zweitens warteten seine Kinder im Camp der Pygmäen.

Dies war überhaupt sein größtes Handicap. Wäre er allein ohne die Kinder gewesen, hätte er sicher versucht, den Alten zu überwältigen. So aber war die Gefahr zu groß, daß den Kindern etwas zustoßen könnte.
Vic durchdachte alle Möglichkeiten, fand aber keinen Ausweg. Außerdem: Wie hätte er seine lange Abwesenheit vom Camp und das spurlose Verschwinden des Alten erklären sollen? Ihm war klar, daß die Pygmäen sehr wohl um die Saufgewohnheiten des Alten wußten – ebenfalls, daß er den Gin und den Whisky irgendwie finanzieren mußte. Zwangsläufig konnte der Alte die Zwergmenschen nicht in sein Geheimnis einweihen, da dies den sicheren Tod für ihn bedeutet hätte. So muß er wohl die Legende von den „Steinen im Fluß" erfunden haben, um seinen Reichtum zu begründen.
Im Moment war Vics größte und einzige Sorge, was der Alte mit ihm vorhatte. Soviel war klar: Er konnte Vic als Mitwisser des Geheimnisses auf keinen Fall am Leben lassen.
Sie waren beinahe in Sichtweite des Lagers, als der Klappermann plötzlich mit einem Satz in einem Gebüsch verschwand. Nach kurzer Zeit kam er zurück und sagte „Komm!".
Der Beutel und der Lederbehälter mit den Pfeilen waren verschwunden.
Vic atmete auf. Der Alte hatte also nicht vor, ihn umzubringen. Stattdessen sah es so aus, als beabsichtigte er, ihn mit einer Handvoll Steine abzufinden. Vic spielte mit. Mit unschuldiger Miene kehrten sie ins Lager zurück, als wäre nichts gewesen.
Trotzdem hatte sich etwas verändert. Die Pygmäen verhielten sich reserviert – teilweise gar feindselig. Vics Töchter saßen eingeschüchtert vor dem Zelt. Mit Erleichterung und Freude liefen sie ihrem Vater entgegen. Vic umarmte die beiden und drückte sie. Die Kinder baten ihn, sofort aufzubrechen. Nur zu gerne wäre Vic ihrem Drängen gefolgt, aber noch konnte er nicht weg. Vic rechnete fest damit, daß der Alte nochmals mit einer Hand voll Steine auftauchen würde, deshalb wartete er ab.

Zwei Tage lang tat sich nichts – der Alte ließ sich nicht blicken und so blieb Vic nichts anderes übrig, als weiter zu warten. Er und die Kinder erkundeten in dieser Zeit das Tal. Bald bemerkte Vic, daß sie ständig beobachtet wurden.
Als sie ins Camp zurückkehrten, stellte er fest, daß ihr Gepäck durchsucht und sogar der Rest aus der Ginflasche verschwunden war.
Der Alte saß plötzlich wieder am Lagerfeuer und verhielt sich wie zu Beginn. Am dritten Tag näherte er sich Vic unauffällig und machte Zeichen, ihm zu folgen. Nun schien also der Moment gekommen! Vic steckte den Revolver unter das Hemd, nahm seinen Stock und befahl den Mädchen, im Zelt zu bleiben. Der Alte befand sich bereits ein Stück voraus. Vic bemerkte, daß ein Junge diesem hinterher schlich.
Als Vic ihn eingeholt hatte, gingen sie eine Weile schweigend nebeneinander her, bis der Alte auf einmal stehenblieb und auf den Gletscher deutete, der sich in der Ferne erhob. Vic sah nichts Besonderes, aber ein schwaches Zischen alarmierte den Schlangenfänger in ihm. Ein Stoß des Gerippes brachte ihn aus dem Gleichgewicht und er mußte sich mit seinem Stock abstützten, um nicht zu fallen. Wieder zischte es und Vic sprang mit einem Satz zur Seite. Er griff nach der Schulter des Alten und riß ihn zurück. Mit einem Aufschrei fiel der Klappermann ins Gebüsch und landete direkt auf einer riesigen Puffotter, die mit ihren tödlichen Zähnen nach ihm stieß. Er schrie in Todesangst, doch Vic kannte nun kein Erbarmen mehr. Er drückte ihn mit aller Kraft auf das Reptil. Nun tauchte auch der Junge auf, der ihnen von Anfang an gefolgt war. Vic zog das Gerippe von der Schlange weg und rief um Hilfe. Er stellte den Alten auf die Füße und befahl dem Jungen, ihn ins Lager zu bringen.
Nachdem er die Schlange mit einem Stock getötet hatte, bemerkte er, daß ihr Rücken mit einem Grasseil durchbohrt war das an einer Wurzel befestigt war. Nun war Vic klar, daß der Alte ihn auf eine äußerst heimtückische Art erledigen wollte. Alles hätte nach einem Unfall ausgesehen und niemand hätte Verdacht geschöpft!

Vic schnitt den Strick ab und warf ihn weg. Ohne einen einzigen Stein kehrte er ins Lager zurück. Er wußte, daß es sinnlos sein würde, im Dschungel nach dem Beutel zu suchen.
Als er ins Lager zurückkam, standen alle um das Feuer herum und warteten auf ihn. Der Alte war bereits zusammengebrochen und ins Koma gefallen. Kurz darauf starb er. Der Junge erzählte, was vorgefallen war. Feindselig und mit grimmigen Gesichtern starrten sie auf Vic.

Typische Laubhütte in einem Pygmäen-Dorf.

Langsam, ohne Hast – wobei Vic sich regelrecht dazu zwingen mußte - packten sie alles zusammen und verließen das Volk der Zwergmenschen. Vic war sich absolut sicher, daß allein die Anwesenheit seiner Kinder ihm das Leben gerettet hatte. Die Furcht vor der Kolonialpolizei, die immer ein wachsames Auge auf Weiße hatte, ließ sie auf einen Angriff verzichten.

„Tja, meine Freunde – das war sie, die Geschichte, die ich nun schon viele Jahre mit mir trage.
Ihr müßt zugeben, daß sie kaum zu glauben ist.
Fragt mich nicht, wie alt der Tempel ist. Wessen Werk er ist, läßt sich erahnen: Als vor etwa 3000 Jahren die Nubier in das Gebiet kamen, muß er entstanden sein. Die Pygmäen waren kaum zu einer solchen Leistung imstande. Wie der Alte ihn entdeckt hat, weiß ich auch nicht.
In den folgenden Jahren versuchte ich zweimal zurückzukehren, um Millionär zu werden. Beide Male entkam ich nur knapp mit dem nackten Leben. Armee, Deserteure und Flüchtlinge aus Zaire trieben mordend ihr Unwesen und schossen auf mich. Beim zweiten Versuch lebten dort zu Hunderten die Feinde von Obote und Idi Amin. Sudanesische Deserteure, Räuber und Mörder aus Uganda und dem Kongo, bewaffnet bis an die Zähne und bereit, bedingungslos zu töten.
Aber wer weiß, irgendwann vielleicht, ..." Mit diesen Worten erhob sich Vic und ging.
Daß der Tempel des Schlangenmannes existiert, daran besteht kaum Zweifel. Die Geschichte solcher Kultstätten in Zentralafrika ist immer wieder zu hören. Nur: Wo liegt Vics Schatzhöhle?
Es gibt einige durchaus brauchbare Anhaltspunkte, die zumindest die Region bestimmen lassen.
So spricht er von den „Ruwenzori Bergen", die allgemein als „Mondberge" oder auch als „weiße Berge" bekannt sind.
Weiter erwähnt Vic den Semlikifluß unterhalb der Berge. Dieser Fluß durchfließt das gleichnamige Tal, das wegen seiner zahlreichen Krokodile bekannt ist.
Das Tal mit der Höhle befindet sich westlich der Ruwenzoris, vermutlich am Fuß des Mount Stanley oder Mount Baker.
Laut Vic dauerte der Aufstieg zu den Pygmäen drei Tage. Der Lagerplatz und der Zugang zu dem Tal muss sich in etwa 5000 m Höhe befinden, da der „Klappermann" Vic mit einer Handdeutung auf den Gletscher des voraus liegenden Berges ablenken wollte.
Die derzeitigen politischen Verhältnisse in Zentralafrika lassen allerdings Zweifel aufkommen, ob es ratsam ist, kurz- oder mittelfristig vor Ort eine Suche zu planen.

Viele Schätze, die heute noch irgendwo ihrer Entdeckung harren, wurden in Eile und Hast geborgen. Mitunter gar in solcher Eile, daß der Verberger im nachhinein sein eigenes Versteck nicht wiederfand. Besonders dann, wenn sich ein Piratenschiff auf der Flucht befand, und ihm die Häscher dicht auf den Fersen waren, wurde die geraubte Beute vielfach notverborgen. Manch andere Seewölfe dagegen planten ihr Depot lange und gründlich im voraus und nicht selten wurden komplizierte Systeme ausgetüftelt, die ein zufälliges Auffinden durch unbefugte Dritte ausschließen sollten. Je klüger und gebildeter der Verberger war, desto raffinierter war auch der Weg zum Reichtum.
Als einer der größten Kapazitäten auf diesem Gebiet gilt auch heute noch der berühmte französische Freibeuter und Pirat Olivier le Vasseur.
Seine Taktik - überraschend aufzutauchen und blitzschnell zuzuschlagen - brachte ihm schnell den Beinamen „La Buse", „der Bussard", ein.

Der „Bussard" gibt ein Rätsel auf

Le Vasseur galt als der beschlagenste, aber auch als einer der kaltblütigsten und grausamsten Piraten seiner Zunft. Die spätere Entwicklung zum Freibeuter wurde ihm schon in die Wiege gelegt. Sein Vater war ein bekannter und angesehener Korsar im Dienste der französischen Krone. Paul le Vasseurs Ruhm wurde 1665 begründet, als er den Engländern ein Schiff nach dem anderen abjagte und diese als Prisen nach Calais brachte. Sein Sohn Olivier wurde 1690 geboren. Dem Stande seiner Familie entsprechend, erhielt der Korsarensproß eine erstklassige Ausbildung, die ihm später immer wieder zugute kam. Dank der Hilfe seines Vaters schaffte es der sechsundzwanzigjährige Olivier 1716, von der französischen Regierung einen Kaperbrief zu erhalten. Solche Kaperbriefe waren nichts Seltenes; die Engländer, Spanier, Portugiesen und selbst die Holländer stellten solche begehrten Freibriefe aus. Immerhin entlasteten sie zum einen die ohnehin knappen Haushaltsbudgets, das Schiff eines Freibeuters vom Briefinhaber selbst angeschafft und vollständig ausgerüstet werden mußte. Zum anderen brachten die Kaperbriefe auch noch eine Stange Geld ein, da der Kaperkapitän seine erbeuteten Gewinne mit der jeweiligen Regierung teilen mußte. Für die ausstellende Regierung war somit kein Risiko vorhanden - sehr wohl jedoch für den Kaperkapitän. Die Bestimmungen waren genau geregelt; so durfte selbstverständlich kein Schiff der eigenen und auch keines unter der Flagge einer befreundeten oder verbündeten Nation angegriffen und aufgebracht werden. Da zuviele Kaperbriefe gewährt wurden, hielten sich die Kaperfahrer nicht mehr genau an die Regeln. Auch Olivier le Vasseur umging diese Bestimmungen.

Er bestimmte die Gewässer des Indischen Ozeans als seine Jagdgründe und ging eine Allianz mit den englischen Piraten Howell Davis und Francis Cocklyn ein. Wie umtriebig das Piratenwesen in diesen Gewässern zu jener Zeit war, schilderte der Engländer Francis Cocklyn. *„Wir kamen zu dem Schluß, daß es für uns große Fortune bedeuten könnte, gelänge es uns, die Festung von Gambia zu nehmen. Wie einige Leute aus der Mannschaft Kapitän Davis' wußten, war der Gouverneur von Gambia ein Halunke, der mit dem Handel von Sklaven viel Gold und Juwelen angesammelt hatte. Kapitän Davis hatte deshalb einen Plan ausgearbeit, wie die gutbewachte Festung im Handstreich zu nehmen sei. Als wir mit Gold und Juwelen überhäuft von Gam-*

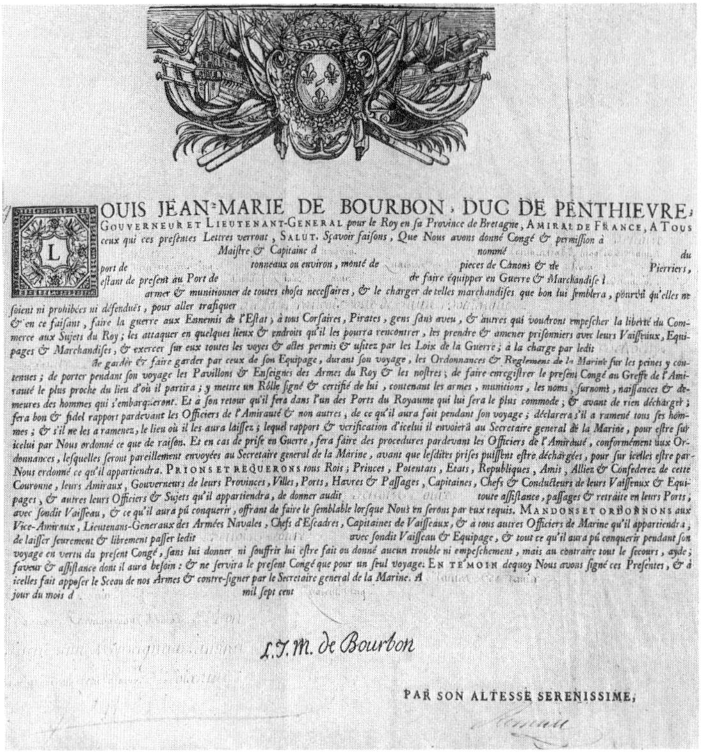

LOUIS JEAN-MARIE DE BOURBON, DUC DE PENTHIEVRE, GOUVERNEUR ET LIEUTENANT-GENERAL pour le Roy en sa Province de Bretagne, AMIRAL DE FRANCE, A TOUS ceux qui ces présentes Lettres verront, SALUT. Sçavoir faisons, Que Nous avons donné Congé & permission à Maistre & Capitaine d nommé du port de tonneaux ou environ, monté de pieces de Canons & de Pierriers, estant de present au Port de de faire équipper en Guerre & Marchandise l armer & munitionner de toutes choses necessaires, & le charger de telles marchandises que bon lui semblera, pourvû qu'elles ne soient ni prohibées ni défenduës, pour aller trafiquer & en ce faisant, faire la guerre aux Ennemis de l'Estat, à tous Corsaires, Pirates, gens sans aveu, & autres qui voudront empescher la liberté du Commerce aux Sujets du Roy; les attaquer en quelques lieux & endroits qu'il les pourra rencontrer, les prendre & amener prisonniers avec leurs Vaisseaux, Equipages & Marchandises, & exercer sur eux toutes les voyes & actes permis & usitez par les Loix de la Guerre; à la charge par ledit de garder & faire garder par ceux de son Equipage, durant son voyage, les Ordonnances & Reglemens de la Marine sur les peines y contenues; de porter pendant son voyage les Pavillons & Enseignes des Armes du Roy & les nostres; de faire enregistrer le present Congé au Greffe de l'Amirauté le plus proche du lieu d'où il partira; y mettre un Rôlle signé & certifié de lui, contenant les armes, munitions, les noms, surnoms, naissances & demeures des hommes qui s'embarqueront. Et à son retour qu'il fera dans l'un des Ports du Royaume qui lui sera le plus commode; & avant de rien décharger; fera bon & fidel rapport pardevant les Officiers de l'Amirauté & non autres, de ce qu'il aura fait pendant son voyage; déclarera s'il a ramené tous ses hommes; & s'il ne les a ramenez, le lieu où il les aura laissez; lequel rapport & verification d'icelui il envoiera au Secretaire general de la Marine, pour estre sur icelui par Nous ordonné ce que de raison. Et en cas de prise en Guerre, fera faire des procedures pardevant les Officiers de l'Amirauté, conformément aux Ordonnances, lesquelles seront pareillement envoyées au Secretaire general de la Marine, avant que lesdites prises puissent estre déchargées, pour sur icelles estre par Nous ordonné ce qu'il appartiendra. PRIONS ET REQUERONS tous Rois, Princes, Potentats, Etats, Republiques, Amis, Alliez & Confederez de cette Couronne, leurs Amiraux, Gouverneurs de leurs Provinces, Villes, Ports, Havres & Passages, Capitaines, Chefs & Conducteurs de leurs Vaisseaux & Equipages, & autres leurs Officiers & Sujets qu'il appartiendra, de donner audit toute assistance, passages & retraite en leurs Ports, avec sondit Vaisseau, & ce qu'il aura pû conquerir, offrant de faire le semblable lorsque Nous en serons par eux requis. MANDONS ET ORDONNONS aux Vice-Amiraux, Lieutenans-Generaux des Armées Navales, Chefs d'Escadres, Capitaines de Vaisseaux, & à tous autres Officiers de Marine qu'il appartiendra, de laisser seurement & librement passer ledit avec sondit Vaisseau & Equipage, & tout ce qu'il aura pû conquerir pendant son voyage en vertu du present Congé, sans lui donner ni souffrir lui estre fait ou donné aucun trouble ni empeschement, mais au contraire tout le secours, ayde, faveur & assistance dont il aura besoin: & ne servira le present Congé que pour un seul voyage. EN TEMOIN dequoy Nous avons signé ces Presentes, & à icelles fait apposer le Sceau de nos Armes & contre-signer par le Secretaire general de la Marine. A jour du mois d mil sept cent

L.J.M. de Bourbon

PAR SON ALTESSE SERENISSIME,

Kaperbrief für La Buse – ausgestellt vom Gouverneur Jean Marie de Bourbon.

bia abfuhren und den Gouverneur in seinem Elend zurückgelassen hatten, tauchte am Horizont plötzlich ein großes Schiff auf, das direkten Kurs auf uns hielt. Als das fremde Schiff nahe genug an unsere beiden herangekommen war, dippte das Gegenüber plötzlich die schwarze Flagge. Auf allen drei Schiffen brach nun ein höllisches Gelächter aus, als Davis und ich ebenfalls den Jolly dippten. So lernten wir jenen verwegenen Kapitän kennen, den alle nur ‚den Bussard' nannten.“

„La Buse“ trennte sich nach einiger Zeit wieder von den beiden Engländern und paktierte 1721 mit John Taylor, einem anderen englischen Piraten, der ihm mit seinem Schiff „Defense“ einige lukrative Beuteschiffe zutrieb. Die bemerkenswerteste Prise dabei war die „Vierge de Cap“, eine portugiesische Karacke, die der „Bussard“ in einem frechen Handstreich im Hafen von St.Denis in seine Gewalt brachte. Welchen Fang sie da gemacht hatten, merkten sie erst, als sie an Bord gingen. Keine geringeren als der Vizekönig von Indien, Comte d'Ercereira, in Begleitung des Erzbischofs von Goa waren nun ihre Gefangenen. Dementsprechend reich war auch die Beute, die sie in den Laderäumen vorfanden: Große Mengen an Gold- und Silberbarren, Münzen, Edelsteine und kistenweise Kirchengerätschaften. Unter den wertvollen Gegenständen befand sich auch das mit Rubinen und Diamanten besetzte Krönungsschwert des Vizekönigs sowie das legendäre „Cruz de Fuego“, das „Feuerkreuz von Goa“, dem man wundertätige Kräfte nachsagte. Der Wert der Beute allein aus diesem Schiff war so groß, daß er in sämtlichen Annalen und späteren Berichten immer ausdrücklich betont wurde; nach heutigem Wert eine runde Milliarde Euro. Der Einfachheit halber ließ „La Buse“ gleich gar nicht umladen, sondern wechselte lediglich das Schiff. Mit der „Victorieux“, der „Siegreichen“ - wie das Schiff von nun an genannt wurde - war der Franzose in der Folgezeit noch erfolgreicher. Die Akten der ehemaligen „Ostindischen Kompanie“ verzeichnen bis ins Jahr 1723 mehrere reiche Schiffe, die an diesen dreisten Piraten verloren gingen. Im Alter von 34 Jahren schien Olivier le Vasseur genug gehabt zu haben; er dachte daran, sich zur Ruhe zu setzen. Der Gouverneur von Bourbon bot ihm unter der Bedingung, sämtliche Beute an Frankreich abzugeben und jeglicher Piraterie und der Seefahrerei abzuschwören, Amnestie an. Darauf antwortete am 25. März 1724 „La Buse“ in einem Brief, daß er die Amnestie nur dann annehmen würde, wenn er seine Beute behalten dürfe. Aus dem angebotenen Straferlaß wurde nichts, und man versuchte deshalb, den „Bussard“ im Indischen Ozean aufzuspüren. „La Buse“ war wie vom Erdboden verschwunden. Inzwischen weiß man, daß er sich auf seine Ländereien auf der Insel St. Marie und seine Lieblingsinsel Mahé auf den Seychellen von den anstren-

Olivier le Vasseur – genannt „La Buse“, der „Bussard“.

genden Raubzügen erholte. Zum Verhängnis wurde dem Piraten schließlich sein Hang zur Geselligkeit, die ihn gelegentlich die Gesellschaft seiner Kumpane suchen ließ. Bei einem dieser Besuche wurde Le Vasseur in der Bucht von Antogil von einem Kapitän erkannt, den er einmal um sein Schiff erleichtert hatte. Die Festnahme des „Bussard“ kam so überraschend, daß er nicht mehr dazu kam, sich zu widersetzen. Eine kurze Anklageschrift, in welcher die Festnahme und vereinzelte Untaten festgehalten wurden, waren Grundlage eines kurzen Verfahrens.

„Große Verdienste im Kampf gegen das allgegenwärtige Piratenunwesen hat sich Mosieur D`Armitte erworben, der als Kapitän der Brigg ‚Meduse' in der Bucht von Antogil den berüchtigten Kapitän Olivier le Vasseur - besser bekannt unter dem Namen ‚La Buse' - erkannte und im Namen Frankreichs festgenommen hat. Auf Antrag der Staatsgewalt hat man La Buse den Prozess gemacht und auf Beschluss des Konzils zum Tode durch den Strang verurteilt. Kapitän le Vasseur werden zahlreiche Verbrechen gegen das Seerecht vorgeworfen, in denen er sich der Piraterie schuldig gemacht hat.“

Das Urteil lautete also wie nicht anders zu erwarten auf Tod. Am 17. Juli 1730, an seinem vierzigsten Geburtstag um 17.00 Uhr bestieg der „Bussard“ den Galgen von Saint Denise. Ehe man ihm die Schlinge um den Hals legte, warf er ein Bündel zusammengerollter Pergamente unter das johlende Volk, das sich in Erwartung seiner Hinrichtung versammelt hatte und rief: „Finde meine Schätze, wer kann!“ Um 17.05 war der berüchtigte „Bussard“ „vom Leben in den Tod gebracht“, wie es im Urteil hieß.

Mit dem Tod Olivier le Vasseurs begannen auch die Spekulationen und Vermutungen über seine Schätze. Infrage kamen schließlich alle Orte, an denen er sich des öfteren regelmäßig aufgehalten hatte. Manch einer vermutete die Beute des Piraten sogar auf der Cocosinsel; immerhin hatte der „Bussard“ diese Schatzinsel mehrere Male angelaufen.

Zwar hatte „La Buse“ vor seiner Hinrichtung seine Papiere dem Mob preisgegeben, jedoch ohne das entscheidende Papier, das besagte, wo nach dem Schatz zu suchen sei. Wichtigstes dieser Blätter ist ein Pergament, das, in einer Geheimschrift abgefaßt, der Schlüssel sein könnte. Dieses aus 17 Zeilen bestehende Kryptogramm ist seit der Preisgabe durch den Piraten das Papier, auf das sich jede Suche nach dem Schatz stützt. Aufbewahrt wird es in der Nationalbibliothek in Paris, jedoch sind eine ganze Reihe Kopien im Umlauf.

Eine dieser Kopien ist in Händen von Herbert Cruise-Wilkins, der auf der Seychelleninsel Mahé den Spuren des Piraten le Vasseur folgte. Wilkins wollte sich 1949 auf die Seychellen nach einer schweren Krankheit erholen. Dort traf er Madame Savy, die als Nachfahrin der alteingesessenen Familie ein Stück Land geerbt hatte, das mehr als 200 Jahre im Familienbesitz war. Eines Tages erzählte die alte Dame Wilkins von seltsam geformten Felsen, die sich auf ihrem Strand befinden, und immer bei absolutem Niedrigwasser sichtbar werden. Ganz nebenbei erwähnte sie auch Pergamente mit seltsamen unverständlichen Schriftzeichen, mit denen sie nichts anfangen konnte. Wilkins bat sie, die Papiere sehen zu düfen, da er sich seit jeher für geheimnisvolle Dinge interessierte. Madame Savy stimmte gerne zu. Herbert Wilkins erkannte, daß er das Vermächtnis des Piraten Olivier le Vasseur in Händen hielt!

Nach eingehendem Studium der Papiere machte sich der Engländer auf, die geheimnisvolle Felsformation genauer zu untersuchen. Und auch hier hatte Wilkins Glück. Er entdeckte eigenartige, von Menschenhand eingeritzte Zeichen, von denen einige mit Zeichen aus der Geheimschrift übereinstimmten. Wilkins war nun sicher, daß zwischen Felsen und Papieren eine Verbindung bestand und

er wollte das Geheimnis um „La Buses" Schatz lösen. Mit Zustimmung Madame Savys nahm Herbert Wilkins die Papiere an sich, um sie zu entschlüsseln. Fünf Monate brütete er über den Pergamenten, umgeben von einem Stapel Wörterbüchern aus dem 17. Jahrhundert. Es gelang ihm tatsächlich, viele der unverständlichen Zeichen zu deuten. Er fand heraus, daß der Pirat in den Papieren Peilungen und Kreuzungspunkte festgehalten hatte, und ein Dokument erwies sich als Schlüssel für eine Zahlenreihe. Nach und nach gelang es Wilkins, einen kompletten zusammenhängenden Satz zu kombinieren. „Fordere die Frau heraus, die im Wasser gefangen liegt", lautete der Lösungssatz.
Mit diesem Hinweis konnte Herbert Wilkins nicht viel anfangen. Tage und Nächte zerbrach sich Wilkins den Kopf, was der „Bussard" damit wohl gemeint haben könnte. Welche Frau sollte im Wasser gefangen sein, und wenn, wo? Ein weiterer entzifferter Satz brachte ihn schließlich der Sache näher: „Lasse dich von Jason führen und dir öffnet sich der Dritte Kreis." Nun ging dem Schatzsucher ein Licht auf und er bewunderte den Piraten insgeheim. Hier zeigte sich die Bildung und die Intelligenz des französischen Freibeuters. Die Hinweise bezogen sich nämlich auf Sagen aus der griechischen Mythologie. Mit der „im Wasser gefangenen Frau" war Andromeda gemeint, die in der griechischen Sage an einen Felsen im Meer gekettet gewesen war, um auf Perseus auf dem fliegenden Pferd Pegasus zu warten. Auch der Hinweis auf Jason, den Führer der Argonauten, ergab nun einen Sinn. Jason und die Argonauten waren bekanntlich auf der Suche nach dem „Goldenen Vlies" - einem mit Goldstaub gefärbten Widderfell. Nun kam Wilkins mit der Entschlüsselung zügig voran. „Befreie die Scheide der gefangenen Frau, damit sie mit dem Mann, der der ihre ist, schlafen kann" - lautete ein Satz. Zweifellos hatte „La Buse" die Beschreibung zu seinem Schatzversteck in Rätsel der Mythologie verpackt, und nur jemand, der über eine klassische Bildung verfügte, konnte das Rätsel lösen. Wilkins war nun sicher, daß die Rätsel auch in unmittelbarem Zusammenhang mit den Gestirnen standen, die in der Mythologie eine große Rolle spielten. Wilkins besorgte sich verschiedene Sternkarten und Bücher über die griechische Sagenwelt und kehrte nach Mahé zurück, um an Ort und Stelle den Zeichen des „Bussards" zu folgen.

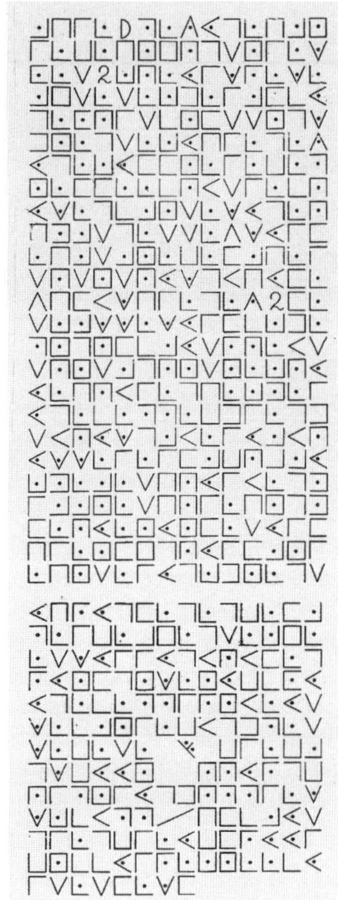

Das Kryptogramm, das „La Buse" unter das Volk warf.

Als erstes engagierte er 22 Arbeiter, mit deren Hilfe er die Felsengruppe ausgrub, da er unter dem Sand noch weitere Hinweise zu finden hoffte. Und wirklich - in 60 cm Tiefe stießen sie auf eingemeißelte Zeichen, die auch in den Papieren zu finden waren. Diese Zeichen waren es schließlich, die Herbert Wilkins zu einer Stelle am Hang eines Berges führten, wo er in einen flachen Felsen eingemeißelt die Kompaßpeilungen fand, die „La Buse" zum Anfertigen seines Rätsels dienten. Mit Hilfe von Seilen und Schnüren nahm Wilkins tagelang Messungen vor, die ihn dann direkt hinter sein Haus führten. An dieser Stelle, so glaubte Wilkins, mußte das erste Zeichen zu finden sein. Drei Meter tief gruben die Arbeiter, bis sie auf das Muttergestein stießen. Nun lag das erste Zeichen vor ihm - Andromeda, in Form einer steinernen Statue, zweieinhalb Meter lang und die Beine angewinkelt. Wilkins erinnerte

Das Grab von „La Buse“ auf der Seyschelleninsel Mahé.

sich an den Satz, die Scheide zu befreien und grub zwischen den Beinen der Figur ein Loch. Als er jedoch keinen weiteren Hinweis finden konnte, ließ er rund um die Statue graben. Dann, eines Tages, zeigte sich der nächste Hinweis: Wieder in einen Felsen eingehauen, die Abbildung eines Widderkopfes und eines Schwertes. Am Fuß dieses Felsen lag ein aus Stein gearbeitetes Schiffchen - Jasons Boot! Nun glückte Herbert Wilkins mit traumwandlerischer Sicherheit eine Peilung und Messung nach der anderen. Genau am errechneten Punkt am Fuße eines Hügels traten Knochen zutage. Freigelegt, erwies es sich als das Skelett eines Pferdes, dem man die Beine gebrochen hatte. Wilkins deutete dies folgerichtig als Pegasus, das geflügelte Pferd. Unmittelbar darunter befand sich eine geheime ausgemauerte Kammer, zu Wilkins Bedauern erwies sie sich jedoch als leer. Möglicherweise war sie ursprünglich von „La Buse“ als Schatzkammer vorgesehen, wurde jedoch aus unerfindlichen Gründen niemals benutzt. Mit äußerster Akribie suchte der Engländer nun die weitere Umgebung ab, in der Hoffnung, vielleicht schon hier auf den Schatz des Piraten zu stoßen. Er fand kein Gold und Silber, dafür aber einen Felsen mit deutlichen Hinweisspuren. Zwölf V-förmige Zeichen sagten dem inzwischen in der griechischen Mythologie beschlagenen Schatzsucher, daß damit nur die kerynitische Hirschkuh gemeint sein konnte, die Herkules fangen mußte. Allmählich fing der zähe Engländer an, zu verzweifeln. Jedesmal wenn er sich kurz vor dem Ziel glaubte, tauchte wieder irgend ein weiteres Zeichen auf und wies wieder auf eine andere, entfernte Stelle. Sosehr sich Herbert Wilkins auch bemühte, das System des Piraten erschien ihm immer verworrener und undurchsichtiger. Beinahe, so glaubte er, war dessen einziger Zweck, Suchende in die Irre zu führen und zu verhöhnen. „La Buse“ mußte viel Zeit gehabt haben, denn all die Vermessungen und das Vergraben der Hinweiszeichen sowie das Einmeißeln in die Felsen war sicher eine langwierige Angelegenheit.

Die Suche und die bisherigen Arbeiten hatten viel Zeit und Geld in Anspruch genommen. Wilkins' Mittel gingen langsam, aber sicher dem Ende zu und noch war er im Grunde keinen Schritt weiter. Eines Abends saß er nach langer Zeit wieder einmal mit Madame Savy zusammen und berichtete ihr niedergeschlagen von seinen bisherigen Arbeiten. In diesem Gespräch bemerkte sie beiläufig, man müßte einen Mann wie Herkules zur Seite haben, um die schwierige Aufgaben lösen zu können. Wilkins sprang wie elektrisiert aus seinem Stuhl hoch und umarmte die alte Dame, die ihn entgeistert ansah. Ohne es zu wissen, hatte sie ihm die Lösung des ganzen Rätsels geliefert. „Herkules“ hieß das Zauberwort! Der verdammte Seeräuber hatte den Weg zu seiner Beute in die klassischen zwölf Auf-

Strand von Mahé, wo der Schatz des „Bussard“ vergraben sein soll.

gaben des Herkules verpackt und genau wie jener in der griechischen Mythologie mußten auch hier zwölf Aufgaben erfüllt werden.
Das Fatale dabei war nur, daß sich die nächste Aufgabe nicht ohne die vorhergehende lösen ließ. Wilkins konnte sich keinen Fehler leisten und durfte nichts überspringen. Aber das Ziel war nun völlig klar. Mit Feuereifer stürzte sich der sechzigjährige Schatzsucher wieder in die Arbeit. Über eine Fläche von insgesamt 24 Hektar waren die verschiedenen Örtlichkeiten verstreut, an denen der „Bussard“ seine Spuren hinterlassen hatte. Kreuz und quer zogen sich die Peilungen durch das Gelände. Bergauf und bergab - mal kreuzten sie die Felsengruppe am Strand, dann tangierten sie wieder eine frühere Stelle. Eines aber hatten alle Örtlichkeiten gemein: Alle standen in Verbindung mit den Sternbildern und gaben diese symbolisiert wieder.

Wie schon zu Beginn der Suche, führte die Spur Wilkins wieder in die Nähe seines Hauses. Nicht weit davon entfernt machte er sich daran, die sechste Aufgabe zu lösen. Diese Aufgabe war nach der griechischen Geschichte die Suche nach dem Zaubergürtel der Amazonenkönigin Hippolyte. Dieses Mal stieß Herbert Wilkins auf eine ganze Fülle von Relikten. Ein Ölkrug mit der eingravierten Zahl 39, eine Widderfigur, die auch Andromeda zeigt, ein Hirtenmädchen ohne Kopf und nicht weit davon entfernt eine uralte Steinschloßpistole und acht steinerne Kugeln. Nun waren dies alles hervorragende und prägnante Hinweise, sah man einmal von der Pistole ab, die mit der Mythologie nichts zu tun hatte. Was Herbert Wilkins aber gerade in dieser Situation dringend benötigte, war entweder ein lukrativer Fund, oder zumindest etwas, das man mühelos zu Geld machen konnte. Seine Barmittel waren nämlich völlig erschöpft. Madame Savy, der er bei einem Besuch von seiner Situation erzählte, riet ihm, sich an ihren Anwalt in Nairobi zu wenden. Herbert Wilkins reiste nach Nairobi und trug dem Anwalt seine Geschichte vor. Zusammen mit dem Wirtschaftsexperten Samuel Probish wurde ein Konsortium zur endgültigen Auffindung des „La Buse“ –Schatzes gegründet. 34.000 Pfund Sterling schaffte diese Finanzierungsgruppe innerhalb kürzester Zeit heran und Herbert Wilkins konnte endlich die schon längst dringend benötigten Werkzeuge und Pumpen kaufen. Zurück auf Mahé macht er sich wieder mit Feuereifer an die Suche nach den letzten Hinweispunkten. Einen nach dem anderen fand er. Mit den drei Äpfeln der Hesperiden, die er in Form von behauenen Steinen vorfand, war auch die elfte, die vorletzte Aufgabe gelöst. In der letzten Aufgabe mußte Herkules nach dem griechi-

Überreste von le Vasseurs Haus in Bel Ombre, Mahé.

schen Mythos Zerberus, den Höllenhund aus der Unterwelt herausholen. Als Herbert Wilkins dann vor dem Felsen stand, der einen grimmig dreinblickenden Hund darstellte, konnte er seine Wut auf „La Buse", dieses Piratenaas, kaum verbergen. Nur ein paar Meter von der ersten Grabungsstelle, dem Fundort Andromedas, stieß er auf Unterwasserhöhlen. Madame Savy, die die zunehmende Besessenheit Wilkins mit Besorgnis beobachtete, lud ihn wieder einmal in ihr Haus ein. Sehr vorsichtig begann sie, Wilkins auf eine Geschichte einzustimmen, die vor ein paar Wochen bekannt geworden war. Eines Morgens, als sie einen Spaziergang über den Strand machte, beobachtete sie in einiger Entfernung drei Männer, die sich hinter einem großen Baum zu schaffen machten. Als sie am nächsten Tag nochmals zu der Stelle ging, fand sie einige Meter hinter dem Baum ein Loch und drei zerschlagene große Tonkrüge. Es sah so aus, als wären außer Wilkins auch noch andere hinter dem Schatz des „Bussards" her. Wilkins besah sich die Stelle selbst und war sichtlich erleichtert, als er erkannte, daß das, was hier vergraben war, niemals die Beute des Piraten gewesen sein konnte. Er kehrte wieder zu seinen Höhlen zurück. Da an dieser Stelle der Einsatz von Werkzeugen so gut wie aussichtslos war, setzte Wilkins Dynamit ein. Aber die Sprengungen förderten nichts Wesentliches zutage. Ihm war klar, daß er nach einem anderen Weg suchen mußte, um an die unterirdischen Gewölbe heranzukommen. Wilkins blieb nur noch ein Weg. Mittlerweile – wir sind im Jahre 1970 - sollte auf Mahé ein neuer Flugplatz entstehen. Die dabei eingesetzten Baumaschinen waren seine letzte Hoffnung. Eine Vorsprache beim Direktor des Projekts gab ihm neue Zuversicht. Der Direktor sagte ihm Hilfe zu, sobald die Erdarbeiten am Flughafenprojekt abgeschlossen wären. In der Zwischenzeit grub sich der zähe Schatzsucher mit Schaufel und Spitzhacke weiter. Einige Wochen später rückten die zugesagten Baumaschinen an.

Die Höhlen, in denen Wilkins den Schatz vermutete, reagierten auf die Messungen mit einem Protonenmagnetometer höchst empfindlich; demnach mußte sich eine große Menge Eisen darin befinden. Andere Metalle zu orten, ist mit solchen Geräten nicht möglich. Ein kleiner Junge, den man durch einen Spalt hinunterließ, kam über und über mit Rost bedeckt wieder herauf. Nun war Wilkins absolut sicher: Dort unten befand sich der Schatz des „Bussard". Zwei Tage arbeiteten die schweren Baumaschinen. Vorsichtig schoben Bulldozer Schaufel um Schaufel weg, gruben Bagger langsam Stichgräben um die Felsenhöhle. Wilkins Wunsch war erfüllt: Modernstes Gerät, um den Schätzen beizukommen.

Der Flughafen auf Mahé ist längst fertig. Tausende von Touristen betreten jede Woche diese Seychelleninsel um hier Erholung zu finden. Niemand von ihnen denkt daran, daß nur wenige Kilometer von hier einer der größten Piratenschätze verborgen liegt und daß dort ein Mann in seinem Haus sitzt und sicher ist, daß er dem Geheimnis so nah wie nie zuvor ist. Denn: Natürlich hatte ihn der Pirat mit der letzten Aufgabe wieder nur genarrt. Die Schätze im Wert von rund 250 Millionen Euro warten immer noch auf denjenigen, der schlauer ist als Olivier le Vasseur.
„Finde meinen Schatz, wer kann ...“

Gold! Ein Wort, das auf fast alle Menschen die gleiche Magie und Faszination ausübt. Das edelste aller Mineralien, das Freunde zu erbitterten Feinden werden ließ und sogar Kriege heraufbeschwor. Allein das Gerücht, in irgendeiner Region gäbe es Gold, konnte ausreichen, Hunderttausende in Marsch zu setzen und alles liegen und stehen zu lassen, was ihnen bis dahin lieb und teuer war. Viele verbrachten ihr gesamtes Leben damit, nach dem so oft verfluchten Metall zu suchen, und was sie fanden, war nicht selten der Tod.
Andere wiederum, denen der Sinn überhaupt nicht nach Gold und Reichtum stand, stießen durch Zufall von ganz allein auf reiche Vorkommen. Glück und Pech lagen immer schon dicht nebeneinander und bis heute hat sich daran kaum etwas geändert. Dies ist die Geschichte des reichsten Goldfundes, der je gemacht wurde. Aber es ist zugleich auch die Geschichte eines der größten Glückspilze und zugleich größten Pechvögel. Sein Name: Lewis Harold Lasseter.

Das goldene Riff

Australien, 1897

Im Hafen von Sidney geht der Matrose Lewis Harold Lasseter von Bord des Schiffes, auf dem er vier Monate gearbeitet hat. Lasseter hat von der Seefahrt die Nase voll und will sein Glück nun in den sagenhaften Opal- und Rubinfeldern bei Alice Springs suchen. Mehr als die Hälfte seiner Heuer investiert der Seemann in die Anschaffung von Pferden und einer Prospektorenausrüstung. Als er mit seiner kleinen Karawane aufbricht, um sich auf den langen und beschwerlichen Weg zu machen, ist Lasseter zuversichtlich, mit vollen Taschen zurückzukehren. In Alice Springs angekommen, muß er zu seiner Entäuschung feststellen, daß alle guten Claims schon vergeben sind. Trotzdem versucht er sein Glück an einem Platz, an dem, wie er glaubt, vielleicht noch etwas zu holen sei. Mehrere Wochen schuftet er von früh bis spät und wühlt sich in den harten Boden. Während er zusehen muß, wie in den Claims um ihn die schönsten Opale und Rubine ans Licht der australischen Sonne geholt werden, beschränkt sich seine Ausbeute auf minderwertige Granate. Lasseter beschließt, dieses Geschäft den Glücklicheren zu überlassen und wieder auf einem Schiff in Fremantle anzuheuern. Mit dem Rest seines Proviantes und drei Pferden bricht er auf, um an den Hängen der Macdonnell Ranges entlang zur Küste zu gelangen. Es wird ein langer und lebensgefährlicher Trail. Es hat den Anschein, als nähmen die Berge kein Ende und jedesmal, wenn Lasseter glaubt, ein Gebirge hinter sich zu haben, taucht in der Ferne schon wieder ein neues auf. Allmählich dämmert ihm, daß er sich schwer geirrt zu haben scheint. Der Proviant wird immer weniger und auch sein Wasservorrat geht allmählich zur Neige. Plötzlich sind die Berge zu Ende und die Landschaft wechselt in eine Sandwüste über, bei deren Anblick Lasseter sich seiner schlimmen Lage bewußt wird. Dann aber hat er Glück: Innerhalb einer Felsengruppe findet er ein Wasserloch, das ihn und seine Pferde vor dem Verdursten rettet. Nachdem er sich wieder einigermaßen erholt hat, füllt er sämtliche verfügbaren Behälter mit dem kostbaren Naß und macht sich wieder auf den Weg, in der Hoffnung, die Strapazen bald hinter sich zu haben. Zwei Tage nach seinem Aufbruch von der Wasserstelle fallen ihm Gesteinsformationen auf, die sich schnurgerade wie aufgereiht durch die Öde ziehen. Tagelang wandert Lasseter an diesen Steinen entlang, die zwischendurch im Bo-

Lewis Harold Lasseter

den verschwinden, um nach einigen Metern wieder an die Oberfläche zu treten. Teilweise bildet die Formation eine regelrechte Mauer, die bis zu zwei Meter aus dem Boden ragt. Die seltsam grünliche Färbung des Gesteins veranlaßt ihn schließlich, sich einen der Steine genauer zu betrachten. Lasseter schlägt ihn an einem Felsen auf und staunt nicht schlecht: Bleistiftdicke Goldadern ziehen sich durch den Stein! Hastig greift er wahllos nach anderen Steinen der Mauer und zerschlägt sie. Das Resultat ist bei allen dasselbe. Ein gigantisches Riff aus Gold zieht sich durch die Wüste. Einen leeren Mehlsack füllt Lasseter voll mit diesen Proben, um sie später untersuchen zu lassen, falls er diesen höllischen Marsch jemals überstehen sollte. Tagelang folgt er dem Riff, und es sieht beinahe so aus, als nähme es überhaupt kein Ende. Seit zwei Tagen ist das Wasser zu Ende und die Pferde sind zusammengebrochen. Mit Halluzinationen torkelt Lasseter durch das glühend heiße Land, gebeugt von der schweren Last des Sackes voller Steine. Das letzte, was er wahrnimmt, sind feuerige Kreise vor seinen Augen - dann stürzt er in ein Meer von Dunkelheit und Stille.

Als er die Augen wieder öffnet, blickt er in ein zerfurchtes, schnauzbärtiges Gesicht. Das Antlitz gehört John Harding, einem Geometer, in dessen Lager sich Lasseter befindet. Einer von Hardings Kameltreibern hat den bewußtlosen Mann nicht weit vom Lager gefunden und auf seinem Kamel hierhergebracht. Nachdem sich der völlig erschöpfte Mann wieder einigermaßen erholt hat, will Harding von ihm wissen, woher die bei ihm gefundenen Gesteinsproben stammen. So ohne weiteres aber will Lasseter sein Geheimnis nicht preisgeben, und er erklärt sich lediglich einverstanden, daß Harding die Proben untersuchen läßt. Dann, so deutet er an, wäre eine gemeinsame Expedition eventuell denkbar. Harding akzeptiert die Bedingungen und gemeinsam treten sie den Weg nach Kalgoolie an. Da Lasseter vorerst von der Wüste genug hat, heuert er wieder für einige Monate auf einem Schiff an.
Bei einem kurzen Landurlaub ereicht ihn ein Brief Hardings, in dem ihm dieser das Ergebnis der Goldproben mitteilt. Demnach verspricht das Vorkommen einen Goldgehalt von 120 Gramm pro Tonne! Dies bedeutet eine so ungeheure Konzentration an Gold, daß dagegen die Goldvorkommen des zur Zeit herrschenden Goldrausches am Klondike geradezu ärmlich wirken. Überhaupt ist Australien im Vergleich zu den Vereinigten Staaten auffallend reich an großen und konzentrierten Vorkommen. Nirgendwo wurden jemals größere Goldklumpen und Nuggets gefunden wie auf dem fünften Kontinent. Den größten Nugget überhaupt fanden australische Goldgräber am Schwarzen Riff bei Moliagul, nahe der Stadt Dunolly. Nicht weniger als 2520 Unzen, also knapp 80 kg, wog der Goldklumpen, der als „Welcome Stranger" in die Geschichte einging. Dagegen nimmt sich der jemals größte in den USA gefundene Nugget äußerst bescheiden aus. Auf magere 35 Unzen (rund 1,1 kg) brachte es das von Geo W.Carmack 1898 im Eldorado Creek am Yukon geschürfte Goldstück.

Gegen Lasseters Riff aus Gold aber verblassen alle diese Funde. Angesichts des zu erwartenden Gewinns gibt es für den Seemann kein Zögern mehr; unverzüglich macht er sich mit Harding auf den Weg zu seinem Riff. Bestens ausgerüstet brechen die beiden ungleichen Männer im Frühjahr 1900 in Carnarvon in Westaustralien mit einer ansehnlichen Kamelkarawane in Richtung der Petermann Ranges auf, in deren Umgebung sich das Riff befindet. Daß die Wahl auf Kamele fiel, hat seinen guten Grund; die

Erfahrungen mit Pferden in diesem Wüstenklima sind Harold Lasseter nur zu gut im Gedächtnis. Harding hat ihn überzeugt, daß es gerade für eine solche Wochen oder gar Monate dauernde Expedition ins Outback keine geeigneteren Tiere gibt.
Wochenlang ziehen sie durch unerforschtes Gebiet - Zentralaustralien ist ein großer weißer Fleck auf der Landkarte. Die einzigen Bewohner sind die Aborigines, jene Ureinwohner mit der berühmten Knollennase, die so hervorragend mit dem Bumerang umzugehen wissen, Känguruhs und Dingos, die wilden Hunde. Nachdem sie Hardings alten Lagerplatz als Ausgangsbasis genommen haben, findet sich Lasseter immer besser zurecht. Berggipfel und bestimmte Felsformationen dienen ihm als Orientierungspunkte, und als sie endlich den Mount Olga in den Petermann Ranges erreicht haben, schlagen sie hier ihr Lager auf. Von dieser Stelle aus sind es nur noch einige Kilometer bis zum Beginn des Goldriffs. Ohne Schwierigkeiten findet Harold Lasseter in den nächsten Tagen die erzhaltige Mauer wieder, und die beiden beginnen unverzüglich, dem Prospektorgesetz entsprechend, ihren Claim abzustecken. Harding als Geometer nimmt noch genaue Vemessungen vor, um die gesamte Ausdehnung des Riffs festzustellen. Sie sind beide mehr als überrascht, als sich herausstellt, daß es sich über eine Länge von 15 km erstreckt und dabei eine Breite bis zu vier Metern erreicht! Nachdem sie noch eine Anzahl von Proben mitgenommen haben, brechen sie die Zelte ab, um ihren gemeinsamen Claim ordnungsgemäß beim Mining Department registrieren zu lassen. Wochenlang dauert auch der Rückweg in der unendlichen Weite dieses Kontinents. In Pipalyatjara, der ersten zivilisierten Siedlung auf ihrem Rückweg, machen sie eine schreckliche Feststellung: Hardings Uhr geht mehr als eine Stunde nach! Diese Feststellung ist deshalb so niederschmetternd, weil sie sämtliche Peilungen am Riff mit der Uhr vorgenommen haben und nun die exakte Position wieder nicht bekannt ist. Da eine Umkehr aus verschiedenen Gründen auf keinen Fall in Frage kommt, kehren sie zurück nach Perth. Lasseter ist sicher, anhand der Proben kapitalkräftige Anleger zur Finanzierung einer weiteren Expedition zu finden. Allerdings irrte er sich in diesem Punkt. Trotz der hervorragenden Proben interessiert sich kein Mensch für Lasseters Riff. Sein Pech ist, daß gerade zur Zeit ein wahrer Rush auf die Goldfelder in Westaustralien einsetzt. Angefacht durch den sensationellen Fund des Farmers Patrick „Poullie" Hannan, der auf ein Goldriff von einer Meile Länge gestoßen war, befand sich Jung und Alt unterwegs zu den „Frotting Grounds", um an der „Goldenen Meile" ihr Glück zu machen. Aber Lasseter ist noch jung. Instinktiv ahnt er, daß seine Chance noch kommen würde. Für die nächste Zeit heuert der gerade Zwanzigjährige wieder auf einem Schiff an und läßt sich die Seeluft um die Nase wehen. Harding trifft der gemeinsame Schicksalsschag wesentlich härter; zwar läßt er sich noch seinen Claim auf das nicht genau lokalisierte Vorkommen eintragen und versucht dann sein Glück nochmals auf den Goldfeldern bei Kalgoorlie, aber das Feuer ist dahin. Vier Jahre nach der Misere stirbt Harding in dem kleinen Nest.

Anders jedoch Lasseter. Das Mißgeschick mit Hardings Uhr nagt und bohrt in ihm und immer stärker wird der Drang, wieder aufzubrechen und abermals zum Riff zurückzukehren. Diesmal jedoch will er auf nichts und niemanden angewiesen sein und jegliche Unwägbarkeiten von vorne herein ausschließen. Mit einer gehörigen Portion Selbstdisziplin und Lerneifer absolviert Harold Lasseter per Fernlehre eine Ausbildung zum Landvermesser. Am 13. Mai 1909 hält er sein Diplom für die erfolgreich abgelegte Prüfung in Händen. Mittlerweile aber eilt die Suche nach dem Riff nicht so sehr, da Lasseter inzwischen verheiratet und Vater eines Sohnes ist. Erst 1930 reift in ihm der Plan, sich wieder auf die Suche zu begeben. Für diese geplante Suche aber benötigt er die richtigen Partner mit dem entsprechenden Kapital. Denn, dies ist Lasseters Hauptgedanke, am Geld soll diese Expedition nicht wieder scheitern. Am 12. März 1930 erscheint der inzwischen fünfzigjährige Harold Lasseter im Verwaltungsgebäude der Australian Workers Union (AWU), einer Art Großgewerkschaft und verlangt nach John Bailey, dem Präsidenten. Lasseter hat sich eine schlechte Zeit für seine Aquisition ausgesucht:

Australien befindet sich inmitten einer großen Depression und Geldmittel sind knapp. John Bailey sagt dies dem Besucher auch auf den Kopf zu und ist entsetzt von den Plänen des Mannes, die große Summen verschlingen würden. Aber es zeigt sich, daß Harold Lasseter auch zu argumentieren versteht. Australien - so hält er dem Präsidenten der AWU entgegen - hätte mit einem Schlag seine wirtschaftlichen Probleme gelöst und zudem böte sich für die AWU die Gelegenheit, zur finanziell stärksten Vereinigung zu werden. Da Bailey ein vernünftiger Mann ist, gibt er Lasseter Gelegenheit, seinen Vorschlag zu präzisieren. Bailey läßt alle Angaben von Fachleuten überprüfen, und nachdem man Lasseter selbst einer eingehenden Befragung unterzogen hat, fällt der allmächtige Boss der AWU die Entscheidung, daß die Suche nach dem Goldriff in Angriff genommen werde. Ausschlaggebend dafür ist ein Gutachten, in dem Australiens führende Geologen zu dem Schluß kommen, daß in dem infrage kommenden Gebiet tatsächlich ein großes Golderzvorkommen zu erwarten sei, aber auch die Tatsache, daß bereits 1893 die Entdeckung der Goldfelder bei Kalgoorlie Australien aus einer Wirtschaftskrise gerettet hat. In der Folgezeit kontaktiert Bailey mehrere private Interessenten, die bereit sind, in das Unternehmen zu investieren. Innerhalb kürzester Zeit wird eine Aktiengesellschaft aus dem Boden gestampft - die „Central Australian Gold Exploration Company" - die trotz der vorherrschenden Wirtschaftskrise innerhalb einer Woche Anteilscheine im Wert von 5000 Pfund absetzen kann. Das Volk, so scheint es, spielt Vabanque - Alles oder Nichts.

Die geplante Expedition - von den Zeitungen hochgejubelt - erregt allgemein Aufsehen. Kaum eine öffentliche Stelle, die nicht irgendwie zum Gelingen beitragen will. Die Regierung sagt kostenlose Transporte zu, Versorgung mit Treibstoffen und Proviant; sogar aus Großbritannien wird als Geste der Solidarisierung ein Lastwagen auf die Reise geschickt. Ganz Australien befindet sich im Rauschzustand. Der Mann, der den Stein ins Rollen gebracht hat, Harold Lasseter, wird dagegen wie der letzte Hilfsarbeiter behandelt. Für den lächerlichen Wochenlohn von fünf Pfund hilft er mit, die Expedition vorzubereiten.
Hoffnungsträger der Expedition aber ist Errol Coote, ein junger Journalist, der als Pilot die von Konstrukteur und Flugzeugbauer de Havilland zur Verfügung gestellte Maschine vom Typ „Gipsy Moth" fliegen soll. Nachdem Lasseter sicher ist, bestimmte Geländemerkmale wiederzufinden, setzt John Bailey auf die Lufterkundung. Diese Maschine mit dem symbolischen Namen „Golden Quest" soll dem Expeditionstroß vorausfliegen und die Richtung bestimmen. Im Juni 1930 bricht dann die bunt zusammengewürfelte Gruppe auf.

Bis auf Lasseter und Fred Blakeley, dem Bruder des Ministers für Südaustralien, hat keiner der Teilnehmer Erfahrung im australischen Busch. George Sutherland ist Goldsucher, Philip Taylor Ingenieur, Blakiston-Houston ist das, was man landläufig Abenteurer nennt, und Erroll Coote ist Journalist. Das erste Etappenziel der Gruppe ist Alice Springs, die Opalschürfer-Siedlung. Von hier aus zieht die Expedition am 21. Juli 1930 weiter nach Ilbilga, das als Ausgangsbasis für eine systematische Suche dienen soll. Einzig Erroll Coote bleibt noch einige Tage in Alice Springs, damit die Fahrzeuge ausreichend Vorsprung bekommen und die Mannschaft für das Flugzeug am Yai Yai Creek eine Landepiste schaffen können. Beim Anflug auf die provisorische Landebahn streift Coote mit einer Tragfläche einen Baum und stürzt beinahe ab. Die „Golden Quest" wird dabei erheblich beschädigt, aber Coote nimmt das Risiko auf sich, auch die geplanten Flüge damit durchzuführen. Vom Yai Yai aus zieht die Karawane nach Westen und hat erstmals ernsthafte Schwierigkeiten; jeder Meter Boden muß dem Busch abgerungen werden; die Vegetation ist teilweise so dicht, daß sie nur einen Kilometer am Tag vorwärtskommen. Pestfliegen machen ihnen das Leben zur Hölle und dann wieder versinken die Lastwagen bis zu den Achsen in feinem Sand und müssen mühsam freigeschaufelt werden. Für die Strecke nach Ilbilga benötigen sie schließlich mehr als 14 Tage. Hier zeigen sich auch die Folgen des

Die Teilnehmer der Expedition 1930 – mit Hut: Harold Lasseter.

Errol Coote und Bailey vor der „Golden Quest".

Flugzeugschadens, als eine der Verspannungsstreben beim Landen bricht und das Flugzeug bei der Bruchlandung zerstört wird. Coote hat Glück im Unglück; ihm ist nichts weiter passiert als ein verstauchter Arm. Von Alice Springs aus wird Bailey von dem Desaster informiert, der sofort ein neues Flugzeug auf den Weg schickt - die „Golden Quest II". Am 27. August können schließlich die Aufklärungsflüge gestartet werden.

In südwestlicher Richtung vermutet Lasseter sein Riff. Die Landmarken, an die er sich erinnert, sind prägnant und deutlich; eigentlich gibt es keinen Grund, weshalb das Riff nicht gefunden werden sollte. Die Angaben, die Harold Lasseter gegenüber Coote macht, stimmen diesen ebenfalls zuversichtlich. Als zentraler Anhaltspunkt diene der Lake Christopher und das Riff liege genau östlich davon. Wenn man am Riff entlang nach Nordwesten blicke, sehe man drei auffallende Gipfel, deren Berge direkt am Riff zu enden scheinen. Nach diesen Anhaltspunkten orientiert sich Coote, jedoch keiner der Flüge bringt sie auch nur in die Nähe der goldenen Mauer.
Als sie wieder einmal nach einigen vergeblichen Flügen im Lager die Situation beraten, stellt Blakeley fest, daß eine weitere Suche so gut wie aussichtslos sei. Im Umkreis von hunderten Kilometern wurde das Terrain bereits abgesucht und nichts gefunden. Dies ließe den Schluß zu, daß das Riff entweder noch weiter südöstlich zu suchen oder unter dem dichten Bewuchs der Mulgabüsche aus der Luft nicht auszumachen sei. Die allgemeine Begeisterung an Lasseters Riff ist mittlerweile auch einer enttäuschenden Leere gewichen. Hat man anfangs geglaubt, die Mauer innerhalb weniger Tage finden zu können, sieht man sich nun bitter enttäuscht und will nur noch zurück. Ein weiteres Problem ist die Versorgungsfrage. Alles geht zur Neige - der Treibstoff ist bereits äußerst knapp und auch die Lebensmittelvorräte reichen nur noch kurze Zeit. Lasseter ist der einzige, der sich gegen die Rückkehr sträubt. Ihm schwebt etwas anderes vor. Vor zwei Tagen waren sie zufällig auf einen Dingojäger gestoßen, der mit seinen Kamelen auf der Suche nach Rudeln dieser schafereißenden Wildhunde war. Paul Johns, der vor drei Jahren seine Heimat Deutschland verlassen hatte, und sich nun bereits seit vier Monaten im Outback befindet, kennt die Gegend sehr gut und Lasseter glaubt, daß dies die große Chance sei, das Riff wiederzufinden. Schließlich einigen sich Blakeley und Johns dahingehend, daß

Lasseter mit dem Jäger zu den Petermann Ranges ziehen solle, um das Riff zu suchen, während die Gruppe bis auf weiteres nach Alice Springs zurückkehren würde. Johns Kosten würde das Syndikat übernehmen.

Lasseter und Johns beladen die Kamele mit Wasser und Lebensmitteln, ehe sie nach Süden ziehen. Am 14. September brechen sie in Ilbilla auf und durchqueren im Zickzack die vor ihnen liegende Wüste, um ja keines der Wasserlöcher zu verfehlen, die Paul Johns in dieser verlassenen Gegend kennt. Es ist eine unwirklich schöne Landschaft von erschreckender Wildheit, und kein menschliches Wesen sonst käme auf den Gedanken, aus welchen Gründen auch immer hier herumzustreifen. Stoisch trotten die fünf Kamele mit dem ihnen eigenen schaukelnden Paßgang durch die glühende Hitze, die aber auch einen Vorteil hat: Ohne große Umwege erlaubt es ihnen die große Dürre, die zerfurchten ausgetrockneten Seen zu durchqueren. Vier Tage später erreichen sie die schattenspendenden Berge des Mount Olga, wo sie auch wieder auf frisches Wasser stoßen. Johns weiß, daß dies die letzte bekannte Wasserstelle weit und breit ist - wenn sie nun weiterziehen, dann bleibt ihnen nur noch die Hoffnung auf die geheimen Wasserlöcher der Eingeborenen, die sich Fremden gegenüber nicht immer gerade freundlich und friedlich verhalten. Trotzdem riskieren sie den Weitermarsch, zumal Paul Johns mittlerweile schon ungewöhnlich gierig nach dem Riff ist. Sie stoßen weit ins Herz Zentralaustralien vor; rund 200 km südlich von Kintore befinden sie sich bereits. Lasseter glaubt, daß dies die Gegend sein muß, in der sich das Riff befindet. Die Landschaftsmerkmale kommen ihm bekannt vor. Johns gegenüber wird der kleine Mann immer mißtrauischer und zurückhaltender. Mehrere Male kommt es zum Streit zwischen den beiden; eines Tages machen sie kehrt und ziehen auf dem kürzesten Weg nach Ilbilla zurück. Was zwischen ihnen vorgefallen ist, erfährt niemand; als sie in Ilbilla eintreffen, fehlen aber zwei Kamele, die unterwegs eingegangen sind.

Während Johns nach Alice Springs weiterzieht, bleibt Lasseter in Ilbilla, um dort auf ihn zu warten. Johns will frische Kamele besorgen und auch eine größere Menge Lebensmittel mitbringen. In Briefen, die Lasseter Johns mitgegeben hat, teilt er der Gesellschaft mit, daß er das Riff tatsächlich gefunden habe. In einem beiliegenden Schreiben macht er zudem Angaben, wie das Syndikat notfalls auch ohne ihn das Riff finden würde, falls ihm etwas zustoßen sollte. Mit seinen Briefen weckt er bei den wartenden Expeditionsteilnehmern wieder neue Hoffnungen und umgehend machen sie sich daran, Ausrüstung und Proviant zum angegebenen Treffpunkt Lake Christopher zu schaffen, während die „Golden Quest II" in der Nähe des berühmten Monolithen Ayers Rock landet. Als Johns nach Ilbilla zurückkommt, ist Lasseter mit den beiden Kamelen, die ihm der Dingojäger zurückgelassen hatte, verschwunden. Am Lake Christopher wartet man vergeblich auf ihn. Tagelang wird mit dem Flugzeug nach ihm gesucht, doch nirgendwo in den Weiten des Outback gibt es auch nur die geringste Spur von ihm. Mehr als vier Wochen versuchen die Männer der Gesellschaft Lasseter zu finden, dann geben sie auf. John Bailey engagiert einen erfahrenen Buschläufer aus Alice Springs - Bob Buck, einen Stationshalter, dem nachgesagt wird, jedes Känguruh mit Vornamen zu kennen. Ende Januar macht sich Buck auf den Weg. Ihm bleibt nichts anderes übrig, als dort anzusetzen, wo die Spur noch warm ist: in Ilbilla. Das schier Unmögliche gelingt dem Trapper - er findet Lasseter.

Leider aber kommt er zu spät: Lewis Harold Lasseter ist tot! In einem Gebüsch liegt die halb verweste Leiche, daneben das Gebiß und ein leergeschossener Revolver. Die Eingeborenen, die nicht weit von hier lagern, haben ihn zu der Stelle geführt. Buck ist fast sicher, daß sie auch für den Tod Lasseters verantwortlich sind. Er begräbt Lasseters Leiche und ritzt in einen Gummibaum den Namen und das Todesdatum ein.

Als Bob Buck John Bailey Bericht erstattet, zeigt sich, daß der Buschläufer Lasseters Spur ziemlich genau verfolgen konnte und auch den zurückgelegten Weg rekonstruiert hat. Demnach wandte sich Lasseter nach seinem Aufbruch aus Ilbilla tatsächlich dem Lake Christopher zu, den er Anfang Dezem-

Känguruhjäger Bob Buck

ber erreichte. Anstatt aber wie vereinbart dort auf die Expeditionsgruppe zu warten, zog er weiter in Richtung der verbotenen Gibson Wüste.

Stellenweise lassen sich Lasseters Spuren sehr gut verfolgen, da immer wieder Kamelmist sein Vorbeikommen beweist. Diese Spur zieht sich weitere fünf Tagesmärsche nach Westen, wo sie am Docker River endet, der hier direkt die westaustralische Grenze kreuzt. Dies ist das Gebiet der westlichen Petermann Ranges und der östlichen Rawlinsons. Dort muß sich auch irgendwo das Riff befinden. Von hier aus muß Lasseter wieder den Weg zurück genommen haben. Als Buck und seine Leute das Terrain durchkämmen, stoßen sie auf eine Höhle, die Spuren eines Lagers aufweist. Unter der Asche eines Lagerfeuers vergraben, finden sie schließlich eine Blechbüchse, in der sich zu Bucks Überraschung der Taschenkalender Lasseters befindet. Auf der ersten Seite befindet sich ein Eintrag vom 2. Dezember 1930, in dem Lasseter notiert hat:
„Ich war hier am Lake Christopher, 100 Meilen von der Grenze Westaustraliens entfernt und von hier aus habe ich das Riff wiedergefunden. Diesmal habe ich gepflockt (Claim abgesteckt) und in einen Pfosten das Datum eingeritzt und diesen fotografiert. Der Pfosten steckt in einem Wasserloch und das Foto zeigt in Richtung Norden. Fünf Tage habe ich bis hierher gebraucht und nun stelle ich fest, daß das Gebiet anscheinend eine Kultstätte der Eingeborenen ist. Ich kann nur hoffen, daß sie die Pflökke stehen lassen."

In krakeliger Schrift folgen dann verschiedene Einträge, aus denen das Schicksal des unglücklichen Mannes hervorgeht. Das Unglück nahm seinen Lauf, als ihm die Kamele durchgegangen waren. Tagelang irrte er umher, ohne Wasser und halbblind von Sand und Sonne, bis er dann auf die Höhle stieß. Lasseter hoffte, daß das Suchflugzeug bis hierher kommen und ihn finden würde. Seine Ledertasche mit einem Notizbuch hatte er an seiner letzten Lagerstätte vergraben.
Die letzte Eintragung in seinem Kalender lautet:
„Mein Gott, warum kommt mir niemand zu Hilfe? Jetzt im Angesicht des nahen Todes weiß ich, daß es ein großer Fehler war, Paul zu überreden, mich alleine gehen zu lassen. Ich fürchte mich vor diesem einsamen Tod."
Nach Bob Bucks Rückkehr schließt John Baily die Akte und die Gesellschaft löst sich auf.

Die Suche nach dem sagenhaften Goldriff jedoch hält unverändert an. Jährlich begeben sich Dutzende von Expeditionen in den Busch Zentralaustraliens. Das sagenhafte goldene Riff zu finden, ist bisher keiner gelungen, jedoch ein sensationeller Fund wurde gemacht. Der Abenteurer Michael Terry stieß 1932 im Gebiet der Petermann Ranges auf einen verwitterten Baum, in dessen Stamm eingeschnitten war: „Lasseter 2.12.30". In der Umgebung befanden sich Reste von Lagerfeuern und, wie bereits Bob Buck, wurde auch Terry unter der Asche fündig. Zutage kommt Lasseters Ledertasche mit seinem Notizbuch, in dem mehrere Seiten mit Skizzen und Kartenfragmenten gezeichnet sind. Aber auch diese Skizzen und Aufzeichnungen scheinen nicht viel geholfen zu haben, denn bis auf den heutigen Tag ist das goldene Riff nicht wieder gefunden worden.

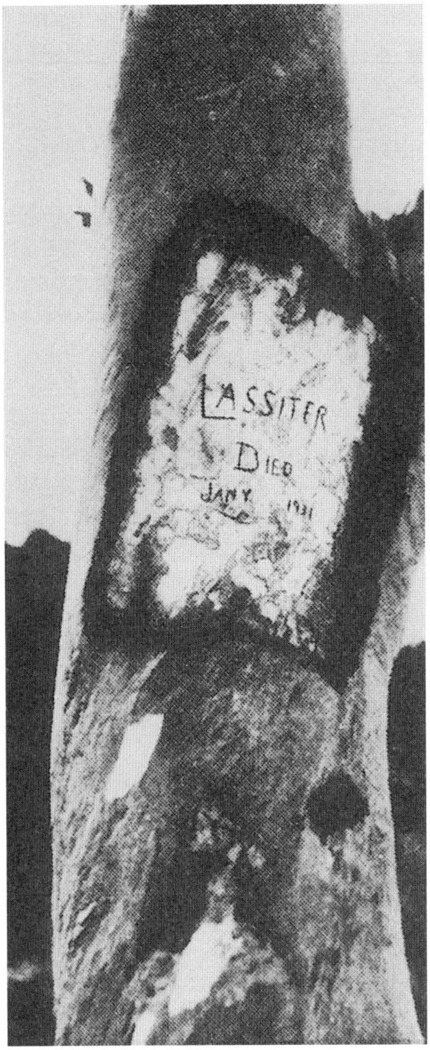

Der Baum, unter dem Lasseter begraben wurde.

Daß es existiert, ist absolut unumstritten; als Beweis dafür gelten die Proben, die Harding im Mining Office abgeliefert hat. Aber auch die Existenz ähnlicher Riffe, wenn auch nicht von solchem Ausmaß, dienen als Beweis. Earls Riff, Wyckhams Riff, Dead Mans' Riff oder Hilliers Riff weisen Parallelen zu dem Riff des Lewis Harold Lasseter auf. Die goldene Mauer zu entdecken ist sicher schwer, aber genauso möglich. Vorausgesetzt jedoch, das Problem wird mehr analytisch als goldgierig angegangen. Zu viele Anhaltspunkte und Fakten sind vorhanden, als daß nicht eines Tages wieder einmal die Zeitungen in Australien vermelden könnten: „Fünfzehn Kilometer langes Goldriff in den Petermann Ranges entdeckt!"

Geschichten von vergrabenen Schätzen auf einsamen Inseln gibt es viele. Meist sind sie verbunden mit so wohlklingenden Namen wie Käpt'n Kidd, Schwarzbart, Benito Bonito, La Buse oder Davis, die ihre Altersversorgung im Sand unter Palmen deponierten. Zwischen all diesen echten Piratenschätzen stößt man gelegentlich auch auf einen Schatz, der zwar auch auf einer Trauminsel verborgen ist, aber mit den blutrünstigen Schnapphähnen der sieben Meere herzlich wenig zu tun hat. Das heißt nun aber nicht, daß die Geschichte deshalb weniger reizvoll wäre, ganz im Gegenteil. Der Mann, um dessen Gold es hier geht, war bereits zu seinen Lebzeiten eine Legende.

Der Schatz des Seeteufels

Ein Kerl wie ein Baum, mit Händen wie Kohlenschaufeln. Wo immer auch diese Hände zupackten, war Kraft im Spiel. Das Telefonbuch von New York zerriß er mühelos in zwei Teile. Ein Fünfmarkstück verbog er lächelnd mit den Fingern. Und auf dem Oberschenkel hatte er eine Tätowierung: Den Lageplan seines legendären Schatzes. Der Schatz des Felix Graf Luckner - weitaus besser bekannt unter dem Namen „Seeteufel". Der unsterbliche Ruhm Luckners wuchs während des Ersten Weltkrieges, der nicht nur zu Lande, sondern auch zur See geführt wurde. Einer der großen Seehelden war zu dieser Zeit Graf Luckner. Zusammen mit seinem Schiff „Seeadler" ging er in die Geschichte der Kaperkapitäne ein. Die „Seeadler" war ein Dreimaster, eine jener Windjammern, die heutzutage nur noch vereinzelt als Schulschiffe existieren. Mit einer Länge von 72 m und nur knapp 11 m Breite war das Schiff ein Rennsegler von nur 1571 Tonnen; es wurde 1888 in Glasgow gebaut, um Baumwolle von Amerika nach Europa zu transportieren. Baumwollhandel war zu jener Zeit ein Warentermingeschäft, mit dem sich ordentliche Gewinne genauso schnell machen ließen wie empfindliche Verluste. Meist befand sich die Baumwolle noch auf hoher See in den Laderäumen der Schiffe, ehe überhaupt der Weltmarktpreis feststand. Durchaus verständlich, daß nur die schnellsten Schiffe für den Transport in Frage kamen, ähnlich wie beim Transport des Tees. Zu Beginn des Ersten Weltkriegs 1914 war für die „Seeadler" dann die schottische Flaggenherrschaft zu Ende. Das Schiff wurde von einem deutschen U-Boot aufgebracht, nach Deutschland gebracht und hier mit zwei 105 mm-Schnellfeuerkanonen und einem neuen 1000 PS-Dieselmotor ausgerüstet. Zusätzlich wurden die entsprechenden Umbauten vorgenommen, um Raum für ca. 600 Gefangene zu schaffen. Als Kommandant wurde ein Mann gewählt, der die Weltmeere wie seine Westentasche kannte und in jedem Hafen zuhause war: Felix Graf Luckner. Der Hilfskreuzer S.M.S. „Seeadler" brach Weihnachten 1916 unter dem Kommando Luckners zur ersten Kaperfahrt auf. Mit dem Motto „Im Kaperkrieg ist jede List erlaubt" zog der ausgekochte Graf sämtliche Register. Luckner tarnte das Schiff als heruntergekommene Windjammer, die bei anderen Kapitänen höchstens Mitleid erregte. Wenn es dann zu Begegnungen mit feindlichen Schiffen kam, signalisierte er, man möge ihm doch freundlicherweise mit der genauen Uhrzeit aushelfen. Sobald der Feind die Fahrt verlangsamte, erlebte er sein blaues Wunder. Ein Schuß vor den Bug und ein zweiter in die Funkanlage, falls der Befehl nicht unverzüglich befolgt wurde, bestrafte die Geringschätzigkeit, mit der man dem Segler begegnet war. Zähneknirschend mußten die Kapitäne ihre Schiffe übergeben und zusehen, wie Mannschaft und Passagiere als Gefangene an Bord der „Seead-

ler" gingen. Das aufgebrachte Schiff ließ Luckner dann mit Hilfe einer Ladung Dynamit versenken. Auf diese Art und Weise gelang es dem listigen „Seeteufel", elf alliierte Frachtschiffe auf den Meeresgrund zu schicken.
Dann kam jener denkwürdige Tag, der Luckners Ruhm unsterblich machen sollte. Der Mann im Krähennest meldete „Schiff in Sicht". Tatsächlicht tauchte am Horizont die Silhouette einer Bark auf. Mit dem alten, bekannten Trick, die Uhrzeit wissen zu wollen, kam die Bark längsseits. Ehe sich's der Kapitän versah, war die „Chabronne" im Handstreich gekapert. Diesmal verzichtete der „Seeteufel" darauf, das Schiff zu versenken. Luckner befahl, alle Gefangenen, die sich auf der „Seeadler" befanden, auf die „Chabronne" zu bringen. 300 Männer und zwei Frauen standen kurz darauf an Deck der Bark. Was Luckner nun tat, brachte ihm den Ruf eines „Ritters der Meere" ein. Zum Abschied zahlte er jedem Seemann auf den Pfennig genau die Summe aus, die ihm während der Zeit der Gefangenschaft auf der „Seeadler" entgangen war. Unter dem Jubel der Leute schickte er das Schiff nach Rio, damit die Freigelassenen dort an Land gehen konnten. Trotz seiner Ritterlichkeit waren der „Seeteufel" und sein Schiff den Kriegsgegnern längst ein unliebsamer Dorn im Auge und man machte nun Jagd auf die „Seeadler". Schnelle Dampfschiffe durchpflügten die Gewässer, in denen man das Kaperschiff vermutete und tatsächlich gelang es britischen Kriegsschiffen den Hilfskreuzer aufzuspüren. Mehrere Tage dauerte die Jagd und die Verfolger trieben Luckner um Kap Hoorn in den Pazifischen Ozean. Immer noch auf der Flucht vor den Feinden, aber sozusagen im „Vorbeisegeln" versenkte der „Seeteufel" schnell noch drei amerikanische Salpeterfrachter, ehe es ihm gelang, sich seiner Verfolger zu entledigen. Nach diesem nervenaufreibenden Katz-und-Maus-Spiel benötigte die Mannschaft dringend einige Tage Ruhe.

Luckner beschloß deshalb, sich in das Gewirr der polynesischen Inseln zurückzuziehen, um seinen Leuten die wohlverdiente Ruhepause zu gönnen und gleichzeitig die notwendigsten Reparaturen und Überholungsarbeiten durchzuführen. Ein einsames Korallenatoll am Rande der Gesellschaftsinseln, 265 Seemeilen westlich von Tahiti, erschien dem Kapitän als der richtige Platz für dieses Vorhaben. Der Versuch, in die Lagune vor der Insel Mopelia einzufahren, scheiterte aber daran, daß die Einfahrt für die „Seeadler" nicht breit genug war. Sicherheitshalber ankerte Luckner deshalb außerhalb der Bucht. Um ein Schwojen des Schiffes zu verhindern, ließ er ein Tau vom Heck an Land laufen. Diese eigentlich absolut richtige Entscheidung kostete Luckner das Schiff. Die Unachtsamkeit der Deckwache und des Wachoffiziers trugen Schuld, daß dieses herrliche Schiff als Wrack vor dieser kleinen Insel endete. Während Luckner mit der Mannschaft an Land ein Fest feierte, scheuerte die achtere Schwojleine durch, und das Schiff begann sich zu drehen. Noch wäre nichts verloren gewesen, hätte der junge Offizier nicht in einem Panikanfall falsch reagiert. Mit dem Kommando „Volle Kraft zurück" trieb er die „Seeadler" regelrecht in die messerscharfen Korallen. Nun war an der Situation nicht mehr viel zu ändern und Luckner wäre nicht der „Seeteufel" gewesen, hätte er nicht versucht, das Beste aus dem Schlamassel zu machen. Als erstes gab er die Parole aus, das Schiff sei einem Seebeben zum Opfer gefallen. Bis zu seinem Tod blieb der alte Seebär bei dieser Version und bezeichnete jede andere Schilderung als Seemannsgarn und Humbug. Dieses Verhalten, andere um jeden Preis zu schützen und notfalls eben die Schuld auf sich selbst zu nehmen, war eine Charaktereigenschaft Luckners, die ihn Freund und Feind sympathisch machte. Den wirklichen Hergang der Geschichte schilderte der Steward der „A.B.Johnson", der als Gefangener auf der „Seeadler" als Steward Dienst tat. 105 Mann saßen nun auf einer kleinen Südseeinsel fest, die kaum ihre Bewohner ernährte, geschweige denn soviele hungrige Mäuler. Luckner nahm die Insel kurzerhand als „deutsche Kolonie" in Besitz und benannte sie in „Seeadlerburg" um. Auf Dauer war dies allerdings auch keine Lösung, und Luckner beschloß, etwas zu unternehmen, um mit der Mannschaft von der Insel wegzukommen. Der Plan, den er entwickelte, war recht einfach. In einem offenen Kutter wollte er zusammen mit fünf Männern ver-

Felix Graf Luckner – genannt der „Seeteufel".

suchen, zu den Fidschi Inseln zu segeln und dort ein Schiff kapern, um die Zurückgebliebenen abholen zu können. Aber vorher mußte noch eine wichtige Sache erledigt werden. Zwei Nächte vor der Abreise zu den Fidschis machte sich Graf Luckner zusammen mit seinem Maat beinahe die ganze Nacht am Wrack zu schaffen. Niemand sonst von der Besatzung wurde von Luckner über diese geheimnisvollen Aktivitäten eingeweiht. 48 Stunden später befand er sich bereits auf dem Weg zu den Fidschi Inseln. Der Versuch, den Zweimaster „Gleana A" zu kapern, schlug fehl und Graf Luckner und seine Männer wurden dabei gefangengenommen. Die Eingeborenen und der Rest seiner Mannschaft bargen aus dem Wrack der „Seeadler" alle noch brauchbaren Gegenstände. Flaggen, Handfeuerwaffen, vier Ledersessel aus der Messe sowie ein handgemaltes Schild „Feldlazarett" landeten im Museum von Papeete, der Hauptstadt Tahitis. Eine der geborgenen Kanonen mit der Inschrift „Friedrich Krupp Essen- No. 201 L, 1899" ist heute das Prunkstück im Stadtpark der Inselhauptstadt. Was der Mannschaft zu denken gab, war die Tatsache, daß die Schiffskasse, die der Kapitän immer sorgfältig in seiner Kajüte verwahrte, nirgends auffindbar war. Aber alle Zurückgebliebenen wußten, daß Luckner und seine Gefolgsleute außer Wasser und Proviant nichts auf den Kutter mitgenommen hatten. Nun ahnten die meisten, was ihr Käpitän und der Maat in jener Nacht im Wrack zu tun gehabt hatten.

Luckner und die mit ihm festgenommenen Matrosen kamen bald wieder frei. Luckner war einer der wenigen Gefangenen, die vor dem Gegner Achtung fanden. Sein faires und anständiges Verhalten während des Seekriegs nötigte jedem, der mit ihm zu tun hatte, Respekt ab. Nach dem Krieg brach in den USA eine regelrechte „Seeteufelmanie" aus. Urheber dieser Begeisterungswoge war der amerikanische Journalist Lowell J.Thomas, der immer auf der Suche nach einer Gestalt war, die das Heroische verkörpert. Er hatte Lawrence von Arabien weltberühmt gemacht und nun stieß er auf Felix Graf Luckner. Dies war genau der Typ, den er suchte und genau der Stoff, aus dem Abenteuergeschichten geschneidert werden. Luckner war mehr oder weniger der ideale Held – Pfeife rauchend, groß, breitschultrig und immer den Schalk in den Augen; er aß für zwei, soff für drei. Die Beliebtheit ging soweit, daß man den alten Seebären wegen seines Einsatzes für die Völkerverständigung sogar für den Friedensnobelpreis vorschlug. Ein Aspekt seiner Lebensgeschichte aber wurde entweder total vergessen oder geflissentlich übergangen: der Schatz des „Seeteufels".

Viele Jahre später

Hatte Luckner auch immer behauptet, es gäbe keinen Schatz, alles Wertvolle an Bord der „Seeadler" hätte man ins Meer geworfen, wurde diese Behauptung doch gelegentlich angezweifelt. Richtig aufgegriffen aber wurde das Thema 1969, als der Schriftsteller Rolf Lasa begann , sich für die Geschichte der „Seeadler" zu interessieren. Im Verlauf seiner Recherchen traf er auf Bengt Danielsson, einen Völkerkundler des „Etnografiska Museet" in Stockholm. Danielsson, der mit Graf Luckner befreundet war, erzählte Lasa, der alte Graf hätte ihm kurz vor seinem Tod mitgeteilt, daß der Schatz wohlerhalten und gut verborgen sei. Danielsson empfahl Lasa an einen Freund, den in der Südsee lebenden Ralph Varady, der die Geschichte von Luckners Schatz am besten kannte. Diese Geschichte sollte dann auch ausschlaggebend sein für eine Expedition in die Südsee, zum Wrack der „Seeadler". Varadys Interesse an der Person Graf Luckners wurde durch das Buch des Amerikaners Thomas geweckt. Varady reiste nach Mopelia, um den Schauplatz mit eigenen Augen zu sehen. Zahlreiche Souvenirs vom Wrack brachte er mit und begann von da an alles zu sammeln, was mit Luckner und dessen abenteuerlichem Leben zusammenhing. Je mehr Varady jedoch sich in die Person seines Idols hineindachte, desto ungereimter erschien ihm manches an der Geschichte. Besonders die oben geschilderte Freilassung der Kriegsgefangenen gab ihm zu denken. Warum, in Dreiteufelsnamen, entschädigte Luckner die Gefangenen so großzügig? Geld spielte für den „Seeteufel" anscheinend keine Rolle. Varady spann den Gedanken weiter: Die Bordkasse der „Seeadler" mußte zum Bersten voll gewesen sein. Daß deren Inhalt aus wertbeständiger Währung sein mußte, schien ihm auch klar. Wie sonst wäre eine monatelange Kaperfahrt möglich gewesen? Nur Gold garantierte eine ausreichende Versorgung mit Treibstoff, Ersatzteilen, Lebensmitteln und all den Dingen, die auf großer Fahrt benötigt werden. Die Rechnung, die Varady anstellte, kann so falsch nicht sein. Rund eine halbe Million Goldmark, so schätzte er, müßte der Stock der Bordkasse beim Auslaufen gewesen sein. Hinzu kamen die Bordkassen der 15 aufgebrachten Schiffe, die - so seine Vermutung - ebenfalls jeweils denselben Betrag enthalten haben könnten. Dies ist allerdings ein Punkt, in dem Varady sich geirrt zu haben scheint. Unter den gekaperten Schiffen befanden sich keine Kriegsschiffe, sondern es handelte sich ausschließlich um Frachtschiffe. Es ist kaum anzunehmen, daß die Bordkassen von Frachtschiffen solch große Geldsummen enthalten haben sollen. Deshalb dürfte der Wert des Schatzes die Summe von höchstens zwei Millionen Goldmark nicht überschritten haben. Daß zumindest dieser Schatz Realität ist, darf angenommen werden.

Die „Seeadler" – erfolgreichstes Kaperschiff im Ersten Weltkrieg.

Varadys Ziel war es von nun an, den Schatz des „Seeteufels" zu suchen. Er bereitete sich sehr sorgfältig auf diese Aufgabe vor. Er trainierte Tauchen, Schwimmen und beschaffte sich ein Atemgerät. Inzwischen hatte er sogar regen Briefkontakt zu Graf Luckner, aber auf den Schatz getraute er sich sein Idol doch nicht anzusprechen. Sehnlichster Wunsch Ralph Varadys war es, den Mann persönlich kennenzulernen, dessen Lebensgeschichte ihn so sehr faszinierte. Zufälligerweise geschah es, daß Varadys Schwester 1963 in Malmö heiratete, wo auch das Ehepaar Luckner wohnte. Varadys Mutter, die zur Hochzeit ihrer Tochter nach Schweden fuhr, lernte den alten Skipper dann tatsächlich bei einer Weihnachtsfeier kennen. Varady war außer sich vor Freude, als ihm seine Mutter in einem Brief vom 7. Februar 1964 diese Zeilen schrieb: *„Der Käpt'n hat mir erzählt, daß er eine Munitionskiste zurückgelassen hat, in der sich eine Menge Geld, die Schiffspapiere und noch andere wertvolle Dinge befinden. Diese Kiste liegt immer noch dort, da er bei seinem Besuch 1937 auf Mopelia ständig unter Beobachtung stand."* Bereits zwei Monate später folgte der nächste Brief, in dem Varadys Mutter mitteilte: *„... der Skipper zeigte mir sein Knie, über dem er eintätowiert hat, wo sich die Kiste befindet. In dem Moment, als er mir dazu eine Erklärung geben wollte, kam aber seine Frau ins Zimmer und der Graf brach das Gespräch ab."* Zum Schluß fügte sie hinzu: *„Ich denke, daß dies auch mit ein Grund ist, die Geschichte als wahr anzusehen."* Nun konnte Ralph Varady nichts mehr halten. Schon in seinem nächsten Brief an den „Seeteufel" bat er ihn um Informationen über das Schatzversteck. Der alte Graf, inzwischen schon sehr krank und im Rollstuhl sitzend, schickte ihm tatsächlich einen ausführlichen Brief mit einer Darstellung der Insel und der darauf eingezeichneten exakten Lage des Schatzes. Bei dem Behälter handelte es sich um eine Munitionskiste aus Messing mit einer Länge von etwa einem Meter und einer Höhe und Breite von jeweils 30 cm. In jener Nacht, als Graf Luckner und sein Maat am Wrack tätig gewesen waren, hatten sie die Kiste verlötet und in geteertes Segeltuch gewickelt. Die Messingtruhe hatte der „Seeteufel" eigenhändig in einer Korallengrotte in zwei Faden Tiefe versteckt. Luckners Brief schloß mit den besten Wünschen für eine erfolgreiche Suche.

Zusammen mit seiner Frau Maria ließ Varady sich im Juli 1964 von einem Kopraschoner zum Atoll von Mopelia bringen. Die Suche nach der Kiste schilderte Varady später mit den Worten: *„Ich stieg in der Mitte zwischen Ozean und Lagune ins Wasser, um die Strömung auszunutzen. Mit einem Speer stocherte ich in alle Höhlen. Zum großen Glück trug ich Handschuhe, sonst hätte ich mir die Hände in kürzester Zeit an den messerscharfen Korallen zerschnitten. Und Blut konnte ich am allerwenigsten gebrauchen, denn ständig war ich von zehn und mehr Haien umlagert."* Letztlich waren es die Haie, die Varady zur Aufgabe zwangen. Beim Versuch, einer der Haiattacken auszuweichen, wurde er von der Strömung weit aufs Meer hinausgetrieben, sodaß die Luft in der Tauchflasche gerade noch ausreichte, um das Schiff wieder zu erreichen. Varady kehrte nie wieder zum „Seeadlerriff" zurück.

Ähnlich wie Ralph Varady faszinierte auch Rolf Lasa die Geschichte des adeligen Seehelden. Im April 1970 startet Lasa seine Seeadlerexpedition in die Südsee. Der zu jener Zeit schon sehr erfolgreiche Schriftsteller gehört zu denen, die die Abenteuer, über die sie schreiben, wirklich selbst erlebt haben. Das Unternehmen „Seeadler" zählt zu Lasas größten Abenteuern. Er stattete Ralph Varady einen Besuch ab, insgeheim in der Hoffnung, den alten Freund des Grafen Luckner zum Mitkommen zu bewegen.

Ralph Varady war inzwischen 50 Jahre alt, als Rolf Lasa ihn in seinem Haus auf Tahiti traf. Varady freute sich, den Mann persönlich kennenzulernen, der dasselbe Ziel verfolgte wie er, und den er bisher nur brieflich kannte. Es gab viel zu erzählen und dabei drehte sich selbstverständlich alles um den „Seeteufel", sein Schiff und den Schatz. Varady brachte eine jener großformatigen Pappmappen, wie sie von Künstlern zum Aufbewahren ihrer Skizzen und Zeichnungen verwendet werden. Als er sie öffnete, quollen die Unterlagen förmlich hervor: Briefe, Skizzen, Notizen, Seekarten, Fotos und auch die Karte, von Luckner selbst gezeichnet und mit jenem Bleistiftpunkt versehen, der aus der einfachen Zeichnung eine echte Schatzkarte macht. „Sie müssen alleine fahren, ohne mich. Ich kann hier nicht weg." Varadys Stimme zitterte bei diesen Worten. „Fahren Sie hin und vollenden Sie mein Werk. Nehmen Sie die Unterlagen, Sie werden sie brauchen. Das hier - ", dabei deutete er auf die Zeichnung mit dem Punkt, „das ist sie! Das ist die Karte, die der Seeteufel persönlich für mich angefertigt hat." Vara-

Australische Seeleute untersuchen das Wrack des „Seeadlers".

dy erhob sich und rückte den Stuhl zurecht. „Ich wünsche Ihnen das Glück, das ich nicht hatte." Ohne sich nochmals umzudrehen sagte er noch: „Glauben Sie mir - ich würde eine Hand drum geben, wenn ich mit Ihnen fahren könnte." Seiner Stimme war anzumerken, daß er mühsam die Tränen zurückhielt. Rolf Lasa hatte Verständnis für die Entscheidung Varadys. In mühevoller Arbeit hatte sich dieser eine Firma für Perlmutt-Export aufgebaut und kämpfte schwer gegen die übermächtige einheimische Konkurrenz.

In den nächsten Tagen hatte Lasa alle Hände voll zu tun, um Mannschaft und Ausrüstung zusammenzustellen. Als größtes Problem stellte sich die Beschaffung eines geeigneten Schiffes dar. Zwar war der Hafen von Papeete voll mit den schönsten Yachten. Leider aber gab es keine Chance, eines dieser Schiffe zu chartern, da es Ausländern nicht gestattet war, Chartergäste oder Passagiere an Bord zu nehmen. Dieses seltsame Verbot diente wahrscheinlich dem Zweck, den einheimischen Eignern die zahlende Kundschaft zuzutreiben und deren „Seelenverkäufer" zu füllen. Das Boot, das Lasa von Deutschland aus vorbestellt hatte, sah eher aus wie ein geborgenes Wrack als ein brauchbares Boot. Die „Chance", so der Name, machte den Eindruck, als hätte es kaum mehr eine solche. Ein anderer, eher lustig anmutender Behördenfauxpas war die Bestimmung, daß Boote und Schiffe ohne Lokus keine Passagiere, sondern nur Fracht befördern dürften. Die „Manuia", die Lasa vom Eigner stolz als „das beste Schiff" angeboten wurde, hatte zwar weder Kombüse, noch Bank, Back oder Koje, dafür aber einen abenteuerlichen Balkon, der über das Heck ragte und als „Donnerbalken" fungierte. Als Glücksfall erwies sich eine schneeweiße Hochseeyacht in der hintersten Ecke des Hafens. „Raipoia" - „Umwölkter Horizont" - stand am Heck zu lesen. Die „Raipoia" hatte tatsächlich alles, was zu einem richtigen Schiff gehörte. Sogar zwei Toiletten! Darüberhinaus verfügte sie über eine Süßwasserdusche, umfangreiche technische Ausstattung, ausreichend Platz und sogar einen Tauchkompressor zum Füllen der Flaschen. Und dieses vorzügliche Schiff war tatsächlich zu haben!

Mit der „Raiopia" fuhr Rolf Lasa die einzelnen Stationen an und sammelte seine Mannschaft ein. Den auf Bora-Bora lebenden Tauchlehrer und Unterwasserfotografen Erwin Christian heuerte er als Leiter der Expedition an. Die Tauchmannschaft bildeten die drei Schweizer Sporttaucher Bruno Maechler, Fritz Freivogel und Bruno Nufer, der dreieinhalb Minuten freitauchend den Atem halten konnte. Am 29. April 1970 war die „Raipoia" mit der nun kompletten elfköpfigen Mannschaft zum Auslaufen bereit.

Die Überfahrt zu den abgelegenen Gesellschaftsinseln dauerte mehrere Tage. Während dieser Zeit schmiedeten die Männer bereits Pläne. In erster Linie aber waren sie neugierig, wie sie die Wrackstelle vorfinden würden. Lag der Schatz überhaupt noch da? Haben vielleicht die Eingeborenen die Grotte mit der Messingkiste entdeckt und längst geborgen? Oder ist die Grotte in den vielen Jahren, die seither vergangen sind, ebenfalls mit Korallen zugewachsen? Viele Fragen, die einem durch den Kopf gehen, wenn genug Zeit zum Nachdenken vorhanden ist. Deshalb waren alle froh, als sich das Schiff dem Zielort näherte. Die Farbe des Wassers änderte sich und wechselte vom dunklen Blau der Tiefe in das Türkis niedrigen Wassers. Am Horizont wuchsen die wogenden Palmen der Südsee und die weißen Gischtkronen über den Riffen warnten vor gefährlichen Untiefen. Kurz vor elf Uhr näherte sich die „Raipoia" der Einfahrt in die Lagune. Das Riff war ringsum übersät mit rostbraunen Relikten der „Seeadler". Die Männer waren tief berührt und mit ihren Gedanken bei den Geschehnissen von 1917. Weithin sichtbar war immer noch ein großer, verrosteter Kasten, der auf dem Riff lag - der ehemalige Frischwassertank der „Seeadler". Von dem ursprünglich stolzen Schiff war nicht mehr viel zu sehen; irgendwann in den vergangenen Jahren war Luckners Schiff vom Riff ins Meer gerutscht und selbst ein Teil dieses Riffs geworden. Im klaren Wasser war auf dem Grund zu sehen, was noch nicht Opfer des Korallenatolls geworden war: Anker, Winden, Kurbelgehäuse, Kolben und haufenweise Granathülsen aus Messing. Langsam und sehr behutsam steuerte der Kapitän die „Raipoia" auf die Einfahrt der Lagune zu, die so eng ist, daß die Eingeborenen sie „Taihaaru vahine" – „Frauenschoß" - nennen. Diese Einfahrt ist nicht viel breiter als eine Straße. Am linken Rand entlang taumelte die 22-Meter-Yacht durch diesen Flaschenhals ins Innere der Lagune. Die Strömung, mit der die „Raipoia" zu kämpfen hatte, war enorm stark und es bedürfte seemännischen Könnens, um hier nicht aufzulaufen. Die Einfahrt ist nur bei hochstehender Sonne passierbar. Nur dann sind die Riffkanten klar erkennbar. Schlechtes Wetter und Regen machen diesen Kanal unpassierbar und jeder der dann drinnen ist, sitzt unweigerlich fest. Erwin Christian deutete auf die Kante des rechten „Seeadlerriffs". Schaudernd sahen die Männer große dreieckige Rückenflossen durch die Brandung flitzen. Zehn, zwanzig, dreißig und mehr sind es.

Auch die Besatzung deutete aufgeregt auf die Flossen. „Parata- Parata!" Dies ist die bei den Einheimischen am meisten gefürchtete Haiart: Der „Menschenfresser", der große weiße Hai. Am nächsten Morgen begann die Suche nach dem Schatz des „Seeteufels". Als sie das erste Mal in das klare Wasser eintauchten, empfing sie die bunte Märchenwelt eines Korallengartens. Überall lagen die Überreste der „Seeadler" verstreut. Und im Riff eine Grotte neben der anderen! Irgendwo hier mußte eine Messingkiste verborgen sein. Es war bereits der dritte Tag, an dem die Männer Stunde um Stunde hinabtauchten und jede Höhle und Grotte mit dem Unterwassermetallsuchgerät prüften. Es war halb zwölf Uhr, als Erwin Christian auftauchte und aufgeregt rief: „Schnell, einen Hammer und ein Brecheisen. Wir haben ihn!" Sofort tauchte er wieder ab und verschwand in einem Strudel von Luftblasen, der silbrig an die Oberfläche emporstieg. Die Männer im Boot waren total überdreht und umarmten sich in Vorfreude. Alles hatte sich gelohnt - sämtliche Qualen und Mühen, alle Schinderei. Vergessen waren alle Unannehmlichkeiten, die sie bisher ertragen hatten. Eiternde Schienbeine von den Verletzungen durch die Korallen, Bruno Nufers Sonnenbrand, Fritz Freivogels bohrende Ohrenschmerzen und auch die große Beule an der Stirn, wo ihn der Großbaum getroffen hatte. 20 Minuten später versammelten sich alle um die zurückgekehrten Taucher. Wo ist das Gold? Wo ist der Schatz des „Seeteufels"? Erwin öffnete das Netz und es blinkte wie Gold. Aber alle wußten, daß sie einem Trugschluß zum Opfer gefallen waren. Das vom Sand blankgescheuerte Messing der Granatenkartuschen täuschte Edelmetall vor. Längst war die Euphorie der nüchternen und systematischen Suche gewichen, Meter um Meter wurde der Meeresboden abgesucht; was sie an Bord brachten, hätte ein Museum mit Souvenirs der „Seeadler" füllen können. Aber bisher keine Spur von Luckners Schatz. Fritz Freivogel fiel aus, die Stirnhöhlenbeschwerden nahmen beängstigende Ausmaße an. Sie setzten alles auf eine Karte und starteten nochmals einen Großangriff auf das Grab der „Seeadler". Der intensive Arbeitseinsatz, vor allem das ständige Gehämmer und Klopfen machten die Haie neugierig und nervös. Ständig pirschten sie wie ein Wolfsrudel um den Arbeitsplatz der Taucher. Hier hätte wegen der starken Strömung auch ein Haikäfig nichts genützt.

Das Atoll von Mopelia am Rande der Gesellschaftsinseln ist auch heute nur durch einen schmalen Durchlaß im Korallenriff zu erreichen.

Aber dann machte sich wieder Hoffnung breit. Tatsächlich steckte so etwas wie eine Kiste in einer Grotte. Bereits um 11.40 Uhr wurden die Flaschen gewechselt und sofort arbeiteten sie weiter. Inzwischen zeichnete sich aber auch ein Wetterumschwung ab, der die Schatzsucher zu noch mehr Eile trieb. Und plötzlich - mitten im Bemühen, die Kiste freizubekommen - geschah es. Die Ereignisse überstürzten sich. Die Kiste war bereits zur Hälfte frei, da brach das Versteck zusammen. Der ganze Felsen zerbarst mit seinen Höhlen, Kavernen und Kanälen und spuckte die Bewohner aus. Armdicke Muränen und schwere Lobster schossen geradewegs in die Meute der lauernden Haie. Ein Wirbel gieriger futterneidischer Haie - und mittendrin Erwin Christian und Bruno Maechler, die die Kiste um keinen Preis aufgeben wollten. Rolf Lasa versuchte, ihnen den Weg freizuschießen, brauchte nicht einmal zu zielen, drückte ab und traf - aber der hochempfindliche Pfeil explodierte nicht, sondern ging lediglich durch den Hai hindurch wie durch Butter. Das Blut strömte aus dem Raubfisch wie Wasser aus einem Hahn. Die Meute der Haie geriet nun vollkommen außer sich und die Schlieren des Blutes verdunkelten das Wasser. Nun dachte keiner mehr an Gold, Schätze und Reichtum. Was nun zählte, war nur noch, das nackte Leben zu retten und ins schützende Boot zu gelangen. Die Kiste sank im Strudel der tollwütigen Haie immer tiefer. Am 6.Mai um 14.55 lief die „Raipoia“ aus Mopelias „Frauenschoß“ mit Kurs auf Papeete aus. Zwei Tage später wurde bereits eine neue Legende geboren, wie sie typisch ist für Geschichten um versunkene Schätze: Zwei stabile Kisten standen auf dem Heck der „Raipoia“. Sie enthielten Möweneier, die die Insulaner den Schatzsuchern mitgegeben hatten, um sie für sie in Papeete zu verkaufen. Wie ein Lauffeuer verbreitete sich das Gerücht, in diesen Kisten wäre der legendäre Schatz des „Seeteufels“. Dabei liegt der Schatz nach wie vor auf dem Grund der Lagune. Und niemand weiß dies besser als der Gauner, der ihnen in der ersten Nacht im Hafen diese beiden Kisten gestohlen hat.

Unzugängliche Gebirgsregionen sind heute noch Ort verschwiegener Schatzverstecke. Besonders in den Bergen Mittel- und Südamerikas gibt es Gegenden, die immer noch weiße Flecken auf der Landkarte darstellen, in die noch nie ein Mensch seinen Fuß gesetzt hat. So erreicht uns immer wieder die Nachricht eines entdeckten Schatzes. Manchmal sind die Umstände der Verbergung unbekannt oder verworren, mitunter aber wurde ein Schatz zwar zufällig entdeckt, konnte aber später nicht wiedergefunden werden.
Ein solcher geheimnisvoller Schatz existiert seit Jahrhunderten in den nur sehr schwer durchdringbaren Gebirgen Nicaraguas.

Der Schatz von Montanita

Von diesem „Schatz von Montanita" erfuhr ich aus einigen Gesprächen, die ich Ende der Achtziger Jahre mit dem Schweizer Herman Bergamin führte. Damals leitete der Schriftsteller Rolf Lasa ein Schreiben des Eidgenossen an mich weiter, in welchem sich dieser mit der Geschichte eines Schatzes an ihn gewandt hatte. Bei unserem ersten Treffen in Zürich schilderte mir Bergamin diese Geschichte, ohne vorerst einmal genaue Ortsbezeichnungen zu nennen.

Es war 1984. Der Schweizer reiste damals durch Mittelamerika, so unter anderem auch nach Nicaragua, Honduras, Guatemala und Panama.
Nicaragua befand sich zu dieser Zeit im Bürgerkrieg. Nach dem Sturz des Diktators Somoza beanspruchten sowohl die Sandinistische Partei wie auch die Contra-Rebellen die Macht im Staat.

Vier junge Nicaraguaner, die Geschwister Efren, Jorge und Hermes sowie deren Schwester hatten keine Lust, sich in diesen sinnlosen Krieg hineinziehen zu lassen. Sie flüchteten über die grüne Grenze nach Honduras. Unglücklicherweise wurden sie dabei aufgegriffen und in einem Internierungslager für Flüchtlinge inhaftiert. Ihrem Vater gelang es jedoch, den Aufenthaltsort der Kinder ausfindig zu machen und sie freizukaufen. Gleichzeitig war die Freilassung mit der Deportation nach Panama verbunden. Dort lernte der Schweizer Weltenbummler die Geschwister kennen und freundete sich mit ihnen an.
An einem Tag im Oktober 1985 besuchten Bergamin und Jorge „Panama Vijecho", die alte Ruinenstadt, die der englische Freibeuter Henry Morgan 1671 bei seiner Plünderung in Schutt und Asche gelegt hatte. Viele wohlhabende Bürger Panamas hatten damals ihr Hab und Gut in den unterirdischen Kanälen und Gängen in Sicherheit gebracht. Mehr als ein Schatz wurde in der Folgezeit dort gefunden, zuletzt in den Sechziger Jahren.

Beiläufig erzählte der junge Nicaraguaner dem Schweizer von einem verborgenen Goldschatz, den einer seiner Vorfahren in einem Felsentunnel im gebirgigen Nicaragua in der Gegend von Condega entdeckt hatte:
Zusammen mit anderen Männern war sein Urgroßvater 1910 in den Bergen auf der Jagd gewesen. Er und sein Bruder hatten sich von der Gruppe getrennt und bei Sonnenuntergang den Rückweg ange-

In diesem Gebiet befindet sich die Felswand mit dem Stollen.

treten. Auf dem Abstieg vom bewaldeten Hochplateau über einen Felsenpfad hatten sie eine Öffnung in der Felswand passiert. Trotz einbrechender Dunkelheit hatte sein Urgroßvater beschlossen, die Höhle zu erkunden, die tief in den Berg hineinführte. Weit im Inneren des Stollensystems war er auf eine große hölzerne Truhe gestoßen. Unvorstellbar seine Überraschung, als ihm unter dem Deckel Goldbarren und Münzen, sowie Schmuckstücke entgegenfunkelten. Seinen Urgroßvater hatte in der stickigen und sauerstoffarmen Luft Atemnot erfaßt und gerade noch war er aus dem Stollen ins Freie gelangt. Mit letzter Kraft hatten sie ihre Hütte erreicht.

Die nächsten Tage und Wochen war der Urgroßvater schwer krank gewesen. Jedenfalls bestanden bei den Familienmitgliedern keine Ambitionen mehr, in das Stollensystem vorzudringen.

Diese Geschichte entfachte in dem Schweizer Bergamin das Schatzfieber. Wiederholt versuchte er, von den drei Brüdern mehr darüber zu erfahren. Diese zeigten sich aber nicht sehr kooperativ.

Bei einem Treffen 1986 mit einem der Brüder gestand dieser ihm, zusammen mit den beiden anderen bereits den Tunnel gesucht zu haben. Sie hatten versucht, von Arenales aus in das Gebiet vorzustoßen. Mehr war leider nicht von ihm zu erfahren.

Bergamin gelang es, mit dem Großonkel der Brüder, der in der Umgebung der Felswand wohnte, Kontakt aufzunehmen und ihn über die damaligen Geschehnisse zu befragen.

Dieser bestätigte Jorges Geschichte. Demnach befand sich die Felswand in einem Berg namens „Montanita", der oben ein Hochplateau bildet. Seiner Schilderung zufolge war der Eingang rechteckig, also wahrscheinlich ein Minenstollen. So wie es sich anhörte, dürfte der Eingang schwierig zu finden sein.

Als wir uns 1987 zum zweitenmal in einem Hotel in Innsbruck trafen, schilderte Bergamin die Geschichte im Beisein meiner sechs Begleiter noch einmal. Er unterbreitete das Angebot, eine Expeditionsgruppe in das betreffende Gebiet zu führen. Nach seiner Erzählung war es ihm 1986 gelungen, in das Gebiet vorzudringen und den Stollen zu finden. Nach eigener Schilderung war er angeblich bis zu der Truhe vorgestoßen. Der Eingang befand sich seinen Worten nach etwa 15 m unterhalb des Pla-

teaus und konnte nur mit einem Seil erreicht werden. Der Gang führt ständig abfallend nach unten und reicht weit den Berg hinein. Die Kiste bestand aus Hartholz, mit Eisenbändern beschlagen und war ungefähr 1,5 m lang, 0,8 m breit und ca. 1 m hoch. Die Kiste sei voll gewesen mit Goldbarren, jeder 3 kg schwer, Ketten, Ringen, Armreifen und sonstigem Schmuck.
Nachdem er zehn Barren Gold in seinen Taschen verstaut hatte, machte er sich auf den Rückweg. Unterwegs stieß er auf eine Gruppe Contra-Rebellen, die das Feuer auf ihn eröffneten. Bergamin war mit einer kleinen leichten Maschinenpistole bewaffnet und feuerte zurück. Als sie in Deckung gingen, nutzte er die Gelegenheit zur Flucht. Er rannte und sprang durch das unwegsame Gelände, bis er endlich bei seinem Jeep ankam. Dort stellte er zu seinem Ärger fest, daß er bei der Flucht vier Goldbarren verloren hatte.
Bergamin verließ Nicaragua und kehrte nach Panama zurück.
Ein Jahr später, 1987, unternahm er eine zweite Expedition. Diesmal schnappten sie ihn bei dem Versuch, den Cerro Cuba zu umgehen und von der Rückseite zum „Montanita“ vorzudringen. Bei der folgenden Durchsuchung fand man eine Skizze des Geländes in seiner Tasche. Da sich der Schweizer in militärischem Sperrgebiet aufhielt, nahm man ihn wegen Spionage fest.
Seiner Schilderung zufolge brachte man ihn nach Managua ins Hauptquartier der „Sandinistischen Befreiungsfront“, wo er drei Tage lang verhört wurde. Am vierten Tag wurde Bergamin aus der Zelle geholt und zum Flughafen gebracht. Da er über Guatemala auf dem Luftweg eingereist war, setzte man ihn kurzerhand in ein Flugzeug und schob ihn nach Guatemala ab. Einige Tage später verließ er Mittelamerika und reiste nach Europa zurück.
Dies war der Moment, wo er beschloß, mit Rolf Lasa Kontakt aufzunehmen.

Die folgenden drei Stunden nahmen ihn meine sechs Begleiter ins Kreuzverhör. Ich selbst beobachtete nur und verglich seine Aussagen und Schilderungen immer wieder mit den Informationen und Antworten, die ich bereits in Zürich von ihm erhalten hatte.
Sosehr sie sich auch anstrengten, ihm eine Falle zu stellen, er verwickelte sich nicht in den geringsten Widerspruch. Sämtliche Fragen, waren sie auch noch so provokant, beantwortete Bergamin absolut sicher und präzise.
Nach diesem intensiven Verhör zogen wir uns zur Beratung zurück; nach einer Stunde entschlossen wir uns, daß eine Expeditionsgruppe mit Herman Bergamin nach Nicaragua reisen und in den geheimnisvollen Stollen eindringen sollte. Zunächst einmal - so der Beschluß - sollte die Gruppe lediglich Beweise sammeln und einen eventuellen Schatz dokumentieren. Unter den gegebenen politischen Umständen wäre es besser, erst zu einem späteren, günstigeren Zeitpunkt Verhandlungen mit einer anerkannten Regierung aufzunehmen.

Bergamin erklärte sich mit unserem Entschluß einverstanden.
Als Expeditionsteilnehmer wurden Hans Fichtner, Kurt Wiesmeier und der Dschungelspezialist Wolfgang Uhl (vielen bekannt als Expeditionsautor, u.a. „Handbuch für die Rucksackküche“) ausgewählt. Ich persönlich konnte nicht, weil ich einen Buchvertrag zu erfüllen hatte. Als Zeitpunkt wurde der kommende März 1988 gewählt.
Der Rest der Gruppe übernahm die Planung und Koordination.
Einige Wochen vor Abreise des Teams mußten wir die personelle Planung ändern. Wolfgang mußte sich einer Bilharziosebehandlung unterziehen und Kurt hinderten familiäre Umstände.
Als Ersatz erklärte sich „Flaco“ Senkowy bereit, Hans zu begleiten. Möglicherweise war es sowieso sinnvoller, angesichts der Kriegszustände die Gruppe kleiner zu gestalten.
Wir trafen sämtliche Sicherheitsvorkehrungen, informierten das Auswärtige Amt in Bonn, die deutsche Botschaft in Managua und die Friedrich Ebert-Stiftung.

Um eine Bilddokumentation an Ort und Stelle durchführen zu können, wurde das Team mit Spezialfilmen von Polaroid und einem Sofortlabor zur Entwicklung ausgestattet.
Außerdem versorgten wir die beiden mit spezieller Kletterausrüstung. Zudem vereinbarten wir, daß sie zwei Bücher über Klettertourismus und einen Auftrag für eine Fotoreportage im Gepäck haben sollten, da ihre Tarnung die Erschließung Nicaraguanischer Berge für den Klettertourismus sein sollte.

Am 1. März landeten Hans und Flaco in Panama City, wo sie bereits von Bergamin erwartet wurden. Bereits am nächsten Tag flogen sie weiter nach Costa Rica, wo sie unseren alten Freund Günter Steger (Mitglied der Kokosexpedition) trafen. Günter lebte mittlerweile seit vier Jahre dort. Ursprünglich war geplant, daß die Gruppe in Costa Rica Verpflegung und letzte notwendige Dinge einkaufen sollte. Bergamin hingegen beteuerte, daß dies nicht notwendig sei, da in Nicaragua erstens die wichtigsten Grundnahrungsmittel erhältlich und zudem wesentlich billiger seien, außerdem würde man höchstens einen Tag benötigen, um die Aufgabe zu erledigen.
Am 3. März verabschiedeten sie sich von „Don Guillermo" - wie die Leute Günter Steger in Barrio Trinidad respektvoll nannten - und fuhren mit dem Bus weiter nach Nicaragua.
Nun tauchten bereits die ersten Schwierigkeiten auf: Bergamin war völlig abgebrannt, sodaß Hans und Flaco sogar das Busticket für ihn übernehmen mußten. An der Grenze zu Nicaragua mußte Hans Fichtner mit Erstaunen feststellen, daß aus dem ursprünglichen Schweizer Bergamin plötzlich ein deutscher Staatsbürger geworden war: Er besaß einen deutschen Paß! Ärgerlicherweise mußten sie ihn obendrein auch noch mit Bargeld ausstatten, da er sonst nicht hätte einreisen dürfen.
Je näher sie Managua kamen, umso nervöser wurde der ehemalige Schweizer. Er fing an, sich auf die lächerlichste Art und Weise zu verkleiden - klebte sich sogar einen falschen Bart an. Er litt regelrecht unter Verfolgungswahn und behauptete, daß ihn ohne Verkleidung jeder Taxifahrer erkennen würde!

In Managua war Endstation. Nun mußten sie ein Fahrzeug mieten, um weiter über Esteli nach Piedra Larga fahren zu können. Dort ließen sie das Fahrzeug mit allen unwichtigen Gegenständen nahe der Panamericana zurück, um die letzte Strecke zu Fuß fortzusetzen.
Bergamin übernahm die Führung, aber nach einiger Zeit stellte sich heraus, daß sie sich vergangen hatten. Da die Dunkelheit einbrach, schlugen sie ihr Nachtlager auf.

Am nächsten Morgen ging es weiter. Nun rächte es sich, daß sie keinen Proviant eingekauft hatten, denn es zeichnete sich ab, daß diese Tour doch wesentlich länger dauern würde.
In der brütenden Hitze kletterten sie ständig über Felsen und trockene Bachbette querfeldein. Am schlimmsten war, daß es nirgends frisches Wasser gab. Lediglich hin und wieder bot ein Tümpel die Möglichkeit, brackiges Wasser in die Flaschen zu füllen. Bergamin und Flaco weigerten sich, dieses Wasser zu trinken. Hans entkeimte es mit Micropur. Er ging äußerst sparsam mit dem Wasser um und bemerkte nicht, daß Flaco und Bergamin ständig tranken, sodaß der Wassermangel schnell wieder auftrat.
Jedesmal wenn Hans nachfragte, wie weit es noch sei, antwortete der Schweizer, sie seien gleich am Ziel.
Sie stiegen über Berge, Hügel, durchquerten Täler und quälten sich durch abgestorbenes Flechagras. Als es Abend wurde, hatten sie das Ziel noch nicht erreicht.
Nun wurde es Hans Fichtner zu dumm: Er packte den Schweizer am Kragen und schüttelte ihn. Er wollte nun endlich wissen, ob dieser die Wahrheit gesagt hatte. Auch Flaco zweifelte nun die Geschichte an. Unter dem Druck gestand Herman Bergamin, daß er den Tunnel noch niemals gesehen habe, geschweige jemals drinnen war. Er schwor jedoch Stein und Bein, daß die Geschichte mit dem Gold wahr wäre, man müßte nur weiter suchen, hier in der Gegend müßte er sich befinden.

Hans Fichtner – Leiter der Nicaragua-Expedition.

Hans setzte sich und analysierte das Ganze erst einmal. Da war erstens eine Geschichte um einen Tunnel mit Gold. Zweitens war die nicht zu leugnende Tatsache, daß Bergamin einige Risiken eingegangen war und zweimal versucht hatte, den Tunnel zu finden. Fichtner beschloß, noch einen Tag zu opfern.
Am nächsten Morgen stiegen sie weiter bergauf und bergab. Plötzlich, auf einem Gipfel, deutete Bergamin auf eine Stelle am gegenüberliegenden Berghang und schrie wie von Sinnen: „Wir haben es gefunden!"
Das ganze sah aus wie drei kleinere Felswände; in einer davon befand sich ein dunkler Fleck, den man mit etwas gutem Willen als Höhleneingang definieren konnte.
Hans Fichtner wurde es zu dumm, nur in der Hoffnung, jeder mögliche Felsspalt könnte der richtige sein, weiter planlos umherzuirren. Er beschloß, das Unternehmen zu beenden.

Bergamin verlegte sich aufs Betteln - man könne doch noch einen Tag anhängen. Flaco stimmte in den Bittgesang ein. Hans gab ihnen noch ein paar Stunden, während er bei der Hütte eines Campesino auf ihre Rückkehr wartete.
Als sie nach ein paar Stunden zurückkehrten, konnte er an ihren Gesichtern den Mißerfolg erkennen. Ohne weitere Diskussion brachen sie zur Panamericana auf, wo sie ihr Auto zurückgelassen hatten. Unterwegs bemerkte Hans, daß sie ein Bachbett durchquerten, welches sie bereits vor zwei Tagen passiert hatten. Sie waren im Kreis gelaufen!
Der Weg breitete sich nun aus und war gut begehbar. Als sie um eine Biegung kamen, sahen sie in einiger Entfernung Baracken, die sie für eine Plantage hielten. Als sie näher kamen, stellten sie zu ihrem Entsetzen fest, daß sie sich einem Militärcamp näherten. Man hatte sie bereits von weitem ausgemacht. Flaco und Bergamin wollten umkehren, doch Hans Fichtner trieb sie weiter. Eine Umkehr hätte sie nur noch verdächtiger gemacht. Bergamin zitterte am ganzen Körper vor Angst, als sie das Lager passierten. Da wurden sie angerufen, doch sie setzten ihren Weg fort. Als hinter ihnen Verschlüsse von Maschinenpistolen klickten, hielten sie an. Eine Frau führte das Kommando. Sie fragte nach den Pässen, woher sie kämen und was sie hier wollten. Ein schmuddeliger Zivilist mischte sich ein und griff nach den Pässen. Hans herrschte ihn an, er solle die Pfoten von ihnen lassen.
Er wandte sich an die Frau und erklärte, daß sie aus Deutschland wären und hier in den Bergen Klettertouren erkunden wollten. Dabei zog er die beiden Bücher aus dem Rucksack und zeigte ihr Bilder von den schneebedeckten Alpen. Die Kommandantin war nun ganz freundlich. Sie erklärte, daß dies Kriegsgebiet sei und alle Zivilisten überprüft würden. Sie blätterte in den Pässen und gab sie schließlich zurück. Ein in der Nähe stehender Jeep brachte Hans auf eine Idee. Er bat die Amazone, ob man sie nicht mit dem Jeep zu ihrem Fahrzeug bringen könnte. Die Kommandantin erklärte sich ohne Umstände damit einverstanden.
Man fuhr sie zur Panamericana, wo sie entsetzt den Verlust ihres Autos feststellten. Ein vorbeikommender Wagen hielt an. Hans bat, sie nach Esteli mitzunehmen und zur Polizei zu bringen. Der Schweizer hatte mittlerweile solche Angst, daß er unterwegs abspringen wollte, was die beiden gera-

In dieser Felswand vermutete Bergamin den Stollen.

de noch verhinderten. Auf der Polizeistation erfuhren sie, daß die Polizei von Condega den Wagen abgeschleppt hatte.
Der Polizeichef verhörte sie. Ob sie Waffen dabei hätten, wollte er wissen. Er deutete auf Flaco, der vorher noch sein Survivalmesser am Gürtel trug und das sich nun im Rucksack befand.
Er holte es heraus und der Polizeichef betrachtete es minutenlang, ehe er es zurückreichte. Hans nahm es Flaco aus der Hand und überreichte es dem Polizisten. Ein Geschenk dafür, daß er ihren Wagen „in Sicherheit" gebracht hatte. Von dem Moment an war er überaus freundlich und fuhr sie sogar in ein Restaurant.
Flaco war derweil mit einem Taxi unterwegs, um das Auto in Condega abzuholen.
Am nächsten Tag waren sie wieder zurück in Costa Rica, wo sie bis zur Abreise bei Günter bleiben wollten.
Am nächsten Morgen war der Schweizer verschwunden. Günter stellte erschrocken fest, daß das Einkaufsgeld für die ganze Woche aus seiner Schatulle verschwunden war. Immerhin einige tausend Colones - für costaricanische Verhältnisse eine Menge Geld.
In den nächsten Tagen suchten sie in Panama City nach dem Schweizer, aber er war nirgends auffindbar. In Panama selbst ging es drunter und drüber. US Truppen waren eingetroffen und machten Jagd auf das „Ananasgesicht", General Noriega, um ihn und seine Getreuen festzusetzen und ihnen wegen Rauschgiftverbrechen in den USA den Prozeß zu machen. Es herrschten bürgerkriegsähnliche Zustände; Hans und Flaco waren froh, als die Maschine nach Europa endlich abhob.

Zurück in Deutschland analysierten wir das Geschehene. Anhand der Wegbeschreibung von Hans und Flaco rekonstruierten wir auf einer topografischen Karte ihren Marsch. Dabei machten wir eine Entdeckung, die den Schweizer Bergamin mit hoher Wahrscheinlichkeit zu einer fürchterlichen Fehlinterpretation verleitet hatte: Nicht weit von Esteli entfernt existiert eine kleine Ortschaft mit Namen „La Montanita"!
Während Bergamin den Tunnel im unwegsamen Gebirge in der Nähe des Cerro Cuba vermutete, paßt die Beschreibung ebenso auf die Umgebung dieser Ortschaft.
Wieder einmal hatte die Duplizität von Örtlichkeiten Schatzsuchern einen bitterbösen Streich gespielt. Nach wie vor ruht der „Schatz von Montanita" in einem uralten Bergwerkstollen in La Montanita.
Nur in welchem?

Die Welt ist voll von Schätzen. Jede Kultur, jeder Landstrich und jede Region hat dutzende Geschichten von verlorenen, verschollenen und verborgenen Schätzen. „Der bedeutendste Schatz ist immer der, welchen man gerade sucht" - lautet eine alte Schatzsucherweisheit.

Die Welt ist voller Schätze

Einer der bedeutendsten Umstände, der zur Existenz verlorener Schätze beigetragen hat, war die Inbesitznahme des südamerikanischen Kontinents durch die spanische Krone. Die dauernd leere königliche Kasse und eine unersättliche Gier nach dem edlen Metallen waren die Hauptmotive für die systematische Ausplünderung und Unterdrückung der Kulturvölker der Neuen Welt. Am schlimmsten betroffen waren die Inkas, jenes Herrschervolk im Hochland Ecuadors und Perus. Ihre prunkvoll mit Gold und Juwelen ausgestatteten Tempel und Priestergebäude wurden zuerst geplündert und die kunstvollen Stücke respektlos eingeschmolzen und nach Spanien verschifft. Dieser vermeintlich unerschöpfliche Goldfluß war die Ursache für die Entstehung einer reichen spanischen Handelsflotte. Aus dieser anfangs reinen Transportflotte entwickelte sich dann nach und nach die Seekriegsnation Spanien, die die Vormachtstellung der Engländer auf den Weltmeeren beendete. El Dorado, was ursprünglich soviel wie „der Goldene" bedeutete und sich auf ein Ritual bezog, wurde bald interpretiert als das goldene Land, in welchem unerschöpfliche Edelmetallquellen sprudeln. Angesichts des verschwenderischen Reichtums der Inkakultur erscheint dies auch verständlich.

Nach dem Einfall der ersten Spanier unter Pizarro und den damit verbundenen Plünderungen ließ Huascar, Thronfolger Atahualpas, des letzten Kaisers der Inkas, sämtliche Schätze aus der Inkastadt Cuzco wegschaffen und in Sicherheit bringen. Zeitgenössischen Berichten zufolge sollen allein für diese drei Monate dauernden Arbeiten mehr als 20 000 Arbeiter mit mehr als 10 000 Lamas beschäftigt gewesen sein. Diese riesigen Mengen an Gold, denn um dieses Metall handelte es sich in erster Linie, wurden so sicher verborgen, daß sie von den Spaniern nicht entdeckt werden konnten. Die Inkas waren hervorragende Baumeister, die über Techniken und Materialien verfügten, die eine solch sichere Verbringung gewährleisteten. Vermutet werden diese riesigen Goldschätze im Lurintal, das sich unweit der Tempelstadt Cuzco befindet. Eine außerordentliche Kostbarkeit, die goldene Kette Huascars, hatte es den Spaniern besonders angetan. Sie konnte bis heute nicht gefunden werden. Diese Kette, die Huascars Vater Huayna Capac anfertigen ließ, wurde bei feierlichen Anlässen um den Hauptplatz von Cuzco gespannt und hatte eine Länge von 230 Metern. 280 Männer konnten diese Kette mit Mühe tragen, und Berechnungen zufolge mußte sie etwa zwölf Tonnen gewogen haben! Im Jahre 1563 ging der spanische Soldat José Barrilla de Orantes ein amouröses Abenteuer mit der Tochter eines Inka-Priesters ein und erfuhr von dem Mädchen, daß die Kette Huascars in einem kleinen See in der Nähe ihres Dorfes versenkt worden sei. Diesen See, ungefähr 40 km von Cuzco entfernt, wollte man dann trockenlegen, um so an die begehrte Kette heranzukommen. Technische Unzulänglichkeiten ließen aber dieses Unternehmen im Ansatz scheitern; seither ist kein weiterer Versuch bekannt geworden.

Marisco Castle – ein düsteres Gebäude.

Bei den Gold- und Silbertransporten ins Mutterland Spanien erfolgten Fehlschläge am laufenden Band. Hunderte schwerstbeladener Schiffe, tief im Wasser liegend und infolge Überladung kaum oder überhaupt nicht mehr manövrierfähig, sanken in Stürmen oder liefen auf gefährliche Riffe auf.
Im Bereich der „Silberbanks" vor der Dominikanischen Republik liegen ungefähr 120 Wracks der spanischen Flotte in Tiefen von acht bis fünfzehn Metern, eingebettet in Korallen. Das „Archivo de los Indios" in Sevilla verzeichnet allein für die Jahre 1550 bis 1678 mehr als 700 verlorene Schiffe! Schatzsucher könnten hier reiche Ernte halten. Aber nicht nur die tropischen Gefilde sind es, die fette Pfründe für ausdauernde Schatzjäger bereithalten. Auch das gute alte Europa bietet ein solch reichhaltiges Betätigungsfeld, daß ein Menschenalter nicht ausreichen würde, all den hier existierenden Schätzen nachzuspüren. Großbritannien mit seinen zahlreichen Inselchen bietet eine Fülle an verborgenen Schätzen, deren bekannteste wohl jene des Piraten Marisco und die Schätze König Johns sind.
Die Geschichte des William de Marisco begann im Jahre 1238 auf der Insel Lundy, die der Nordküste von Devon vorgelagert ist. Hier, auf einer Felszunge, umgeben von gefährlichen Klippen stand auf einer Anhöhe Marisco Castle. Diese Festung war das Stammhaus dieser berüchtigten Sippe, deren Haupteinnahmequelle die Piraterie war. Die Macht, die William de Marisco ausübte, war so groß, daß er 1238 tatsächlich versuchte, den Thron König Heinrichs III. zu beerben, indem er ihn ermorden lassen wollte. Das geplante Attentat mißlang jedoch. Der Drahtzieher Marisco wurde in einem Handstreich auf der Insel gefangengenommen und im Tower zu London gehängt.

In der Nacht vor seiner Hinrichtung brüstete sich Marisco noch mit seinen ungeheueren Reichtümern, die er so gut versteckt habe, daß sie niemand finden würde. Die Insel Lundy blieb auch nach dem Tode William Mariscos ein Seeräubernest. Besonders in den Jahren von 1623 bis 1632 war die Insel Hochburg der räuberischen Gebrüder Nutt. John und Robert Nutt kaperten jedes Schiff, dessen sie habhaft werden konnten und schafften die Beute auf Lundy Island.
Glaubhaften Berichten zufolge brachten die Gebrüder Nutt ihre zusammengeraubte Beute in eine Höhle am Fuß einer 38 m hohen Klippe an der gefährlichen, zerklüfteten Westküste der Insel. Im Jahre 1864 entdeckten zwei Männer diese Höhle, aber bei dem Versuch, an die Schätze zu gelangen, ka-

Die Küste Lundys ist zerklüftet und steil – viele Höhlen existieren hier.

men sie bei einem Steinschlag ums Leben. Seither wurde kein Versuch mehr unternommen, die Schätze Mariscos und der Gebrüder Nutt zu suchen.

Weitaus weniger gefährlich gestaltet sich die Suche nach dem Kronschatz Englands, den König John, der ältere Bruder Richard Löwenherz', verloren hat. John, der nach dem Tod Richards im Jahr 1199 den Thron bestieg, war seit seiner Kindheit ein Pechvogel. Daran änderte sich auch nichts, als er als König von England mit dem deutschen Kaiser Otto IV. verbündet gegen Frankreich in den Krieg zog. Das Deutsch-englische Heer wurde geschlagen und daheim in England erwarteten John Aufruhr und Streit mit dem Adel, der mit der neuen Regentschaft nicht einverstanden war. John zog nun mit einem Heer gedungener Söldner durch sein eigenes Land. Die um ihren Besitz fürchtenden Adeligen riefen den französischen Thronfolger Louis um Hilfe und boten ihm sogar die Krone Englands an. John nahm nun auf sein Land keinerlei Rücksicht mehr, und sein Troß rollte plündernd durch die Grafschaften. In seinem Wagenzug führte er sämtliche Kronschätze und Juwelensammlungen ständig mit sich. Am 13. Oktober 1216 geschah das, was Historiker „King Johns Disaster" nennen. Bei der Überquerung des Wellstream blieben seine schwerbeladenen Wagen im Treibsand der Flußmündung stecken und das Einsetzen der Flut machte jeden Versuch, noch etwas zu retten, unmöglich. Kronjuwelen, Gold, Silber und Kleinodien im heutigen Wert von ca. 25 Millionen Euro versanken in Schlamm und Morast. Die Stelle, an der dies geschah, ist heute Marschland. Unweit der Stadt Wisbech liegen die Schätze König Johns unter einer 10 bis 15 Meter dicken Erdschicht.

Rund um den Erdball gibt es mehrere solche ominöse Horte. Die Bewohner der amerikanischen Stadt Phoenix im Bundesstaat Arizona können davon ein Lied singen.
Schroffe, steile Felsnadeln, wie sie aus hunderten klassischen Cowboyfilmen bekannt sind, bilden auch die Kulisse für eine geradezu unheimliche Mordserie, deren Motiv nichts anderes als Goldgier war. Schauplatz dieser gnadenlosen Jagd nach dem gelben Metall sind die Superstition Mountains, kaum mehr als 50 Gewehrschüsse von Phoenix entfernt. Die Superstition Mountains, Berge des Aberglaubens, galten bereits bei den Apachen als Region, in der böse Geister wohnen. Die Spanier, die zum Ende des

Superstition Mountains, die Berge des Aberglaubens, mit ihrem Wahrzeichen Weaver's Needle (Webernadel)

16. Jahrhunderts diese Gegend bewohnten, waren dagegen völlig anderer Ansicht. Sie interessierten sich lediglich für das Gold und Silber, das es hier im scheinbaren Überfluß zu geben schien. Von all den Familien, die das Land kontrollierten, waren es besonders die Peraltas, die das einträglichste Gebiet mit Needle Canon, Bluff Springs und La Barge in Besitz genommen hatten. In unablässiger Folge wurden die Erzlagerstätten ausgebeutet, bis dann im Jahre 1848 die Apachen dem ein Ende bereiteten. Erst im Jahre 1862 begann die Jagd nach Gold und Silber in dem erzreichen Bergmassiv von neuem.

Zwei Deutsche Auswanderer sind es, die in diesem Jahr das Goldrauschkarusell drehen: Jakob von Walzer, ein Bergbauingenieur aus Württemberg, schloß Partnerschaft mit seinem Landsmann Jakob Wisner, den er in Arizona kennengelernt hatte. Die beiden beschlossen, die ehemaligen Peraltaminen in den Superstitions auszubeuten. Dies war der Beginn einer unheimlichen Mordserie, die bis in die jüngste Zeit anhalten sollte. Walzer und Wisner wurden bei ihrem Vorhaben von zwei Mexikanern überrascht, die sie irrtümlicherweise für Indianer hielten. Walzer und Wisner töteten die beiden und begruben sie in einer Schlucht. Ohne Hemmungen gingen sie daran, die Mine auszubeuten. Als der Proviant knapp wurde, brach Walzer auf, um in einer Mühle am Gila River Nachschub zu organisieren. Als er zurückkam, ist Wisner verschwunden. Erst später stellt sich heraus, daß dieser bei einem Indianerüberfall schwer verwundet wurde und nur mit knapper Not entkommen konnte. Einem Arzt in Florence, der ihn gesundpflegte, schenkte er zum Dank eine Karte, auf welcher der Lageort der Mine vermerkt war. Walzer nahm das Gold an sich und tauchte 1874 in Hill City, dem heutigen Phoenix, auf. Von Zeit zu Zeit verließ Walzer Hill City und verschwand für einige Tage in den nahen Superstitions, um sich wieder Nachschub zu holen. Dabei verstand er es ausgezeichnet, seine Spuren zu verwischen, so daß alle, die ihm nachspürten, ihn aus den Augen verloren. Durchaus verständlich, daß Walzers Geheimniskrämerei seinen Mitbürgern keine Ruhe ließ. Dabei stellte sich heraus, daß er zwischen 1881 und 1889 in der Münze von Sacramento Rohgold im heutigen Wert von etwa fünf Millionen umschmelzen ließ. Im Herbst 1891 starb Walzer. Als man in seiner bescheidenen Hütte den Boden umgrub, fand man fünf Säcke voller Rohgold. Der Rest aber blieb spurlos verschwun-

Jakob von Walzer

Jakob Wisner

den. Nun begann der Run auf „The Lost Dutchman Mine", wie im Volksmund Walzers Goldquelle genannt wird.

Leider hat der schlaue Walzer nicht allzuviele Hinweise hinterlassen; man weiß lediglich, daß es eine Höhle in einer Felsenschlucht hoch oben in einer Felswand sein muß. Auch muß der Eingang nach Westen gerichtet sein, denn Walzer liebte es, manchmal geheimnisvoll darauf hinzuweisen, daß die untergehende Sonne das Erz im Berg nur so funkeln läßt. Trotz, oder gerade wegen dieser Geheimnistuerei versuchen viele, diese Mine zu finden. Es gibt einen markanten Hnweis, der Hoffnung gibt, die Mine zu finden. „Weavers Needle" - eine steil und spitz aufragende Felsnadel steht wie ein drohender Finger in unmittelbarer Nähe. Zudem befindet sich am Fuß der Felswand in einem Canyon ein Felsen, dessen Silhouette wie ein Pferdekopf aussieht und etwa zweieinhalb Meter hoch ist. All diese Details erfuhr George Scholey aus Phoenix von seinem Freund, dem alten „Apache Jack". Jack war als junger Mann dabeigewesen, als man die Bergleute aus den Peraltaminen vertrieben und die Minen stillgelegt hatte. Scholey überredete Jack, ihn in die Superstitions zu führen und ihm die Stollen zu zeigen. Einige Tage später fand man den alten Indianer vergiftet auf, während Scholey verschwunden war.
Zwischendurch aber gab es auch Glückspilze, die mit Taschen voller Gold nach Phoenix zurückkehrten, wie C.H.Silverlock und sein Partner. In einem Flußbett fanden sie Gold im Wert von 25.000 Dollar, sodaß sie den Reichtum nur noch aufzuheben brauchten. Solche Funde waren jedoch lediglich „armselige" Mauleselladungen, die die Apachen bei ihren Überfällen auf die Goldschürfer der Peraltaminen einfach aus den Satteltaschen schütteten.

Die Suche nach der Mine selbst ging weiter. Im Juni 1931 kam der sechzigjährige Adolph Ruth nach Arizona. Er hatte in einer Zeitung über die verlorene Mine gelesen. Barkleys Ranch an den Ausläufern der Superstition galt als Ausgangspunkt für Expeditionen, die sich auf die Suche nach der „Dutchman-Mine" machten. Auch Ruths erster Weg führte zu dieser Ranch, da er Tex Barkley als Führer in die unwegsamen Schluchten anheuern wollte. Ruths Chancen standen nicht schlecht; immerhin besaß er eine alte Karte, die aus dem Besitz der Peraltas stammt. Da Barkley nicht anzutreffen war, geleiteten zwei Cowboys Ruth in die Berge. Im Westboulder Canyon errichtete er sein Lager an der „Wil-

Jeff Adams, Sheriff von Phoenix, mit dem Schädel von Adolph Ruth.

low Springs" genannten Wasserstelle. Laut seiner Karte sollte sich die Mine in unmittelbarer Nähe befinden. Die beiden Cowboys waren die letzten, die Ruth gesehen haben. Als sie zur vereinbarten Zeit wieder am Treffpunkt waren, war von Adolph Ruth weit und breit nichts zu sehen. Eine Suchexpedition unter Tex Barkleys Führung blieb erfolglos. Selbst die Belohnung, die Ruths Frau für sein Auffinden aussetzte, mußte nie ausgezahlt werden. Sechs Monate nach Adolph Ruths Verschwinden durchkämmte eine Expedition der Zeitung „Arizona Republic" mit einem Spürhund das Gelände. Am 11. Dezember stießen sie auf den Schädel eines Mannes, der von einer großkalibrigen Kugel durchlöchert war. Einen Monat später fand der Sheriff Jeff Adams 800 m entfernt den Rest der Leiche. Ein Notizbuch, das bei der Leiche gefunden wurde, enthält Eintragungen, die der Ermordete allem Anschein nach kurz vor seinem Tod noch gemacht hatte. Demnach hatte er die Mine gefunden, denn die Eintragung schließt mit den Worten: „veni,vidi,vici"- „Ich kam, sah und siegte."

Nun folgte kaum ein Jahr, in dem nicht irgendwelche waghalsigen Abenteurer als vermißt gemeldet wurden oder man ihre Leichen in dem zerklüfteten Gebiet fand. Und seltsam: Alle wiesen dieselben Merkmale auf - erschossen mit einem großkalibrigen Revolver, wahrscheinlich Kaliber 44 oder 45, Armeecolt.

Am 16. Juli 1947 charterte der zweiundsechzigjährige ehemalige Fotograf James Cravey einen Helikopter, um sich in den „La Barge" Canyon fliegen zu lassen. Cravey glaubte fest daran, die Mine zu finden, nachdem er angeblich eine „Vision" erfahren hatte. Vereinbarungsgemäß kehrte der Helikopter am 2. August zurück, um Cravey abzuholen. Der Pilot fand das Lager völlig unberührt vor und folgte den Fußspuren, ohne jedoch eine Spur von dem Verschwundenen zu finden. Wieder wurden Suchtrupps gebildet und die weitläufige Umgebung abgesucht, aber selbst die Spürhunde fanden nichts. Erst zwölf Monate später entdeckten zwei Wanderer ein Seil, das quer über den Weg gespannt war und dicht dabei in einem Gebüsch die enthauptete Leiche James Craveys, wie sie anhand verschiedener Gegenstände feststellen konnten. Seltsamerweise liegt der Fundort der Leiche an einer Stelle, die ein Jahr vorher von den Suchmannschaften mit den Hunden gründlich abgesucht worden war. Deshalb gilt es als sicher, daß der Mörder die Leiche erst im Nachhinein dorthin gebracht haben muß. Der Schädel Craveys wurde später einige hundert Meter entfernt gefunden. Mit einem Einschuß aus einem Colt vom selben Kaliber wie bei den früher aufgefundenen Leichen.

Am 23. Februar 1955 zogen vier junge Jäger in das mittlerweile berüchtigte Gebiet, um dort zu jagen. Obwohl ausgemacht war, zusammenzubleiben, sonderte sich Charles Massey von seinen Freunden ab. Diese verbrachten eine Nacht am vereinbarten Treffpunkt, aber Massey kam nicht. Der Suchtrupp fand Masseys Leiche am nächsten Tag acht Kilometer entfernt. Die großkalibrige Kugel eines alten Armeecolts hatte ihn zwischen den Augen getroffen.

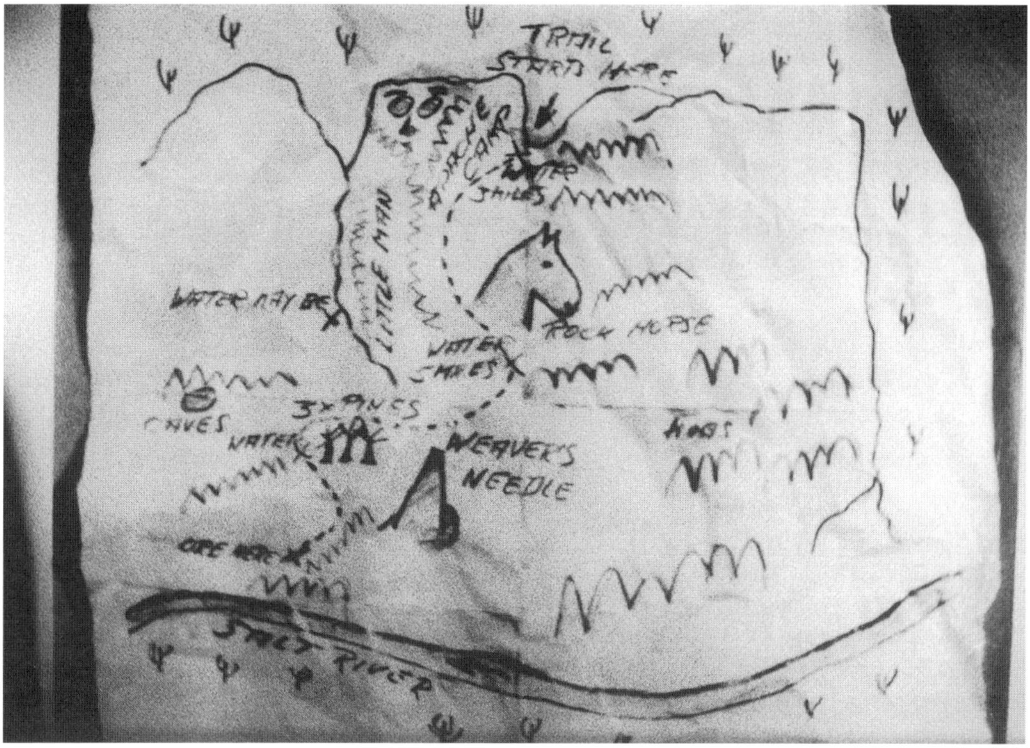

Ein Plan mit Geländemerkmalen der Gegend, in welcher sich die Mine befinden soll.

Ein Jahr später, am 1. Januar 1956, stießen Ausflügler auf ein unberührtes Camp oberhalb der „Massakergründe", wie die Gegend schon lange genannt wurde. Am 28. Januar 1956 meldete Mr. Zywotho aus Brooklyn seinen Bruder Martin als vermißt. Martin Zywotho wollte, so berichtete der Bruder, in den geheimnisvollen Superstition Mountains nach der verlorenen Mine suchen. Ob er sie gefunden hat, läßt sich nicht mehr sagen. Seine sterblichen Überreste dagegen fand ein Jäger am 13. Februar an einer Stelle, die bereits im Rahmen einer Suchaktion schon durchkämmt worden war. Das große Einschußloch wies auf ein äußerst schweres Kaliber hin. Wahrscheinlich 44er oder 45er Armeecolt. Inzwischen hat sich die Zahl der Todesopfer auf über sechzig erhöht. Und das Gold? Es liegt noch immer da. Unschuldig, mattglänzend und in tiefer Stille, die nur manchmal von einem Schuß unterbrochen wird. Aus einem alten Armeecolt. Kaliber 44 oder 45. Man weiß es nicht so genau.

Bibliografie

Bücher:
A. Antkowiak: El Dorado. Die Suche nach dem Goldland. Sechs Kapitel einer abenteuerlichen Chronik (Berlin 1976)
O. Emersleben: Länder des Goldes. Der Ausklang des großen Entdeckungszeitalters (Leipzig 1980)
K. Frank: Schießeisen, Silber und Skelette. Nach alten Chroniken vom Rio Grande und daneben (Düsseldorf 1970)
P. Lourie: Schweiß der Sonne, Tränen des Mondes. Chronik einer Schatzsuche (München 1994)
C. Peters: Im Goldland des Altertums. Forschungen zwischen Zambesi und Sabi (München 1902)
E. Schultze: Gold. Romantik und Fluch des gelben Metalls (Leipzig 1940)
G. Seuren: Schätze dieser Erde. Abenteuer, Glück und Gold (München 1989)
F. Zedwitz: Der Untergang des Sonnenreiches. Der Schicksalsweg des alten Peru. Ein Roman (Berlin 1939)

G. u. D. Alle: Clive's Lost Treasure (London 1978)
Baigent\Leigh: Der heilige Gral und seine Erben (Ber. Gladbach 1982)
G. Cooper: Treasure Trove- Pirates Gold (New York 1951)
H. Cunow: Geschichte und Cultur des Inkareiches (Berlin 1936)
T. Davie: Spaniens goldene Zeit (Berlin 1939)
P. Disch-Lauxmann: Stevensons Schatzinsel (Hamburg 1985)
S. Fischer-Fabian : Schätze, Forscher, Abenteurer (München 1972)
Gold, Guns & Ghost Towns (Stanford 1947)
R. Hancock: The lost Treasure of Cocos Island (Toronto 1960)
T. Haydock: Treasure Trove (London 1986)
M. P. Henson: America's lost Treasures (South Bend 1984)
Lasseters last RideTreasure (Sidney 1931)
A. Madison: Treasure Hunting (Glorieda 1939)
Nesmith\Potter: Treasure.how and where to find it (New York 1968)
R. D. Paine: The Book of buried Treasure (New York 1981)
A. Phair: In Search of Inca Gold (London 1955)
W. Recken: Silberstädte im Tropenwald (Stuttgart 1933)
N. v. Reiswitz: Im Schatten der Anden (Stuttgart 1933)
J. Stanley: The Maps of Rennes le Chateau (New York 1984)
Wilkins: Panorama of Treasure Hunting (New York 1940)

Zeitschriften und Zeitungen:
W&E Treasure
Treasure League
Paris Match
New York Tribune
New York Herald
Times/Times Magazine
Washington Regierungs – Archiv
Washington Post
National Geographic
Borderland News
La Nacion (CR)
El Diario (CR)
Science Digest
London Daily Express
Harvard GazettePeople

Anschriften von Verbänden, Institutionen und Fachzeitschriften

Akademie für historische Forschung
Uferweg 5, D – 86923 Finning
Tel. 08806 – 1546, Mail: afk01@aol.com
www.afk-intern.de – www.schatzsuchen.net

NUGGET – Magazin für Abenteuer und Schatzsuche
Nugget Shop Hans Weigand
Raiffeisenstr. 4a, 55296 Lörzweiler
Tel. 06138 - 9812175 Fax: 9612173

Technik und Schatzsuchgeräte
Europadetector
Uferweg 5, D - 86923 Finning
08806 – 1546, mail: europadetectors@aol.com
www.europadetector.de